建筑企业如何应对"营改增"

李福和　包顺东　何成旗
曹佳毅　于　维　韩爱生　编著

中国建筑工业出版社

图书在版编目（CIP）数据

建筑企业如何应对"营改增"/李福和等编著.—北京：中国建筑工业出版社，2016.5
ISBN 978-7-112-19401-8

Ⅰ.①建… Ⅱ.①李… Ⅲ.①建筑企业—增值税—税收管理—研究—中国 Ⅳ.①F812.423

中国版本图书馆CIP数据核字（2016）第083333号

本书作为一本帮助建筑企业管理人员学习应用"营改增"有关政策和应对措施的图书，在组材与编写视角上与其他"营改增"的书籍有所不同，主要体现在本书关注："营改增"的管理问题，"营改增"的变革问题及应对"营改增"措施的系统性。本书共分六章，从"营改增"的认知逻辑组织材料。第1章介绍了"营业税改征增值税"的原因、历程等背景；第2章对"营改增"的重点进行解读并阐述"营改增"对建筑企业的影响；第3章从战略层面、组织层面、运营层面、信息化层面介绍了建筑企业应对"营改增"的措施及方法；第4章介绍了"营改增"相关岗位如何操作，是第3章不可或缺的补充；第5章介绍了建筑企业如何领导"营改增"这场变革；第6章介绍了应对"营改增"需要关注哪些政策文件及应该参考哪些书籍。

本书可供建筑企业管理人员学习，也可作为高等院校、研究咨询机构等单位人员的参考用书。

责任编辑：范业庶　王华月
书籍设计：京点制版
责任校对：李欣慰　关　健

建筑企业如何应对"营改增"

李福和　包顺东　何成旗　编著
曹佳毅　于　维　韩爱生

*

中国建筑工业出版社出版、发行（北京西郊百万庄）
各地新华书店、建筑书店经销
北京京点图文设计有限公司制版
北京云浩印刷有限责任公司印刷

*

开本：787×960毫米　1/16　印张：17　字数：254千字
2016年5月第一版　2016年7月第三次印刷
定价：**49.00**元
ISBN 978-7-112-19401-8
（28675）

版权所有　翻印必究
如有印装质量问题，可寄本社退换
（邮政编码 100037）

自序

2016年,"营改增"的文章,刷爆了建筑人的微信圈,主题的被关注热度超越了以往任何一个建筑业的话题,为什么在建筑业引起这么大的震动?把它说成一场输不起的战役?

这是由建筑业的特点决定的,增值税在中国已经有30多年的历史,最早在1979年开始试行增值税,随后1984年、1993年和2012年进行三次重要改革,增值税在国内逐步推开,也并没有引起太多的关注,实施比较顺利,建筑业"营改增"只是2012年改革的持续,行业特征注定了建筑业"营改增"会产生较大的震动。

首先是行业规模大。建筑行业目前每年完成50万亿元投资、在建项目100多万个、8万家有资质企业、5000万人就业,产出产值18万亿元、税收近6000亿元、利润近7000亿元,从产值和就业人数看,似乎很难找到一个比建筑业更大的行业。建筑业的"营改增"之所以成为问题,不是"营改增"本身有多么复杂,而是涉及面太大变得复杂,涉及哪些方面?从大的层面看,我们认为至少涉及三个:涉及政府不同层面、不同区域的利益,涉及行业上下游产业的利益,涉及建筑企业本身的利益。所以,自2012年建筑业改征增值税政策信息出台以来,政府部门、税务专家、行业协会、建筑企业的管理者都做了大量工作,政府部门与协会、企业之间对政策的意见一直存在分歧,政府认为合理的考虑,企业并不认同,协会和企业最普遍反映的意见是税收成本会增加。

第二是企业规模大。中国的建筑企业有多大?从两个数据可以看到端倪:2015年世界财富500强,中国有107家,其中建筑企业7家,而中国建筑排名37位,营业收入1300亿美金;2015年全球最大250家国际承包商,有65家中国内地企业上榜,数量居全球第一位。从绝对值看,最大建筑企业"中国建筑",

2015年营业收入接近9000亿元，施工总包业务接近7000亿元，其各级机构数量达900个；在建筑行业营业收入20亿元的企业，普遍认为自己规模不大，超过100亿元企业说话都非常"谦虚"，可见建筑企业的规模都不小。从业务和业务模式看，随着转型升级深入，建筑企业业务模式逐步多样，投资业务、EPC业务、总包业务等多种业务并存，即使是总包业务，专业不同也导致差异显著；从组织管理看，要实现巨大的经营规模，需要有合适的组织模式，建筑企业普遍采用金字塔的组织模式，使建筑企业的组织层次多、信息传递慢、管理难度大；从作业方式看，项目法是通用的运作模式，使人员和管理分散，管理标准化程度难以提高。总体来看，建筑企业在业务经营模式、企业管理模式、项目经营模式方面的多样性和差异性使建筑企业相比其他企业，改征增值税的变革难度加大很多。

第三是营业税惯性大。相比其他行业，建筑业的营业税惯性要大，原因何在？建筑业的产业价值链、企业价值链长，作业链标准化程度不足。从产业链的角度看，上游材料的某些环节和劳务供应的环节，难以实现增值税的闭环；从企业内部的角度看，在营业税环境下，从前期的报价到最后的结算，相对简单，对税收核算无须考虑太多，采用增值税计税方式则复杂得多，改征增值税，最先碰到的问题就是项目报价的改变，即计价方式的改变，企业需要从报价开始，测算进项税可能的抵扣额度，在销项税既定的情况下，只有准确测算进项税，才能测算出税收成本，得到准确的项目报价。造价每年的计算量多大？城镇固定资产投资超过50万亿元、超百万个的工程项目、百万名造价人员，由此可以预计到大致的工作量；从作业链看，建筑业涉税的环节和涉税人员很多，项目运作的过程就是增值税产生的过程，项目部的多数人员都是税收产生环节的相关者，在过去的营业税环境下，很多建筑企业的总包业务，采用挂靠模式、项目承包模式，管理几乎是甩手的，很少考虑涉税管理，这样的方式在未来增值税环境下，显然难以奏效，对比制造业，我们发现制造业与增值税相关的岗位少、人员少，环节也相对简单，如何消除建筑企业营业税的惯性挑战巨大。

第四是项目区域广，涉税工作量大。对于建筑企业，"营改增"的核心工作在进项税的管理，项目采购环节是形成进项税单据最多的环节，单据来源复杂并且很难规范。有从事建筑业信息化服务的软件公司做过测算，一个20亿元营业收入的建筑企业，增值税票10万张，一个600亿元营业收入的企业，增值税票200万张，如果这个测算是准确的，则可以大致推算建筑业增值税票每年将达到5亿张，这么多发票，需要在不同区域、不同组织层级、不同岗位之间开票、传递、认证、核算、缴纳，每一个环节都环环相扣，不能有差错，可见工作量之大；而5亿张票据中99%的票据来自于项目一线，主要由一线工作人员完成，无论是电子发票还是非电子发票，挑战巨大。

第五是供应链的某些环节不规范。建筑业的特点是地域分散，大量的材料需要在当地采购，专业领域如装饰，采购的项目多、金额小，总包企业的沙石料等就地采购；项目作业的动态性导致劳务用工的临时性、季节性，管理很难规范，也对"营改增"带来挑战。

2016年5月1日起建筑业正式推行增值税，面对这么多挑战，建筑企业如何去应对？

建筑业需要在三个方面提升：

（1）深刻理解增值税政策，改变税务理念；

（2）建立企业增值税的管理体系；

（3）完善增值税核算和缴纳的细节。

这三个方面是一个完整的逻辑体系，目前建筑企业主要关注（1）和（3）这两个方面，毫无疑问政策解读和税务操作细则，都非常重要，但还远远不够，建筑企业要把重点放在建立增值税的管理体系上，并且与企业其他的管理融合，或者说在既有的管理体系中，加入增值税的管理内容。

那么，为什么要把重点放在建立增值税的管理体系上？建立增值税管理体系的重点是管理进项税，建筑业生产环节是最重要的增值税产生环节，涉及方方面面、涉及众多作业人员，不找到相对规范的方式，则会使税务产生环节的管理效率低下，错误的发生概率高企，从而加大企业的涉税风险，目前行业人士把规范的操作目标总结为"三流合一"或者"四流合一",显然规范的管理体系是保证改征增值税以后企业顺利运行的重要手段,通过规范的操作,减少差错、方便核算、提升效率,同时也能有效地筹划税务、降低成本。解读"营改增"的税务政策和税务的核算,是比较专业的问题,公司领导和财务税务人员需要深刻理解,但其他的操作人员并不需要知道这么多,而他们的操作就是税务产生环节,如果不规范税务产生环节的管理行为,只重视核算环节、缴纳环节的技巧,则后期的核算和缴纳环节会出现诸多问题,"巧妇难为无米之炊",只有产生环节做到规范,才能为核算和缴纳提供素材,才有税收筹划的高水平发挥。

我们认为,建筑企业在制度、流程和表单、作业手册等方面需要对原来的管理进行调整,需要把每个岗位关于增值税的应知应会做成简单的手册,方便相关岗位的操作,减少差错,为后期的核算和缴纳做好准备。

如何在企业建立规范的与增值税相关的管理体系?

攀成德建议采用六步法来全面推进体系的建设和实施:

(1)理念先行。在我看来,与建筑企业如何应对市场的变化、如何做好服务质量相比,"营改增"的挑战充其量只能算是"小儿科"的阶段性问题,即使如此,阶段性的挑战也是巨大的,尤其对管理不太规范、模式松散的建筑企业而言更甚,全面认识"营改增"可能给企业带来的问题是必需的,"营改增"显然不仅仅是财务问题,还会对企业的经营模式、管理管理模式、激励模式带来冲击,而且"营改增"实施时间要求很紧,短时间内适应巨大的冲击,企业自然压力大,正因为如此,企业需要加强员工学习培训和内部交流,达到自我提升。目前"营改增"算是问题倒逼行动,既然问题已经清楚,建筑企业应该以问题为出发点,对问题进行分解,最好的分解方式就是问题树方法,通过问题树分析来分解问题并积极寻求解决方法,再逐步落实。

(2)组织优化。对"营改增"用问题树分解出来的问题,与目前的组织职责对比,把相应的涉税职责从组织层级、部门、岗位三个方面系统地归入组织管理体系中,"营改增"所产生的工作量最终都需要靠这三个方面去完成。"营改增"一般不会涉及组织层级的变化，但对于部门，则可能需要增加部门，比如设立税务筹划管理部门，对其他部门可能涉及税务的职责完善。岗位变化，则既可能需要增加税务管理岗位，也可能需要对相关岗位完善涉税的职责。

（3）过程优化。相比营业税，增值税的管理过程复杂，过程的优化需要围绕增值税的产生、核算、缴纳三个环节进行，就这三个环节而言，产生环节涉及的面最大、部门和人员最多、内外关系最复杂、区域最广，这是过程优化的关键所在，企业需要增加或者完善相应的工作流程，使组织的不同层级、横向的不同部门、管理和生产作业形成流畅的涉税管理体系。

（4）手册优化。根据攀成德的预计，超过50%管理人员、部门与增值税产生、核算、缴纳三个环节相关，建筑企业需要制定详细而又方便使用的涉税手册，对于不同的岗位，根据需要设计可简单、可复杂的包含应知应会、常见错误、问题检查、责任追究等内容的手册，手册是最有效、最方便的管理手段，大大提升组织的一致性和效率。

（5）模拟运行。就目前的情况看，"营改增"尚存在一个比较长的过渡时间，建筑企业还可以在5月1日以后，采用简易征收的方式开展业务，但下游增值税抵扣的压力将会与政策的力量叠加，原因很简单，下游也需要把建筑业的增值税作为进项税作为抵扣；即使采用简易征收的模式，建筑企业也需要进行全面、系统的增值税管理的模拟运行，以适应彻底实行增值税方式的企业运作；从组织层次来看，模拟可以从项目、分公司、公司三个层面进行；项目的业务操作，则可以从报价、合同、采购、核算与资金管理等方面模拟运行；最后，实施总体的联动模拟运行。问题总是出现在工作中，问题需要先发现，发现问题才能解决问题。

（6）持续提高。在政策既定、企业模拟初步到位以后，全面实战自然会水到渠成，这个时候，最基本的问题都已经解决，企业进入适应增值税管理的高级阶段，高级阶段的管理，核心是两个，税务筹划和涉税现金流的管理，如何在不同组织层次、不同业务模式、不同时间段、产业上下游、供应链体系这一多维度的环境中，实现成本最低、现金流最好的税务筹划，则是企业在增值税管理的新境界。

　　建筑企业对于"营改增"的探讨和研究已经很多，但无论如何，都需要通过企业的管理体系落地，只对税务本身进行研究，固然没错，但就整体而言，解决不了问题，不从细节中走出来，只见树木不见森林，则依然会问题重重，企业内部的部门和人员也会无所适从，没有建立体系的"营改增"应对是不会奏效的，借用一句粗俗的网络语言叫"然并卵"。

前言

在近几年对建筑企业的管理咨询工作中，客户总是聊起"营改增"的话题，多半希望我们提供"营改增"的咨询服务，但都被我们善意的回绝了。其一，因为"营改增"是属于税收的范畴，我们在税收上没有做过深入的研究，不好提供咨询服务；其二，也是最重要的，我们认为"营业税"改征"增值税"虽然对企业有一定的影响，但远离企业的客户需求，远离企业的产品和服务，与企业的核心发展要素关联度不高，不需要过度重视。后来，客户说多了，我们也关注起建筑企业的痛点，认真研究起建筑业的"营改增"。

通过我们的走访调研、分析研究发现，建筑企业虽然参加了很多培训，对政策也进行了充分的解读，但对"营改增"仍然是"只见树木，不见森林"。看到一个问题，解决一个问题，结果问题越来越多。这是因为没有用系统的观念来看待这一问题。另外，建筑业过去十几年的经营环境都是稳定的，企业缺乏应对变化的理念、方法和措施，对"营改增"这种变化感到恐惧，常常表现为束手无策或忙乱无效。

于是闪现念想，编写本书，希望能够给建筑企业面对"营改增"带来一些启示和帮助。

本书的组材与编写视角与目前市场上"营改增"的书籍有所不同。不同点主要体现在以下三点：

（1）管理视角

本书关注"营改增"的管理问题。"营改增"管理视角关注的是企业如何降低"营改增"带来的风险以及如何提升增值税管理的效率问题。"营改增"会给企业带来两个方面的风险：一是虚开或虚受增值税专用发票将会面临刑法处置；二是由于无法获取合法合规的增值税专用发票，导致增值税抵扣不足，税负加重。增值税管理的效率问题讨论的是怎样才能减少处理增值税的发票、税务等事项的差错率、提高工作效率。本书的第3章、第4章讨论了应对"营改增"风险的具体措施及提高增值税管理效率的方法。

（2）变革的视度

本书关注"营改增"的变革问题。"营改增"变革视角阐述的是建筑企业如何应对"营业税改征增值税"这一变化。在建筑业下行情况下，市场的需求日新月异，政策的调整变化多端，适应变化、应对变化将是建筑企业生存和发展的重要能力。本书的第5章介绍了企业何如应对变化，并重点介绍了如何应对"营改增"这一变化。

（3）系统的视角

本书关注应对"营改增"措施的系统性。"营改增"系统视角，主要是指应从全局的角度来讨论如何应对"营改增"。本书第3章着重介绍了从战略层面、组织层面、运营层面、信息化层面来构建应对"营改增"的体系。

系统性还体现在本书的结构上。本书共分六章，从"营改增"的认知逻辑组织材料。第1章介绍了"营业税改征增值税"的原因、历程等背景；第2章对"营改增"的重点进行解读并阐述"营改增"对建筑企业的影响；第3章从战略层面、组织层面、运营层面、信息化层面介绍了建筑企业应对"营改增"的措施及方法；第4章介绍了"营改增"相关岗位如何操作，是第3章不可或缺的补充；第5章介绍了建筑企业如何应对"营改增"这场变革；第6章介绍了应对"营改增"需要关注哪些政策文件及应该参考哪些书籍。

本书编写时，"营改增"相关的实施细则还在陆续出台中，建筑业的资质、报价准则等有关政策文件，及"四库一平台"等有关管理制度正在酝酿与编制中。到本书出版与读者见面时，上述有关政策或管理制度可能已出台，届时本书中关于处理"营改增"的部分方法恐不再有效,望读者海涵。同时我们将继续关注"营改增"有关政策的变化,持续改进应对措施。

  本书在编写过程中,曾参考和引用了国内外相关研究成果和文献,在此一并感谢相关作者和机构;感谢彭培女士对本书文字校审。限于时间和水平,疏漏之处在所难免,欢迎读者提出改正意见和建议,可通过邮箱 baoshundong@psdchina.com 与我们联系。

2016 年 4 月 20 日

目录

01 "营改增"的背景

1.1 什么是营业税和增值税 / 2
  1.1.1 什么是营业税 / 2
  1.1.2 什么是增值税 / 4
  1.1.3 营业税与增值税的区别 / 5
  1.1.4 营业税改征增值税的社会影响 / 6

1.2 为什么要实施"营改增" / 7
  1.2.1 国际税制概述 / 7
  1.2.2 中国税制的发展趋势 / 9
  1.2.3 "营改增"的宏观背景 / 11
  1.2.4 "营改增"的意义 / 13

1.3 中国"营改增"的发展历程 / 16
  1.3.1 发展历程概述 / 16
  1.3.2 第一阶段：部分行业部分地区试点 / 17
  1.3.3 第二阶段：部分行业全国范围试行 / 19
  1.3.4 第三阶段：所有行业全国范围实施 / 21

1.4 建筑业"营改增"的推进 / 23
  1.4.1 建筑业"营改增"推进过程 / 23
  1.4.2 建筑业增值税税率11%的设定 / 24

02 "营改增"对建筑企业的影响

2.1 政策体系框架和核心要点 / 28
2.1.1 "道"层面 / 28
2.1.2 "法"层面 / 30
2.1.3 "术"层面 / 36

2.2 政策的 4W1H 解读 / 37
2.2.1 增值税的纳税人 / 37
2.2.2 增值税的征税范围 / 37
2.2.3 增值税税率和征收率 / 39
2.2.4 增值税应纳税额的计算 / 40
2.2.5 增值税的纳税义务、扣缴义务发生时间 / 41
2.2.6 增值税的纳税地点 / 42
2.2.7 增值税的抵税凭证 / 42
2.2.8 增值税税收减免的处理 / 42
2.2.9 征收管理 / 43
2.2.10 建筑业特殊规定与管理 / 44

2.3 对建筑细分行业的影响 / 47

2.4 对建筑企业的影响 / 50

2.5 对价值链环节的影响 / 52
2.5.1 税收的产生环节 / 52
2.5.2 税收的核算环节 / 55
2.5.3 税收的缴纳环节 / 57

2.6 上下游企业对建筑企业的影响 / 59
2.6.1 上游：不同类型供应商对建筑企业的影响 / 59
2.6.2 下游：业主对建筑企业的影响 / 61

03 建筑企业如何应对"营改增"

3.1 战略层面如何应对 / 65
3.1.1 经营模式方面 / 65
3.1.2 管理模式方面 / 81

3.2 组织层面如何应对 / 93
3.2.1 管控方面 / 93
3.2.2 组织方面 / 96
3.2.3 职责方面 / 99

3.3 运营层面如何应对 / 105
3.3.1 "营改增"管理体系 / 105
3.3.2 "营改增"管理体系的作用 / 108
3.3.3 "营改增"管理体系的构建组织 / 109
3.3.4 "营改增"管理体系的构建方法 / 110

3.4 信息化层面如何应对 / 125
3.4.1 "营改增"信息化方案介绍 / 125
3.4.2 "营改增"信息化方案的作用 / 126
3.4.3 "营改增"信息化方案的内容 / 130

04 相关岗位人员如何操作

4.1 经营岗位 / 141
4.1.1 投标报价管理 / 141
4.1.2 营销合同管理 / 148
4.1.3 履约管理 / 150

4.1.4 其他要求 / 151

4.2 采购与分包岗位 / 152
4.2.1 采购与分包战略管理 / 152
4.2.2 供应商、分包商管理 / 152
4.2.3 采购与分包合同管理 / 164
4.2.4 采购与分包过程管理 / 165
4.2.5 其他要求 / 169

4.3 工程 / 项目管理岗位 / 170
4.3.1 物资设备管理 / 170
4.3.2 回款与发票管理 / 171
4.3.3 业主奖惩管理 / 172
4.3.4 对分包商奖惩管理 / 172
4.3.5 其他要求 / 172

4.4 法务合约管理岗位 / 173
4.4.1 合同法务管理 / 173
4.4.2 其他 / 174

4.5 税务管理岗 / 175
4.5.1 税务政策解读与税务筹划 / 175
4.5.2 合同管理 / 175
4.5.3 增值税管理 / 175
4.5.4 发票管理 / 184
4.5.5 其他要求 / 193

4.6 财会岗位 / 194
4.6.1 账务处理 / 194
4.6.2 资金管理 / 201
4.6.3 其他要求 / 203

4.7 其他职能部门 / 204
    4.7.1 人力资源部 / 204
    4.7.2 企业管理部 / 205
    4.7.3 信息化管理部门 / 205

05 "营改增"如何变革管理 / 206

5.1 "营改增"是一场变革 / 207
    5.1.1 什么是变革 / 207
    5.1.2 为什么说"营改增"是一场变革 / 211

5.2 变革管理的概述 / 217
    5.2.1 变革管理的模式和基本原则 / 217
    5.2.2 变革管理的阻力和成功关键点 / 220
    5.2.3 变革管理的步骤 / 224

5.3 "营改增"如何进行变革 / 228
    5.3.1 "营改增"变革的整体策划 / 228
    5.3.2 "营改增"变革的方案设计 / 234
    5.3.3 "营改增"变革的正式推行 / 238

06 附录 / 244

6.1 建筑业"营改增"相关政策 / 245

6.2 建议学习的书目 / 251

01

"营改增"的背景

- 1.1 什么是营业税和增值税
- 1.2 为什么要实施"营改增"
- 1.3 中国"营改增"的发展历程
- 1.4 建筑业"营改增"的推进

营业税至今已有悠久的发展历史，而增值税从法国首次使用至今不过短短几十年。在我国，两者并存的格局自 1994 年分税制改革以来一直延续至今，随着社会经济的发展和经济环境的变化，这种架构体系已经越来越不适合当前的经济发展形势。所以，从 2011 年开始，中央政府决定实施营业税改征增值税的改革，并由上海、北京等 8 省（直辖市）试点及"1+7"个行业逐步推广，至 2016 年 5 月 1 日，将增值税全面覆盖至全国全行业的各税务链条，全面完成我国的"营改增"改革，届时建筑业将不再征收营业税，改为实行 11% 的增值税税率。

我国实行"营改增"改革，一方面是因为对比世界各国税制结构的发展过程，我国税制的发展趋势是最终向所得税占比加重的方向发展，"营改增"是实现这一目标过程中不可避免的一环；另一方面，随着我国经济的发展，市场的成熟，各种经济机制的完善，现有的税制结构已经越来越不能满足当前的经济状况，"营改增"是为了适应这一客观要求的相应措施。"营改增"改革只是我国税制改革中的一个环节，它不是起点，也不会是终点。

1.1　什么是营业税和增值税

1.1.1　什么是营业税

营业税是国家对工商营利事业按营业额征收的税，在我国，是指对应税劳务、转让无形资产或销售不动产的单位和个人，根据所取得的营业额征收的一种税，属于流转税制中的一个主要税种。

1.1.1.1　营业税的特点
（1）征税范围广、税源普遍

营业税的征税范围涵盖在我国境内的应税劳务、转让无形资产和销售不动产的经营行为，涉及国民经济中包括第三产业在内的广泛领域。第三产业与广大人民的日常生活息息相关，由此来看，营业税的征税范围具有广泛性，税源具有普遍性。

（2）以营业额为计税依据，计算方法简便

营业税的计税依据为各种应税劳务收入的营业额、转让无形资产的转让额、销售不动产的销售额，税收收入不受成本、费用影响，较为稳定。同时，营业税实行比例税率，计算方法相对简便。

（3）按行业设计税目税率

营业税与其他流转税税种不同，它不按商品或征税项目的种类、品种设置税目、税率，而是从应税劳务的综合性经营特点出发，按照不同经营行业设计不同的税目、税率。行业相同，则税目、税率相同；行业不同，则税目、税率不同。营业税税率设计的总体水平较低。

1.1.1.2 营业税的征收方式

（1）税率：营业税实行比例税率，根据不同行业和不同业务设置，在"营改增"之前，我国营业税的具体税率分为三档（3%、5%、5%~20%），其中交通运输业、装卸搬运、建筑业等适用3%的税率，金融保险业、服务业、旅游业等适用5%的税率，娱乐业，包括歌厅、舞厅、游艺等适用5%~20%的税率。

（2）起征点：营业税起征点仅适用于个人，其幅度为，按期纳税的，为月营业额1000~5000元；按次纳税的，为每次（日）营业额100元。

（3）纳税期限：营业税的纳税期限分别为5日、10日、15日、1个月或者1个季度。纳税人的具体纳税期限，由主管税务机关根据纳税人应纳税额的大小分别核定，不能按照固定期限纳税的，可以按次纳税。

（4）纳税地点：按照营业税暂行条例的有关规定：

☆ 纳税人提供应税劳务应当向其机构所在地或者居住地的主管税务机关申报纳税。但是，纳税人提供的建筑业劳务以及国务院财政、税务主管部门规定的其他应税劳务，应当向应税劳务发生地的主管税务机关申报纳税。

☆ 纳税人转让无形资产应当向其机构所在地或者居住地的主管税务机关申报纳税。但是，纳税人转让、出租土地使用权，应当向土地所在地的主管税务机关申报纳税。

☆ 纳税人销售、出租不动产应当向不动产所在地的主管税务机关申报纳税。

1.1.2 什么是增值税

增值税是指对纳税人生产经营活动的增值额征收的一种间接税,根据商品(含应税服务)在流转过程中所取得的增值额征收的一种税,属于流转税制中的一种主要税种。

1.1.2.1 增值税的特点

(1)不重复征税,具有中性税收的特征。

增值税具有中性税收的特征,是因为增值税只对货物或劳务销售额中没有征过税的那部分增值额征税,对销售额中属于转移过来的、以前环节已征过税的那部分销售额则不再征税。此外,增值税税率档次少,一些国家只采取一档税率,这不仅使得绝大部分货物的税负是一样的,而且同一货物在经历的所有生产和流通环节的整体税负也是一样的,这种情况使增值税对生产经营活动以及消费行为基本不发生影响。

(2)每个环节进行征税和扣税,消费者最终承担税负。

增值税实行逐环节扣税,各环节的经营者作为纳税人只是把从买方收取的税款转缴给政府,而经营者本身并没有承担增值税税款。随着交易活动的进行,经营者在交易的同时也出售了所承担的增值税税款,直到卖给最终消费者时,以前环节已纳的税款连同本环节的税款也一并转给了最终消费者,只有最终消费者才是全部税款的真正承担者。

(3)税基广阔,具有普遍性和连续性,能够打通各个链条。

从生产经营的横向关系看,无论工业、商业或者劳务服务活动,只要产生增值收入就要纳税;从生产经营的纵向关系看,无论经过多少生产经营环节,都要按各环节上发生的增值额逐次征税。

1.1.2.2 增值税的征收方式

(1)税率/征收率:目前,我国增值税的税率/征收率共有五档,分别为0%、

3%、6%、11%和17%。其中，境内单位和个人发生的跨境应税行为，税率为0，具体范围由财政部和国家税务总局规定；提供交通运输、邮政、基础电信、建筑、不动产租赁服务、销售不动产、销售土地所有权的，税率为11%；提供有形动产租赁服务的，税率为17%；增值税征收率为3%；除以上情况及财政部和国家税务总局规定的其他应税行为外，其他应税行为的税率为6%。

（2）起征点：增值税的起征点幅度为，按期纳税的，为月销售额5000～20000元（含本数）；按次纳税的，为每次（日）销售额300～500元（含本数），各省、自治区、直辖市财政厅（局）和国家税务总局可在规定幅度内根据本地区实际情况确定本地区的起征点，需报财政部和国家税务总局备案。对增值税小规模纳税人中月销售额未达到2万元的企业或非企业性单位，免征增值税。2017年12月31日前，对月销售额2万元（含本数）至3万元的增值税小规模纳税人，免征增值税。

（3）纳税期限：增值税的纳税期限分别为1日、3日、5日、10日、15日、1个月或者一个季度。纳税人的具体纳税期限，由主管税务机关根据纳税人应纳税额的大小分别核定，不能按照固定期限纳税的，可以按次纳税。

（4）纳税地点：固定业户应当向机构所在地或居住地主管税务机关申报纳税，总分机构不在同一县（市）的，应当分别向各自所在地主管税务机关申报纳税，经财政部和国家税务总局或其授权的财政和税务机关批准，可以由总机构汇总向总机构所在地的主管税务机关申报纳税；非固定业户应当向应税行为发生地主管税务机关申报纳税；其他个人提供建筑服务，销售或者租赁不动产，转让自然资源使用权，应向建筑服务发生地、不动产所在地、自然资源所在地主管税务机关申报纳税。

1.1.3 营业税与增值税的区别

营业税与增值税的区别如表1-1所示。

营业税和增值税的区别　　　　　　　　　表1-1

项目	营业税	增值税
计税依据	大多数以流转额为税基计算缴纳一次营业税，每增加一次流转则缴纳一次，存在重复纳税	对商品生产、流通、劳务服务中多个环节新增价值征税，基本消除重复纳税
征税范围	针对提供应税劳务、销售不动产、转让无形资产等征收的一种价内税	针对在我国境内销售商品和提供修理修配劳务而征收的一种价外税
计税基础	存在全额计税及差额计税两种模式，但大多数情况为全额计税	计税的销售额＝含税的销售额÷（1+增值税税率）
计税方法	应纳税额＝计税营业额×税率	应纳税额＝销项税额-进项税额
主管税务机关	属于地方税，通常由地方税务机关负责征收和清缴	主要由国税局管理
征管特点	简单、易行	计征复杂、征管严格、法律责任重大

1.1.4 营业税改征增值税的社会影响

（1）对国家的影响

优化产业机构："营改增"有利于第三产业规模扩大和比重提升，打破发展瓶颈，推动产业细分化、专业化。

推动制造业创新升级，加快现代服务业发展："营改增"通过打通二三产业增值税抵扣链条，更大程度上促进工业领域中的专业化分工，会促进如研发、设计、营销等内部服务环节从主业剥离出来，成为效率更高的创新主体。

促进企业转变经营模式，再造业务流程："营改增"后，对企业流程提出了更高的要求，鼓励企业实施流程再造，推进固定资产更新，加快技术改造。

扩大就业，加快城市化进程："营改增"促进了服务业的发展，扩大了就业，加快了城市化进程。

（2）对地方政府的影响

地方政府调整产业结构的重要动力：地方政府原有依靠投资和出口拉动的经济发展方式及高污染、高能耗、高排放的增长方式已不可持续，而"营改增"全面推广有助于改变经济发展及增长方式、促进服务经济发展，进而促进产业结构调整。

改变地方政府财力增长模式的重要推动力：原属于地方政府第一大税种的营业税即将面临"消失"，因而产生了地方政府财政收入减少的预期。在"乱收费"、"土地财政"等不可为继的情况下，地方政府需要寻找地方财力持续增长的新模式。

重新开启中央与地方财力划分的谈判：为顺利推进"营改增"试点，中央和地方的财力划分未做变动，减收的部分同样按比例在中央与地方之间分摊，但这只是权宜之计，今后必将重新开启中央与地方财力划分谈判。

推动税收征管机构的改革：随着中国税制改革的推进，财政体制的进一步调整，国、地税机构分设的弊端逐渐显现出来，"营改增"的全面推广受到了全社会的关注，有利于税收征管机构的改革。

（3）对企业的影响

对税负的影响：税制改革对企业最直接也是最直观的影响就是税负的影响，从营业税和增值税的计税依据来看，"营改增"必然会使企业税负减轻，但实际操作中企业是否可以减税还取决于各企业对税务的筹划。

对业务流的影响："营改增"后，企业需要足够的进项税额来抵扣销项税额，之前一些不规范、不合理的流程会增加企业的税负，企业需要重新梳理、规范和优化业务流以避免不必要的负担。

对财务管理的影响：税制改革另一直接影响就是企业税改前后会计处理上的变化，"营改增"后，企业在会计、税务、财务等方面需要及时进行调整，规避其中的法律风险。

1.2 为什么要实施"营改增"

1.2.1 国际税制概述

税制结构是整个税制建设的主体工程，决定税制的性质和功能。许多国家对合理税制结构的标准存有共识，但由于各国之间经济、社会、政治等客观条件各不相同，税制结构模式也并不相同。

从税种设置方面看，各国都实行多税种多次征收的复合税制体系，但税种的种类和数量并不相同。从主体税种看，在各税种相互协调、相互补充的税收体系中，总有某一种或几种税居于主导地位，其他税种处于辅助地位，这种居于主导地位的税种就是税制结构中的主体税种，其他税种就是辅助税，总体来看：

（1）发展中国家大多数以间接税为主体；

（2）发达国家可以分为三种类型：

☆ 以英美为代表的以所得税等直接税为主体的盎格鲁撒克逊型；

☆ 以法意为代表的以增值税等间接税为主体的拉丁欧洲型；

☆ 以德国为代表的中间型，兼顾直接税与间接税。

税制发展的总体趋势是：发展中国家逐步提高所得税在税收中的比重，发达国家随着税负的上升，也都向直接税与间接税各占一定比例的中间型发展。

延伸阅读1-1：税制类型的介绍

盎格鲁撒克逊型税制： 即以所得税为主体税种的税制模式。这种现代所得税的实行需要具备相应的条件，如高度发达的商品经济，较高的人均收入水平，先进的税收征管手段等，因而这种税制结构大都为经济发达国家所采用，通常被征收的所得税税种有个人所得税、社会保障税、法人（公司）所得税等，主要的代表国家有英、美、日、加、澳等。

拉丁欧洲型税制： 即以流转税为主体税种的税制模式。由于以商品流转全额为课税对象，计算简单，征收容易，无须花费太大的征收成本就能筹组到足够的税额，大多都为发展中国家和经济落后国家所采用，也有部分发达国家由于历史原因等因素也采用这种税制，通常被征收的流转税税种有消费税、营业税、增值税等，主要的代表国家有法、意、中、泰、印等。

直接税： 是指直接向个人或企业开征的税，包括对所得、劳动报酬和利润的征税,纳税义务人同时也是税收的实际负担人,典型的直接税如所得税、房产税、遗产税等。

间接税:是对商品或劳务开征的税,纳税义务人不是税收的实际负担者,典型的间接税如关税、消费税、营业税、增值税等。

1.2.2 中国税制的发展趋势

我国税制改革的发展大致可以分为三个时期:第一个时期从1949~1957年,即国民经济恢复和社会主义改造时期,这是新中国税制建立和巩固的时期。第二个时期从1958~1978年底中国共产党十一届三中全会召开以前,这是中国税制曲折发展的时期。第三个时期是1978年底中国实行改革开放以后的新时期,这是中国税制建设得到全面加强,税制改革不断前进的时期。

(1)中国税制建立和巩固的时期(1949~1957年):在新中国成立之初的1950年,进行了我国税制的首次改革,在总结老解放区税制建设的经验和清理旧中国税收制度的基础上,建立了新中国的新税制,初步形成了以按产品或流转额征税的货物税、工商业税中的营业税、按所得额征税的所得税作为主体税种,其他税种相辅的工商税收制度,其主要特点是"多税种,多次征",这种复税制体系适应了当时我国多种经济成分并存的经济状况。

(2)中国税制曲折发展的时期(1958~1978年):1958年,进行了第二次大规模的税制改革,主要内容是简化税制,以适应社会主义改造基本完成、经济管理体制改革后的新要求,试行工商统一税,统一农业税制,调整工商所得税制,开征集市交易税等;1973年,进行了第三次税制改革,主要内容仍然是简化税制,这是"文化大革命"的产物。

(3)中国税制全面加强时期(1978年以后):

从1980年9月到1981年12月,第五届全国人民代表大会先后通过了中外合资经营企业所得税法、个人所得税法和外国企业所得税法。同时,国务院明确,对中外合资企业、外国企业和外国人继续征收工商统一税、城市房地产税和车船使用牌照税，初步形成了一套大体适用的涉外税收制度；

1983年，国务院决定在全国试行国营企业"利改税"，即将新中国成立以后实行了三十多年的国营企业向国家上缴利润的制度改为缴纳企业所得税的制度；

1984年，为了加快城市经济体制改革的步伐，经第六届全国人民代表大会及其常务委员会的批准，国务院决定从1984年10月起在全国实施第二步"利改税"和工商税制改革；

1994年，为了推动社会主义市场经济体制的建立，加快我国经济的稳步发展，开始了新中国成立以来的规模最大的一次税制改革。主要是为了划分中央和地方之间的税收范围，改革已经不适用的"财政包干"体制，其主要内容是建立了专门的中央税制、地方税制、中央与地方共享税制。

我国目前的税制是以商品课税和所得课税为双主体的结构，但商品课税明显强于所得课税，但是随着社会经济的发展，这样的税制机构必然只是过渡性的，不会长久持续，我国税制将来会过渡到商品课税和所得课税并重的结构上来，主要是以下几点原因：

①价格体制：随着经济体制改革的深化，我国的价格体制已基本放开，计划价格目前已占很小比重，流转税配合价格调节经济的作用实际上已大大降低，在这种情况下已没有必要强调流转税的课征力度以及它的强主体地位；

②企业经营机制：随着我国国有企业经营机制的转换以及现代企业制度的建立，国家财政来自于内资企业所得税的收入会有一定程度的提高；

③外资和涉外税收征管：随着外资的流入以及我国涉外税收征管制度的不断完善，外商投资企业和外国企业缴纳的所得税今后也会有所增长；

④国民收入分配：由于国民收入分配格局的变化以及个人之间收入差距的不断拉大，我国的个人所得税收收入增长的余地很大。

延伸阅读1-2：商品课税与所得课税

商品课税：是指对生产、消费的商品或提供的劳务所课的税，这里所说的商品包括有形的商品,如食品、服装、住宅等,也包括无形的商品,如专利、技术等。商品课税的环节一般是商品实现销售的环节,其计税依据一般是商品的流转额,典型的商品课税包括消费税、关税、增值税等。

所得课税:是指以所得额为课税对象的之类,根据纳税人的不同可以分为对企业课税和对个人课税两大类,这里的所得一般分为三类,包括营业所得、投资所得和劳务所得。所得课税的计税依据是所得额,其税率一般分为比例税率和累进税率,典型的所得课税包括个人所得税、国有企业所得税、集体企业所得税等。

其时我国市场经济还处于初期发展阶段,这一时期强调"效率优先、兼顾公平"的社会经济目标排序是必要的,相应地在税制结构上不过分依赖对储蓄、投资以及人们工作积极性影响较大的所得税是合理的。但是,随着市场经济的成熟,收入分配的不公和社会公平的矛盾会更加突出,届时为了社会安定的需要,社会经济政策的目标排序也会相应调整到"公平优先、兼顾效率"上来。为了适应这种改变,税制结构的发展趋势无疑应该是向以所得税为主的"公平型"税制结构发展。

1.2.3 "营改增"的宏观背景

"营改增"并不是凭空出现的,是在我国所处宏观经济环境和自身内部产业结构优化需求下应运而生的。

1.2.3.1 宏观经济环境

(1)从国际上看:2008年全球金融危机造成了全世界范围内的严重经济衰退。金融危机后,全球经济呈现前高后低的增长态势,复苏势头并不显著。而受到全球金融危机的影响,欧债危机成为拖累全球经济发展的最不确定的因素,造成各大经济体增长放缓,部分经济体徘徊在衰退的边缘。相比较而言,新兴市场国家总体保持高速增长,但是受到外需环境的影响,也出现了经济减速的现象。以我国为例,2013年的GDP增速为7.7%,2014年为7.4%,2015年为6.9%,呈现下降的趋势。总体来看,金融危机后,全球经济的复苏仍然存在很大的不确定性，形势依然比较严峻。

（2）从国内来看：当前我国面临的宏观经济环境比较复杂，一方面，由于欧债危机和全球增长放缓对我国实体经济尤其是出口造成了一定的冲击；另一方面，由于社会的发展，劳动力成本上升，人口红利不复存在，对制造业、服务业、房地产业等行业发展产生了一定的冲击，而房地产业与各产业有较高的关联度，对我国整体经济有重要的影响，从长远利益出发，我国对房地产市场回归合理价值的调控正在继续，这也将对经济增长产生一定的压力，产业经济结构的失衡威胁到了经济增长的可持续性。

1.2.3.2 产业结构优化

（1）产业结构调整需要：随着现代生产力和科技的发展，知识越来越社会化，资本和劳动从物质生产向服务领域转移加速，从而使社会分工更加深化，第三产业有了更大的发展。第三产业主要包括了运输、通信、电力、自来水等社会公用事业；教育、新闻、电影、电视等文化事业；饮食、娱乐、旅游等居民生活服务事业，这些都是为物质生产部门和居民生活服务的，是社会发展的必然结果，同时又是社会生产力进步发展的必然条件，对整个国民经济有巨大的推动作用。

（2）我国第三产业发展相对滞后：与其他国家相比较，我国的第三产业发展相对滞后，在 GNP 和 GDP 中所占比例较低，远远落后于发达国家，而且就业人员在总就业人数中所占的比例较低，2015 年，我国三大产业占 GDP 的比重分别为 9.0%、40.5% 和 50.5%。目前，我国正处于产业结构转型的重要时期，需要大幅度提高服务业在 GDP 中所占的比重。另外，第三产业的发展有利于带动财政收入的增加，同时能够解决就业问题。根据有关测算，第一产业 GDP 增加值每增加 1%，税收就会减少 0.41%；第二产业 GDP 增加值每增加 1%，税收就会增加 0.48%；第三产业 GDP 增加值每增加 1%，税收就会增加 0.98%。

（3）政策的规划：我国的"十二五"规划中，专篇阐述了对服务业的发展规划，提出"把推动服务业大发展作为产业结构优化升级的战略重点，营造有利于服务业发展的政策和体制环境，……不断提高服务业比重和水平。深化专业划分工,加快服务产品和服务模式创新,促进生产性服务业与先进制造业融合,推动生产性服务业加速发展";在"十三五"规划中,又用一章的内容阐述了"加快推动服务业优质高效发展",在其中提出了"开展加快发展现代服务业行动,扩大服务业对外开放,优化服务业发展环境,推动生产性服务业向专业化和价值链高端延伸、生活性服务业向精细和高品质转变"。

1.2.4 "营改增"的意义

税收是我国财政收入的主要来源,也是我国政府通过财政政策实施宏观调控的重要手段之一。营业税和增值税都属于流转税,2014年,我国税收总额119175.31亿元,其中,增值税30855.36亿元,占比25.89%,营业税17781.73亿元,占比14.92%,分别为第一大和第三大税种,"营改增"的最终目的在于完善税收制度,促进经济结构调整。

(1) 简化税管,完善税收制度

增值税侧重对商品流转额征税,营业税侧重对非商品销售额征税。我国增值税和营业税的基本税制是在1994年税制改革时期形成的。当时确定了对货物和加工、修理修配劳务按照流转过程中产生的增值额征收增值税,对其他劳务和无形资产、不动产转让以营业额作为计税基础征收营业税,形成了增值税和营业税共存的格局。在我国特定的历史条件下,这种分税制安排与当时中国经济发展阶段和税收征管水平相适应,对促进经济发展和财政收入增长发挥了重要作用。

进入21世纪,税制改革的基本原则是"宽税基、低税率、简税制"。《深化财税体制改革总体方案》以"完善税制"一语来综合涵盖上述基本原则,在流转税方面特别地以"营改增"的方式减少了税种,貌似是向简化税制迈进了一步,但实际结果是将最复杂的税种覆盖到全行业,而且增加了多档税率。所以,这里所说的"简化税管"的内涵不是简单地减少税种,而是通过合理设计税种结构,在保证公共财政的基础上,减轻税负、发展经济、简化和方便税收征管，从而提高税收管理的效率。优化税制，就是通过税制改革使我们的税制体系更好地服务于"十八大"决定提出的"社会治理体系和治理能力"的建设。

所以，推行"营改增"并不是税制改革的终点，"营改增"后，向加重所得税占比发展将会是下一轮税制改革的重点，而"营改增"应该说是简化税管中的一个步骤，也是完善税收制度中的一个重要过程。

（2）解决重复征税问题，实现税负公平

从定义上看，营业税大多是针对营业额全额进行征税，增值税是对该环节中增值额进行全额征税，显而易见，营业税的征税过程中会存在很多重复征税的问题，相比较而言，因增值税的征收过程中实行"环环征收，层层抵扣"的链条机制，将会解决重复征税这一问题。而对于一些亏损的交易，原本需要征收的营业税在改为增值税的情况下有可能将不再被征收，这体现了税负的公平性。

"营改增"前，增值税和营业税并存破坏了增值税进项税额抵扣的链条，严重影响了增值税作用的发挥。以建筑企业为例，建筑工程耗用的主要原材料，如钢材、水泥、砂石等属于增值税的征税范围，在购买原材料时已经缴纳了增值税，但是由于建筑企业不是增值税的纳税人，因此购进原材料缴纳的进项税额无法抵扣。而在计征营业税时，企业购进建筑材料和其他工程物资又是营业税的计税依据，需要负担营业税，这就形成了重复征税。

"营改增"后，企业的应纳增值税额是销项税和进项税之差，原本无法进行抵扣的税额可以进行抵扣，虽然税率提升了，但是税负不一定会增加，同样以建筑企业为例，"营改增"后，企业购买原材料时已经缴纳了增值税，可以作为企业的进项税额用来抵扣企业需要缴纳的增值税，只要处理合适，就可以减少建筑企业的负担。

（3）加强国家的税源集中管理

营业税属于地方税，通常由地税局征收，而增值税的主管机关是国家税务局,由国税局统一征收,"营改增"后,根据相关规定,通过征收增值税所获得的税收由国家税务局统一征收后,按照国家占75%,地方占25%的比例进行划分,通过这种方式,原本由地方税务局负责的税源将转交给国家税务局,国家对于税源的集中管理得到加强,但相对地,地方税源管理和其带来的带动效应将相应下降。

(4)促进社会分工协作的发展、激励科技创新、提高生产效率

随着我国经济市场化和国际化程度日益提高,新的经济形态不断涌现。营业税在计征税额时,通常都是全额征税,很少有可以抵扣项目,因此企业更倾向于自行提供所需的服务而非由外部提供相关服务,导致了生产服务内部化,这样不利于企业优化资源配置和进行专业化细分。而在增值税体制下,外购成本的税额可以进行抵扣,有利于企业择优选择供应商供应材料,提高了社会专业化分工的程度,在一定程度上改变了当下一些企业"小而全"、"大而全"的经营模式,最终提高了企业的专业化水平和专业化服务能力,这将极大地改善产品或服务质量,提升企业的竞争力。

自我国2009年实施消费性增值税模式开始,企业外购的生产用固定资产可以抵扣进项税额,大大降低了企业的税负水平。这在一定程度上有利于企业进行设备和技术的更新,同时也可以减少能耗、降低污染、提高生产效率,进而提升我国企业的综合竞争力。

(5)促进社会就业

"营改增"对第三产业的效果最为明显,而以服务业为主的第三产业容纳的就业人数要超过以制造业为主的第二产业,营业税改征增值税带来的产业结构优化效果,将对就业岗位的增加产生结构性的影响,消除重复征税带动的投资和消费需求的扩大,将相应带来产出拉动型的就业增长。

因此,营业税改征增值税范围覆盖到所有的货物、劳务和应税服务,不仅是健全有利于科学发展的税收制度的必然选择,同时也是与目前我国社会经济形态相适应的做法。

1.3 中国"营改增"的发展历程

1.3.1 发展历程概述

2011年我国开始筹备增值税取代营业税的改革，当年6月，国家发改委《关于2011年深化经济体制改革重点工作意见》首次提出，在部分生产性服务业领域推行增值税改革试点。同年11月份确定了《营业税改征增值税试点方案》。此后，我国按照先易后难的原则稳步推进"营改增"。

总体情况，"营改增"分三步走：第一步，在部分行业部分地区进行"营改增"试点，上海作为首个试点城市2012年1月1日正式启动"营改增"；第二步，选择部分行业在全国范围内进行试点，这一阶段在2013年开始，交通运输业以及部分现代服务业率先在全国范围内推广；第三步，在全国范围内实现"营改增"也即消灭营业税。2016年政府工作报告明确，从5月1日起，将建筑业、房地产业、金融业和生活服务业纳入"营改增"试点范围，这意味着"营改增"全面铺开，将覆盖所有行业，如表1-2所示。

系统考虑，"营改增"分为五步进行：第一步，2014年继续实行"营改增"扩大范围；第二步，2015年基本实现"营改增"全覆盖；第三步，进一步完善增值税税制；第四步，完善增值税中央和地方分配体制；第五步，实行增值税立法。

"营改增"发展历程中的重要文件　　　　表1-2

时间	政策文件	内容
2011年11月16日	财政部和国税总局发布《财政部 国家税务总局关于印发〈营业税改征增值税试点方案〉的通知》（财税[2011]110号），同时印发了《交通运输业和部分现代服务业营业税改征增值税试点实施办法》、《交通运输业和部分现代服务业营业税改征增值税试点有关事项的规定》和《交通运输业和部分现代服务业营业税改征增值税试点过渡政策的规定》	明确从2012年1月1日起，在上海市交通运输业和部分现代服务业开展营业税改征增值税试点

续表

时间	政策文件	内容
2012年7月31日	财政部和国税总局发布《财政部 国家税务总局关于在北京等8省市开展交通运输业和部分现代服务业营业税改征增值税试点的通知》（财税[2012]71号）	确定将交通运输业和部分现代服务业营业税改征增值税试点范围，由上海市分批扩大至北京等8个省（直辖市）
2013年5月24日	财政部和国税总局联合印发《财政部 国家税务总局关于在全国开展交通运输业和部分现代服务业营业税改征增值税试点税收政策的通知》（财税[2013]37号）	进一步明确从2013年8月1日起在全国范围内开展交通运输业和部分现代服务业营业税改征增值税试点的相关税收政策
2013年12月9日	财政部和国税总局联合发文《关于将铁路运输和邮政业纳入营业税改征增值税试点的通知》（财税[2013]106号）	明确自2014年1月1日起，在全国范围内开展铁路运输和邮政业"营改增"试点。同时，《财政部 国家税务总局关于在全国开展交通运输业和部分现代服务业营业税改征增值税试点税收政策的通知》（财税[2013]37号）自2014年1月1日起废止
2014年4月30日	财政部和国税总局联合发布《财政部 国家税务总局关于将电信业纳入营业税改征增值税试点的通知》（财税[2014]43号）	从2014年6月1日起电信业正式纳入"营改增"范围
2016年"两会"	政府工作报告	提出"全面实施营改增，从5月1日起，将试点范围扩大到建筑业、房地产业、金融业、生活服务业，并将所有企业新增不动产所含增值税纳入抵扣范围，确保所有行业税负只减不增"
2016年3月23日	财政部和国家税务总局联合发布《财政部 国家税务总局关于全面推开营业税改征增值税试点的通知》（财税[2016]36号）	提出"在全国范围内全面推开营业税改征增值税试点，建筑业、房地产业、金融业、生活服务业等全部营业税纳税人，纳入试点范围，由缴纳营业税改为缴纳增值税"

1.3.2 第一阶段：部分行业部分地区试点

在2010年10月15日至18日召开的十七届五中全会上，经审议通过的《中共中央关于制定国民经济和社会发展第十二个五年规划的建议》明确提出"扩大增值税征收范围，相应调减营业税等税收"的重要税制改革任务。

2011年11月16日，财政部和国税总局发布了《财政部 国家税务总局关于印发〈营业税改征增值税试点方案〉的通知》（财税[2011]110号）、《财政部 国家税务总局关于在上海市开展交通运输业和部分现代服务业营业税改征增值税试点的通知》（财税[2011]111号）以及《交通运输业和部分现代服务业营业税改征增值税试点实施办法》、《交通运输业和部分现代服务业营业税改征增值税试点有关事项的规定》和《交通运输业和部分现代服务业营业税改征增值税试点过渡政策的规定》出台，标志着我国营业税改征增值税的改革正式开始，在随后的几个月中，国务院财政、税务主管部门出台了一系列配套措施。

2012年7月25日，国务院常务会议决定扩大营业税改征增值税的试点范围。

2012年7月31日，《财政部 国家税务总局关于在北京等8省市开展交通运输业和部分现代化服务业营业税改征增值税试点的通知》（财税[2012]71号）出台，自2012年8月1日起至年底，将交通运输业和部分现代服务业营业税改征增值税的试点范围，由上海扩大至北京等8个省（直辖市）（表1-3）。

营业税改征增值税试点地区及开始时间　　　　　　　表1-3

开始时间	试点地区
2012年1月1日	上海市
2012年9月1日	北京市
2012年10月1日	江苏省、安徽省
2012年11月1日	福建省、广东省
2012年12月1日	天津市、浙江省、湖北省

2012年8月10日、24日、27日，国家税务总局接连发布了《国家税务总局关于北京等8省市营业税改征增值税试点增值税一般纳税人资格认定有关事项的公告》（国家税务总局公告2012年第38号）、《国家税务总局关于北京等8

省市营业税改征增值税试点有关税收征收管理问题的公告》(国家税务总局公告 2012 年第 42 号)以及《国家税务总局关于北京等 8 省市营业税改征增值税试点增值税纳税申报有关事项的公告》(国家税务总局公告 2012 年第 43 号)三项配套文件,为试点省市工作的开展提供了依据。

1.3.3 第二阶段:部分行业全国范围试行

2013 年 5 月 24 日,《财政部 国家税务总局关于在全国开展交通运输业和部分现代服务业营业税改征增值税试点税收政策的通知》(财税 [2013]37 号)出台,自 2013 年 8 月 1 日起,在全国范围内开展交通运输业和部分现代服务业营业税改征增值税试点。

2013 年 12 月 9 日,《财政部 国家税务总局关于铁路运输和邮政业纳入营业税改征增值税试点的通知》(财税 [2013]106 号)出台。

2013 年 12 月 31 日,《财政部 国家税务总局关于铁路运输和邮政业营业税改征增值税试点有关政策的补充通知》(财税 [2013]121 号)出台,自 2014 年 1 月 1 日起,铁路运输和邮政业正式在全国范围内纳入营业税改征增值税试点。

2014 年 4 月 29 日,《财政部 国家税务总局关于将电信业纳入营业税改征增值税试点的通知》(财税 [2014]43 号)出台,规定自 2014 年 6 月 1 日起将全国的电信业纳入营业税改征增值税试点。

如表 1-4 所示。

营业税改征增值税试点范围及开始时间　　　　表 1-4

开始时间	模式	试点范围
2012 年 1 月 1 日	1+6	交通服务业(不含铁路运输)、现代服务业(研发和技术服务、信息技术服务、文化创意服务、物流辅助服务、有形动产租赁服务和鉴证咨询服务)
2013 年 8 月 1 日	1+7	交通服务业(不含铁路运输)、现代服务业(研发和技术服务、信息技术服务、文化创意服务、物流辅助服务、有形动产租赁服务、鉴证咨询服务和广播影视服务)

续表

开始时间	模式	试点范围
2014年1月1日	2+7	交通服务业、邮政业、现代服务业（研发和技术服务、信息技术服务、文化创意服务、物流辅助服务、有形动产租赁服务、鉴证咨询服务和广播影视服务）
2014年6月1日	3+7	交通服务业、邮政业、电信业、现代服务业（研发和技术服务、信息技术服务、文化创意服务、物流辅助服务、有形动产租赁服务、鉴证咨询服务和广播影视服务）

此阶段中，营业税改征增值税的相关配套政策和文件为了适应新情况、新问题，也不断进行更新：

2013年8月23日，《适用增值税零税率应税服务退（免）税管理办法（暂行）》（国家税务总局公告2013年第47号）出台，不到半年，也即2014年2月8日，《适用增值税零税率应税服务退（免）税管理办法》（国家税务总局公告2014年第11号）出台，取代了前者。

2013年9月13日，《营业税改征增值税跨境应税服务增值税免税管理办法（试行）》（国家税务总局公告2013年52号）出台，不到一年，在2014年8月27日，《营业税改征增值税跨境服务增值税免税办法（试行）》（国家税务总局公告2014年第49号）颁布，取代了前者。

同时，在增值税一般纳税人的资格方面也发生了一定的调整和更新：

2013年6月8日，《国家税务总局关于交通运输业和部分现代服务业营业税改征增值税试点增值税一般纳税人资格认定有关事项的公告》（国家税务总局公告2013年第28号）出台，规定："试点实施前已取得增值税一般纳税人资格并兼有应税服务的试点纳税人，不需要重新申请认定"，"试点实施后，试点纳税人应按照国家税务总局令第22号及其相关规定,办理增值税一般纳税人资格认定"。

2013年6月21日，《国家税务总局关于增值税一般纳税人资格认定有关事项的公告》（国家税务总局2013年第33号）出台，公告中对不同类别的纳税人，分别适用不同的政策进行了规定。

2013年12月16日,《国家税务总局关于营业税改征增值税试点增值税一般纳税人资格认定有关事项的公告》(国家税务总局公告2013年第75号)出台,公告中规定试点实施前已取得增值税一般纳税人资格并兼有应税服务的试点纳税人,不需要重新申请认定;试点实施前应税服务年销售额未超过500万元的试点纳税人,如符合相关规定条件(会计核算健全,能够提供准确税务资料等),也可以向主管税务机关申请增值税一般纳税人资格认定;试点实施之后,增值税一般纳税人资格认定按照《增值税一般纳税人资格认定管理办法》(国家税务总局令第22号)及相关规定执行。同时,公告中对于认定标准的使用和纳税人选择按照小规模纳税人纳税的政策适用作出了规定。

1.3.4 第三阶段:所有行业全国范围实施

按照十七届五中全会的部署和十八届三中全会的决定,以及《深化财税体制改革总体方案》提出的明确要求,全面实施营业税改征增值按照"十二五"规划本应该在2015年完成。

2014年第9期的《求是》中,李克强总理的《关于深化经济体制改革的若干问题》疑问中指出,"营改增"还有"五步曲":第一步,2014年继续实行"营改增"扩大范围;第二步,2015年基本实现"营改增"全覆盖;第三步,进一步完善增值税税制;第四步,完善增值税中央和地方分配体制;第五步,实行增值税立法。为后续"营改增"的改革进程划定了基本时间框架。

2015年6月28日,财政部部长楼继伟向十二届全国人大常委会第十五次会议作2014年中央决算报告时表示,在推进税收制度改革方面,2015年还将力争全面完成"营改增",研究提出消费税改革方案和消费税暂行条例修订草案,加快推进资源税改革。

2015年8月28日,财政部部长楼继伟汇报2015年以来预算工作时表示,要适时将建筑业、房地产业、金融业和生活服务业纳入"营改增"试点,加快税制改革。而在此以前,中央对"营改增"的态度一直是要在"十二五"期间完成。

从"力争完成"到"适时纳入",就意味着"营改增"的完成不再有明确时间表,需要视实际情况而定。

"营改增"在"十二五"期末不能完成受制于多个技术环节,一方面,在建筑业、房地产等领域,抵扣事项的确定需要较长的时间。如土地购置是否纳入成本进行抵扣。另一方面,全面实施"营改增"之后,其人力资源的分配也是制约因素之一。营业税归属地方税收,全面"营改增"后,增值税将由国税部门征收,这带来了较大的工作量。此外,"营改增"全面完成后,其减税的规模将是财政很大一个缺口。国家税务总局原副局长许善达曾表示,如果"营改增"全部到位,减税规模将达到9000亿元。中国社科院财经战略研究院院长高培勇也曾估算,若"营改增"覆盖至所有行业且税率调整完善后,将有9000亿～10000亿元的减税空间。

2015年12月28日,在全国财政工作会议上,财政部部长楼继伟透露,营业税改增值税("营改增")将在2016年向剩余的几个领域全面推进,建筑业、房地产业、金融业和生活服务业将被纳入试点范围。

2016两会期间,李克强总理在工作报告中指出:"今年将全面实施"营改增",从5月1日起,将试点范围将扩大到建筑业、房地产业、金融业、生活服务业,并将所有企业新增不动产所含增值税纳入抵扣范围,确保所有行业税负只减不增"。这意味着即使仍然存在一定的困难,但是相关部门会确保"营改增"收官的最终时点。持续四年多的"营改增"将正式完成。

2016年3月18日,国务院总理李克强主持召开国务院常务会议,审议通过全面推开"营改增"试点方案,明确自2016年5月1日起,将"营改增"试点范围扩大到建筑业、房地产业、金融业、生活服务业,实现货物和服务行业全覆盖,打通税收抵扣链条,支持现代服务业发展和制造业升级。

2016年3月24日,财政部公布《关于全面推开营业税改征增值试点的通知》及《营业税改征增值试点实施办法》等四份细则文件。自5月1日起,试点范围将扩大到建筑业、房地产金融和生活服务,并允许将新增不动产纳入抵扣范围,预计今年减轻企业税负 5000 多亿元。

1.4 建筑业"营改增"的推进

1.4.1 建筑业"营改增"推进过程

(1) 建筑业"营改增"改革工作的启动

2011 年 11 月 16 日，财政部和国家税务总局联合发布的《财政部 国家税务总局关于印发〈营业税改征增值税试点方案〉的通知》(财税 [2011]110 号) 中，明确建筑业适用 11% 税率，计税方式原则上适用增值税一般计税方式，计税依据原则上为发生应税交易取得的全部收入，对一些存在大量代收转付或代垫资金的行业，其代收代垫金额可予以合理扣除。

(2) 建筑业"营改增"的摸索与博弈

2012 年年初，住房城乡建设部委托中国建设会计学会进行"营改增"调研测算工作。作为住房城乡建设部下属协会，中国建设会计学会会长秦玉文号召各地方、乃至于每个企业，都要采取多种办法广泛宣传、汇报、反映建筑施工企业"营改增"调研测算的情况和意见建议，学习、交流自身做好"营改增"准备工作的具体做法并且承诺将对各协会、各有关企业举办这样的互动给予可能的帮助和支持。

2013 年初，由住房城乡建设部相关司局布置、中国建设会计学会主要负责实施的"营改增"调研结果在此基础上形成的建议，通过住房城乡建设部提交给了财税部门，这份文件的主要内容是，由于现有税收和经营环境的局限性，按财税部门《营业税改征增值税试点方案》中实行的既定建筑业 11% 的税率，所谓税负不变或略有减轻只是理论测算，按照实际测算，税负增加的企业达到 85% 以上，而且绝大多数企业税负增幅超过 90%。

2014 年 12 月，中国建筑业协会联合 11 家行业建设协会和 6 家中央企业召开座谈会，并联名向国务院领导同志呈报了建筑业营业税改增值税有关问题的报告后，国务院领导高度重视并做出重要批示，要求相关部门做进一步调查研究。

当时提出：由于建筑业的自身特点，目前建筑业增值税的抵扣链条不完整，进项税额不能抵扣或抵扣不足，如现阶段即实行11%的增值税率，建筑企业税负将大幅度增加；这将造成企业财务状况恶化，经营效益有可能大幅下滑，建筑业的转型升级将受到严重影响，并对就业和社会稳定带来不利因素。希望有关部门就适用11%的税率造成的企业税负增长情况进行联合调研，建议建筑业适用6%的增值税税率。

2015年3月，针对财政部、国家税务总局提出的"营改增"措施，中国建筑业协会再次召集11家有关行业建设协会和6家中央企业座谈，反映"营改增"的有关问题，包括目前建筑业"营改增"面临的主要问题，包括原材料和劳务人工费难以取得发票进行抵扣；新老合同的税务处理；"营改增"税负能否转嫁；"营改增"前购买的材料，在"营改增"后使用，能否进项抵扣等。

（3）建筑业"营改增"的正式实施

2016年"两会"期间，在李克强总理政府工作报告中确定今年将全面实施"营改增"，从5月1日起，将试点范围将扩大到建筑业、房地产业、金融业、生活服务业。

2016年3月18日，国务院总理李克强主持召开国务院常务会议，审议通过全面推开"营改增"试点方案，明确自2016年5月1日起，将"营改增"试点范围扩大到建筑业、房地产业、金融业、生活服务业。

（4）2016年3月24日，财政部公布《关于全面推开营业税改征增值试点的通知》及《营业税改征增值税试点实施办法》等四份细则文件。自5月1日起，试点范围将扩大到建筑业、房地产业、金融业和生活服务业。

1.4.2 建筑业增值税税率11%的设定

根据《财政部 国家税务总局关于印发〈营业税改征增值税试点方案〉的通知》（财税[2011]110号）规定，建筑业增值税适用税率为11%，认定即使定为11%，建筑行业也能减轻税负，但是建筑行业内一致认为"亏大了"。问题的根源在于企业的测算和制定政策部门的测算统计方法和口径都不一样，建筑业总产值的水分很大。

正常情况下，企业把年报按照县、市、省建设行政主管部门逐级汇总上报，统计局系统大多数采用企业电子版直报方式，不论哪一种统计方式，建筑业企业的承包方式（总包、专业分包、劳务分包）都不变，这就带来了重复上报的问题。

由于建筑业资质管理的特殊要求，建筑企业都要有每年完成的业绩，所以在同一个项目上施工的各类企业都必须按规定上报，总产值必然会产生重复上报，重复上报的比例根据工程类型的不同也各不相同，在10%～30%的范围内。

按产值利税率来推算，正常情况是：营业税3%（加上教育费附加及城市维护建设费应为3.41%）、企业所得税2%（根据国家有关部门认定的建筑业利润率8%～20%计，8%乘上25%应征税率等于2%）、预征个人所得税1%。其余零星税费等暂不考虑，也就是建筑企业即使一分钱利润没有，企业的产值利税率最少应为6%，如果加上一般建筑企业3%的利润率，则达到9%。但实际统计数字测算，一个地区建筑业产值利税率低于4%的企业大于50%，有少数地区由于政府领导干预上报的统计数字，产值利税率只有2%～3%。

产值利税率=[（实现利润+应交税金）/建筑业总产值]×100%。

分子数字基本可控，假定利润为0（一般不会为0，分子加大，产值利税率更应该大于6%），应交税金根据税票统计不可能造假，则产值利税率至少应为6%，7%～9%属正常。现在小于6%，只可能是一种情况：建筑业总产值数字被加大了。

所以，究其原因，主要是因为统计数字不实导致建筑业总产值水分很大，原因有三：

（1）不重视统计工作，统计业务水平下降：企业改制以后，公司负责人不重视统计工作，把统计部门甚至统计人员进行撤并，用财会人员来代替统计人员，统计业务水平整体普遍下降；

（2）企业法人法律意识淡薄，实用主义的填报统计报表：据了解许多建筑企业有三套数字，一套是报上级主管部门和参加评优评先的报表（一般偏大）；一套报税务部门的报表（一般偏小，如建筑业总产值只报实际营业收入，即"到账数"）；一套是企业管理自己用的报表（比较真实）；

（3）部分地区行政命令干预统计数字：一些地区负责人为了自己的"政绩"，用行政命令干预统计数字，弄虚作假，增加水分。

所以，建筑人还是应该认真对待建筑业统计工作，不要胡乱填报统计报表。

02

"营改增"对建筑企业的影响

- 2.1 政策体系框架和核心要点
- 2.2 政策的4W1H解读
- 2.3 对建筑细分行业的影响
- 2.4 对建筑企业的影响
- 2.5 对价值链环节的影响
- 2.6 上下游企业对建筑企业的影响

随着政府一系列相关配套文件的颁布与实施，"营改增"逐步从试点推广至各个行业，建筑业当然无法避免，由于建筑企业自身规模大、组织层次多、业务模式复杂、项目区域广、营业税惯性大等特点，加上建筑业的延伸产业链条各部分受到"营改增"的影响各不相同，和其他行业相比，改革的难度更大和带来的影响更深远。

"营改增"后，建筑企业可能面临着涉税风险的增加、企业赋税的增加和企业现金流的减少，企业原有的经营模式、组织结构、管理制度都会受到不同程度的冲击，原有的报价、合同、采购等价值链环节需要优化。同时，建筑企业的上下游市场的混乱和不规范，也会给建筑企业带来经营难度和管理难度的增加。

2.1 政策体系框架和核心要点

2.1.1 "道"层面

我国在"十二五"、"十三五"规划纲要以及2016年"两会"政府工作报告对"营改增"改革提出了指导思想、基本原则和时间表，《中华人民共和国刑法》为"营改增"提供了相关法律依据。

（1）"十二五"规划纲要

在《中华人民共和国国民经济和社会发展第十二个五年规划纲要》（以下简称《十二五规划纲要》）中，第十一篇第四十七章第三节"改革和完善税收制度"中，提出："按照优化税制结构、公平税收负担、规范分配关系、完善税权配置的原则，健全税制体系，加强税收法制建设。扩大增值税征收范围，相应调减营业税等税收"。同时在《十二五规划纲要》第四篇第十七章第二节"完善服务业政策"中，提出："结合增值税改革，完善生产性服务业税收制度"。

《十二五规划纲要》的出台，为"营改增"提供了改革的指导思想和基本原则，同时，也明确了"营改增"的目的，为"营改增"改革提供了大致的时间表。

（2）"十三五"规划纲要

在《中华人民共和国国民经济和社会发展第十三个五年规划纲要》（以下简称《十三五规划纲要》）中，第三篇第十五章第三节"改革和完善税费制度"中，提出"按照优化税制结构、稳定宏观税负、推进依法治税的要求全面落实税收法定原则，建立税种科学、结构优化、法律健全、规范公平、征管高效的现代税收制度，逐步提高直接税比重。全面完成营业税改增值税改革，建立规范的消费型增值税制度"，同章第一节"确立合理有序的财力格局"中，提出"结合税制改革，考虑税种属性，进一步理顺中央和地方收入划分，完善增值税划分方法"。

《十三五规划纲要》的出台，为"营改增"确定了最终的时间表，进一步明确了"营改增"的改革原则，同时，为下一步增值税制度的完善和增值税的立法定下了基调。

（3）2016年"两会"政府工作报告

2016年3月5日第十二届全国人民代表大会第四次会议上，国务院总理李克强在《政府工作报告》第三部分"2016年重点工作"中重点做好八个方面工作的第一个方面中提到："适度扩大财政赤字，主要用于减税降费，进一步减轻企业负担"，"全面实施'营改增'，从5月1日起，将试点范围扩大到建筑业、房地产业、金融业、生活服务业，并将所有企业新增不动产所含增值税纳入抵扣范围，确保所有行业税负只减不增"，"合理确定增值税中央和地方分享比例"。

2016年的《政府工作报告》为长达六年的"营改增"确定了最后的时间期限，对最终"营改增"的实现效果也提出了预期，同时，报告中也解决了困扰已久的关于"新增不动产"问题的解释。

（4）《中华人民共和国刑法》

目前，增值税并没有立法，在法律层面，对增值税相关犯罪行为作出明确规定的是《中华人民共和国刑法》，包括：

☆ 第二百零五条［虚开增值税专用发票、用于骗取出口退税、抵扣税款发票罪；虚开发票罪］

☆ 第二百零六条［伪造、出售伪造的增值税专用发票罪］

☆ 第二百零七条［非法出售增值税专用发票罪］

☆ 第二百零八条［非法购买增值税专用发票、购买伪造的增值税专用发票罪；虚开增值税专用发票罪、出售伪造的增值税专用发票罪、非法出售增值税专用发票罪］

2.1.2 "法"层面

在国家层面从政策上提出了"营改增"的税收制度，包括《中华人民共和国增值税暂行条例》《中华人民共和国增值税暂行条例实施细则》《财政部、国家税务总局关于印发〈营业税改征增值税试点方案〉的通知》以及《财政部 国家税务总局关于全面推开营业税改征增值税试点的通知》；行业层面的文件则为建筑企业梳理了"营改增"准备的重点工作。

2.1.2.1 国家层面

（1）《中华人民共和国增值税暂行条例》（以下简称《增值税暂行条例》）和《中华人民共和国增值税暂行条例实施细则》（以下简称《增值税实施细则》）

2009年1月1日起实施的《增值税暂行条例》共二十七条，对增值税的纳税范围、增值税税率、计算方式、纳税时间、纳税地点、纳税人认定、免征条款等作出了明确规定。

同一天起实施的《增值税实施细则》共四十条，是根据《增值税暂行条例》制定的细则，实施细则中对暂行条例中的相关条款进行了补充说明和解释。

（2）《财政部、国家税务总局关于印发〈营业税改征增值税试点方案〉的通知》

2011年11月16日，财政部和国家税务总局联合印发了《财政部、国家税务总局关于印发〈营业税改征增值税试点方案〉的通知》，《营业税改征增值税试点方案》全文共1381字，分为三个部分，包括指导思想和基本原则、改革试点的主要内容、组织实施。在改革试点部分中主要规定了改革试点的范围与时间（试点地区、试点行业、试点时间）、改革试点的主要税制安排（税率、计税方式、计税依据、服务贸易进出口)、改革试点期间过渡性政策安排(税收收入归属、税收优惠政策过渡、跨地区税种协调、增值税抵扣政策的衔接)三个方面。

其中,特别对建筑业规定了"适用11%税率"。另外,在计税依据中,"对一些存在大量代收转付或代垫资金的行业,其代收代垫金额可予以合理扣除"这一条对建筑企业也多有涉及。

(3)《财政部 国家税务总局关于全面推开营业税改征增值税试点的通知》

2016年3月23日,财政部和国家税务总局联合发布《财政部 国家税务总局关于全面推开营业税改征增值税试点的通知》,规定了"自2016年5月1日起,在全国范围内全面推开营业税改征增值税(以下称营改增)试点,建筑业、房地产业、金融业、生活服务业等全部营业税纳税人,纳入试点范围,由缴纳营业税改为缴纳增值税",废止了与此相悖的其他相关规定。

这个通知的附件包括《营业税改征增值税试点实施办法》、《营业税改征增值税试点有关事项的规定》、《营业税改征增值税试点过渡政策的规定》、《跨境应税行为适用增值税零税率和免税政策的规定》。

《营业税改征增值税试点实施办法》共计15604字,分为七章五十五条以及一个注释。其中对建筑业特别相关的是:

①第二条 单位以承包、承租、挂靠方式经营的,承包人、承租人、挂靠人(以下统称承包人)以发包人、出租人、被挂靠人(以下统称发包人)名义对外经营并由发包人承担相关法律责任的,以该发包人为纳税人。否则,以承包人为纳税人。

②第十五条 增值税税率:(二)提供交通运输、邮政、基础电信、建筑、不动产租赁服务,销售不动产,转让土地使用权,税率为11%。

③第二十七条 下列项目的进项税额不得从销项税额中抵扣:

☆ 用于简易计税方法计税项目、免征增值税项目、集体福利或者个人消费的购进货物、加工修理修配劳务、服务、无形资产和不动产。其中涉及的固定资产、无形资产、不动产,仅指专用于上述项目的固定资产、无形资产(不包括其他权益性无形资产)、不动产。

- ☆ 纳税人的交际应酬消费属于个人消费。
- ☆ 非正常损失的购进货物，以及相关的加工修理修配劳务和交通运输服务。
- ☆ 非正常损失的在产品、产成品所耗用的购进货物（不包括固定资产）、加工修理修配劳务和交通运输服务。
- ☆ 非正常损失的不动产，以及该不动产所耗用的购进货物、设计服务和建筑服务。
- ☆ 非正常损失的不动产在建工程所耗用的购进货物、设计服务和建筑服务。
- ☆ 纳税人新建、改建、扩建、修缮、装饰不动产，均属于不动产在建工程。
- ☆ 购进的旅客运输服务、贷款服务、餐饮服务、居民日常服务和娱乐服务。
- ☆ 财政部和国家税务总局规定的其他情形。

上述条款中所称货物，是指构成不动产实体的材料和设备，包括砖瓦灰砂石等建筑材料和给排水、采暖、卫生、通风、照明、通信、煤气、消防、中央空调、电梯、电气、智能化楼宇设备及配套设施。

上述条款中的固定资产，是指使用期限超过12个月的机器、机械、运输工具以及其他与生产经营有关的设备、工具、器具等有形动产。

上述条款中的非正常损失，是指因管理不善造成货物被盗、丢失、霉烂变质，以及因违反法律法规造成货物或者不动产被依法没收、销毁、拆除的情形。

④第二十八条 建筑服务的具体范围，按照本办法所附的《销售服务、无形资产或者不动产注释》执行。

⑤第四十六条 增值税纳税地点为：

- ☆ 固定业户应当向其机构所在地或者居住地主管税务机关申报纳税。总机构和分支机构不在同一县（市）的，应当分别向各自所在地的主管税务机关申报纳税；经财政部和国家税务总局或者其授权的财政和税务机关批准，可以由总机构汇总向总机构所在地的主管税务机关申报纳税。
- ☆ 非固定业户应当向应税行为发生地主管税务机关申报纳税；未申报纳税的，由其机构所在地或者居住地主管税务机关补征税款。

☆ 其他个人提供建筑服务，销售或者租赁不动产，转让自然资源使用权，应向建筑服务发生地、不动产所在地、自然资源所在地主管税务机关申报纳税。

☆ 扣缴义务人应当向其机构所在地或者居住地主管税务机关申报缴纳扣缴的税款。

《销售服务、无形资产、不动产注释》中对建筑服务的说明如下。

建筑服务，是指各类建筑物、构筑物及其附属设施的建造、修缮、装饰，线路、管道、设备、设施等的安装以及其他工程作业的业务活动。包括工程服务、安装服务、修缮服务、装饰服务和其他建筑服务。

①工程服务

工程服务是指新建、改建各种建筑物、构筑物的工程作业，包括与建筑物相连的各种设备或者支柱、操作平台的安装或者装设工程作业，以及各种窑炉和金属结构工程作业。

②安装服务

安装服务是指生产设备、动力设备、起重设备、运输设备、传动设备、医疗实验设备以及其他各种设备、设施的装配、安置工程作业，包括与被安装设备相连的工作台、梯子、栏杆的装设工程作业，以及被安装设备的绝缘、防腐、保温、油漆等工程作业。

固定电话、有线电视、宽带、水、电、燃气、暖气等经营者向用户收取的安装费、初装费、开户费、扩容费以及类似收费，按照安装服务缴纳增值税。

③修缮服务

修缮服务是指对建筑物、构筑物进行修补、加固、养护、改善，使之恢复原来的使用价值或者延长其使用期限的工程作业。

④装饰服务

装饰服务是指对建筑物、构筑物进行修饰装修，使之美观或者具有特定用途的工程作业。

⑤其他建筑服务

其他建筑服务是指上列工程作业之外的各种工程作业服务，如钻井（打井）、拆除建筑物或者构筑物、平整土地、园林绿化、疏浚（不包括航道疏浚）、建筑物平移、搭脚手架、爆破、矿山穿孔、表面附着物（包括岩层、土层、沙层等）剥离和清理等工程作业。

《营业税改征增值税试点有关事项的规定》共计8815字，分为七章五十五条以及一个注释。其中对建筑业特别相关的是：

①简易计税的销售额

试点纳税人提供建筑服务适用简易计税方法的，以取得的全部价款和价外费用扣除支付的分包款后的余额为销售额。

②固定资产的抵扣

适用一般计税方法的试点纳税人，2016年5月1日后取得并在会计制度上按固定资产核算的不动产或者2016年5月1日后取得的不动产在建工程，其进项税额应自取得之日起分2年从销项税额中抵扣，第一年抵扣比例为60%，第二年抵扣比例为40%。

取得不动产，包括以直接购买、接受捐赠、接受投资入股、自建以及抵债等各种形式取得不动产，不包括房地产开发企业自行开发的房地产项目。

融资租入的不动产以及在施工现场修建的临时建筑物、构筑物，其进项税额不适用上述分2年抵扣的规定。

③一般纳税人的简易计税情况。

☆ 一般纳税人以清包工方式提供的建筑服务，可以选择适用简易计税方法计税。

以清包工方式提供建筑服务，是指施工方不采购建筑工程所需的材料或只采购辅助材料，并收取人工费、管理费或者其他费用的建筑服务。

☆ 一般纳税人为甲供工程提供的建筑服务，可以选择适用简易计税方法计税。

甲供工程，是指全部或部分设备、材料、动力由工程发包方自行采购的建筑工程。

☆ 一般纳税人为建筑工程老项目提供的建筑服务，可以选择适用简易计税方法计税。

建筑工程老项目，是指：

a.《建筑工程施工许可证》注明的合同开工日期在 2016 年 4 月 30 日前的建筑工程项目；

b. 未取得《建筑工程施工许可证》的，建筑工程承包合同注明的开工日期在 2016 年 4 月 30 日前的建筑工程项目。

④跨县（市）提供建筑服务

一般纳税人跨县（市）提供建筑服务，适用一般计税方法计税的，应以取得的全部价款和价外费用为销售额计算应纳税额。纳税人应以取得的全部价款和价外费用扣除支付的分包款后的余额，按照 2% 的预征率在建筑服务发生地预缴税款后，向机构所在地主管税务机关进行纳税申报。

一般纳税人跨县（市）提供建筑服务，选择适用简易计税方法计税的，应以取得的全部价款和价外费用扣除支付的分包款后的余额为销售额，按照 3% 的征收率计算应纳税额。纳税人应按照上述计税方法在建筑服务发生地预缴税款后，向机构所在地主管税务机关进行纳税申报。

试点纳税人中的小规模纳税人（以下称小规模纳税人）跨县（市）提供建筑服务，应以取得的全部价款和价外费用扣除支付的分包款后的余额为销售额，按照 3% 的征收率计算应纳税额。纳税人应按照上述计税方法在建筑服务发生地预缴税款后，向机构所在地主管税务机关进行纳税申报。

《营业税改征增值税试点过渡政策的规定》共计 12174 字，分为六个部分，对免征增值税项目、增值税即征即退、扣减增值税、金融放贷后增值税缴纳、个人购买不足 2 年的住房对外销售和其他优惠政策。

《跨境应税行为适用增值税零税率和免税政策的规定》共计 1915 字，共九条。

其中对建筑业特别相关的是：境内的单位和个人销售的下列服务和无形资产免征增值税，但财政部和国家税务总局规定适用增值税零税率的除外：

☆ 工程项目在境外的建筑服务。

☆ 工程项目在境外的工程监理服务。

☆ 工程、矿产资源在境外的工程勘察勘探服务。

2.1.2.2 行业层面

2016年1月14日中国建筑业协会和中国建设会计学会联合印发《关于做好建筑业企业内部"营改增"准备工作的指导意见》，提出了六条指导意见：

☆ 建筑业企业内部的"营改增"准备工作十分必要；

☆ 要把学习法规政策贯穿于准备工作的始终；

☆ 要组织开展模拟运转，以保证把准备工作做得准确、全面和系统；

☆ 应对方案既要全面，又要突出重点，注重做实；

☆ 要在模拟运转中有选择的验证某些政策建议的有效性；

☆ 企业自身要加强领导。

2.1.3 "术"层面

在持续六年的"营改增"过程中，政府相关部门相继推出了配套措施，例如对造价标准进行调整，住房城乡建设部在2016年2月19日发布了《住房城乡建设部办公厅关于做好建筑业营改增建设工程计价依据调整准备工作的通知》；为对甲供工程作出区分，《营业税改征增值税试点有关事项的规定》中明确"一般纳税人为甲供工程提供的建筑服务，可以选择适用简易计税方法计税"；为保障"营改增"后票据的开具，国家税务总局在2015年接连发布了《国家税务总局关于全面推行增值税发票系统升级版有关问题的公告》、《国家税务总局关于全面推行增值税发票系统升级版工作有关问题的通知》、《国家税务总局关于开展增值税发票系统升级版电子发票试运行工作有关问题的通知》和《关于推行通过增值税电子发票系统开具的增值税电子普通发票有关问题的公告》等。

2.2 政策的 4W1H 解读

2.2.1 增值税的纳税人

《营业税改征增值税试点实施办法》第一章规定了增值税的纳税人和扣缴义务人。其中对于规定了纳税人的范围和分类,其中需要注意以下几点:

(1)单位采用承包、承租、挂靠经营方式下,纳税人的具体规定,需要从以下两个方面来理解。

☆ 承包、承租、挂靠经营方式的概念和特征。承包经营是指发包方在不改变企业所有权的前提下,将企业发包给经营者承包,经营者以企业名义从事经营活动,并按合同分享经营成果的经营形式。承租经营是在所有权不变的前提下,出租方将企业租赁给承租方经营,承租方向出租方交付租金并对企业实行自主经营,在租赁关系终止时,返还所租财产。挂靠经营是指企业、合伙组织、个体户或自然人与另外的一个经营主体达成依附协议,然后依附的企业、个体户或自然人将其经营的财产纳入被依附的经营主体名下,并对外以该经营主体的名义进行独立核算的经营活动。

☆ 单位以承包、承租、挂靠方式经营的,以发包人为纳税人必须同时满足两个条件,一是以发包人名义对外经营,二是由发包人承担相关法律责任。如果不同时满足这两个条件,以承包人为纳税人。

(2)对纳税人的分类,根据应税行为的年征增值税销售额(简称应税销售额)分为小规模纳税人和一般纳税人,目前将应税销售额标准暂定为 500 万元(含本数),纳税人超过该标准的,应申请认定为一般纳税人,未超过的,认定为小规模纳税人。

2.2.2 增值税的征税范围

《营业税改征增值税试点实施办法》第二章对征税范围作出了规定,应税行为的具体范围参照办法所附的《销售服务、无形资产、不动产注释》执行,同时,该章内容确定了特殊例外情况以及境内外销售服务等的解释。

本章内容中值得注意的有以下几点。

(1) 提供应税服务的应税行为是否成立,确定原则的有偿性同销售货物是一致的,其主要区别在于服务是无形的,不以实物形式存在,因此,对提供和接受服务的双方不存在所有权转移,服务的施行就是服务提供的发生。其中对"有偿"有四点需要注意。

☆ "有偿"是确定缴纳增值税的条件之一,直接影响一项服务行为是否判定为征税。

☆ "有偿"不代表等价,即不要求完全经济意义上的等价。但价格明显偏低或偏高且不具有合理商业目的,税务机关可以按规定确定其销售额。

☆ "有偿"分两种形式,一是货币形式,包括现金、存款、应收账款、应收票据、准备持有至到期的债权投资以及债务的豁免等;二是非货币形式,包括固定资产、生物资产、无形资产、股权投资、存货、不准备持有到期的债权投资、劳务及有关权益等。

(2) 对非经营活动具体内容的解释,主要包括三方面。

☆ 行政单位收取的同时满足以下条件的政府性基金或者行政事业性收费:由国务院或者财政部批准设立的政府性基金,由国务院或者省级人民政府及其财政、价格主管部门批准设立的行政事业性收费;收取时开具省级以上(含省级)财政部门监(印)制的财政票据;所收款项全额上缴财政。

☆ 单位或者个体工商户聘用的员工为本单位或者雇主提供取得工资的服务。单位或个体工商户聘用的员工为本单位或雇主提供服务,虽然有偿,但不属于应税服务的增值税征收范围,即自我服务不征收增值税。可以从两方面来理解,一方面,只有单位或个体工商户聘用的员工为本单位或雇主提供服务才不缴纳应税服务的增值税,核心在于员工身份的确立,关键在于如何划分员工和非员工；另一方面，员工为本单位或雇主提供的应税服务不需要缴纳增值税，应限定为提供的职务性劳务。

- ☆ 单位或者个体工商户为聘用的员工提供服务，即使发生有偿行为，如向员工提供班车接送的收费服务，不属于应税服务范围。

（3）对"境内"提供应税服务的解释

- ☆ 境内的单位或个人提供的应税服务都属于境内应税服务，即属人原则。这就是说境内的单位或个人提供的应税服务，不论发生在境内还是境外，都属于境内提供应税服务。
- ☆ 只要应税服务接受方在境内，无论提供方是否在境内，也无论提供方是否在境内提供，都属于境内提供应税服务，即收入来源地原则。

2.2.3 增值税税率和征收率

《营业税改征增值税试点实施办法》第三章对增值税税率、增值税征收率作出了明确规定。

第十五条 增值税税率

（一）纳税人发生应税行为，除本条第（二）项、第（三）项、第（四）项规定外，税率为6%。

（二）提供交通运输、邮政、基础电信、建筑、不动产租赁服务，销售不动产，转让土地使用权，税率为11%。

（三）提供有形动产租赁服务，税率为17%。

（四）境内单位和个人发生的跨境应税行为，税率为零。具体范围由财政部和国家税务总局另行规定。

第十六条 增值税征收率为3%，财政部和国家税务总局另有规定的除外。

其中对建筑服务适用增值税税率规定为11%。

下列情况建筑业采取简易计税方式，征收率为3%。

（1）一般纳税人以清包工方式提供的建筑服务，可以选择适用简易计税方法计税。

以清包工方式提供建筑服务，是指施工方不采购建筑工程所需的材料或只采购辅助材料，并收取人工费、管理费或者其他费用的建筑服务。

（2）一般纳税人为甲供工程提供的建筑服务，可以选择适用简易计税方法计税。

甲供工程，是指全部或部分设备、材料、动力由工程发包方自行采购的建筑工程。

（3）一般纳税人为建筑工程老项目提供的建筑服务，可以选择适用简易计税方法计税。

建筑工程老项目，是指：

☆ 《建筑工程施工许可证》注明的合同开工日期在2016年4月30日前的建筑工程项目；

☆ 未取得《建筑工程施工许可证》的，建筑工程承包合同注明的开工日期在2016年4月30日前的建筑工程项目。

2.2.4 增值税应纳税额的计算

《营业税改征增值税试点实施办法》第四章对应纳税额的计算作出了规定，主要包括四方面：一般性规定、一般计税方法、简易计税方法、销售额确定。应注意以下几点：

☆ 一般纳税人提供应税服务适用一般计税方法，应纳税额＝销项税额－进项税额；对于财政部和国家税务总局规定的特定应税行为，可以选择适用简易计税方法，但选择后36个月内不得改变。

☆ 小规模纳税人提供应税服务适用简易计税方法，应纳税额＝销售额×征收率。

☆ 对境外单位或者个人在境内发生应税行为，在境内未设有经营机构的情况，在计算应扣缴税款时使用的税率应为发生应税服务适用的税率，不区分增值税一般纳税人或小规模纳税人。

☆ 销项税额是应税服务的销售额和税率的乘积,也就是整体税金的概念,在增值税的计算征收过程中,只有增值税一般纳税人才会出现和使用销项税额的概念。一般纳税人应该在"应交税费"科目下设置"应交增值税"明细科目。在"应交增值税"明细账目中,应设置"销项税额"等专栏,记录一般纳税人销售货物或提供应税劳务和应税服务应收取的增值税额。

☆ 进项税额是指纳税人购进货物、加工修理修配劳务、服务、无形资产或者不动产,支付或者负担的增值税额。包括三方面含义,一是只有增值税一般纳税人,才涉及进项税额的抵扣问题,二是产生进项税额的行为必须是购进货物、加工修理修配劳务、服务、无形资产或者不动产,三是支付或负担的进项税额的进项税额是指支付给销货方或者由购买方自己负担的增值税额。

☆ 对不得从销项税额中抵扣的项目进行了规定,包括用于简易计税方法计税项目、免征增值税项目、集体福利或者个人消费的购进货物、加工修理修配劳务、服务、无形资产和不动产;非正常损失的购进货物,以及相关的加工修理修配劳务和交通运输服务;非正常损失的在产品、产成品所耗用的购进货物(不包括固定资产)、加工修理修配劳务和交通运输服务;非正常损失的不动产,以及该不动产所耗用的购进货物、设计服务和建筑服务;非正常损失的不动产在建工程所耗用的购进货物、设计服务和建筑服务;购进的旅客运输服务、贷款服务、餐饮服务、居民日常服务和娱乐服务;财政部和国家税务总局规定的其他情形。

2.2.5 增值税的纳税义务、扣缴义务发生时间

《营业税改征增值税试点实施办法》第五章规定了增值税纳税义务、扣缴义务发生时间。主要要注意以下几个方面:

☆ 纳税人发生应税行为并收讫销售款项或者取得索取销售款项凭据的当天。

- ☆ 先开具发票的，纳税义务发生时间为开具发票的当天。
- ☆ 纳税人提供建筑服务、租赁服务采取预收款方式的，其纳税义务发生时间为收到预收款的当天。
- ☆ 增值税扣缴义务发生时间为纳税人增值税纳税义务发生的当天。

2.2.6 增值税的纳税地点

《营业税改征增值税试点实施办法》第五章规定了增值税的纳税地点，对固定业户、非固定业户以及扣缴义务人的纳税地点进行了明确：

- ☆ 固定业户向其机构所在地或者居住地主管税务机关申报纳税。总机构和分支机构不在同一县（市）的，分别向各自所在地的主管税务机关申报纳税；经有关部门批准的，可以由总机构汇总向总机构所在地的主管税务机关申报纳税。
- ☆ 非固定业户应当向应税行为发生地主管税务机关申报纳税。
- ☆ 其他个人提供建筑服务，销售或者租赁不动产，转让自然资源使用权，应向建筑服务发生地、不动产所在地、自然资源所在地主管税务机关申报纳税。
- ☆ 扣缴义务人应当向其机构所在地或者居住地主管税务机关申报缴纳扣缴的税款。

2.2.7 增值税的抵税凭证

《营业税改征增值税试点实施办法》第二十六章对增值税抵扣凭证的作出相应规定。增值税扣税凭证，是指增值税专用发票、海关进口增值税专用缴款书、农产品收购发票、农产品销售发票和完税凭证。

2.2.8 增值税税收减免的处理

《营业税改征增值税试点实施办法》第六章对税收减免的处理作出相应规定，

参照《营业税改征增值税试点过渡政策的规定》规定的项目进行减免，另外对增值税起征点和起征点幅度应注意以下几点：

☆ 增值税起征点是对个体工商户的一种优惠方式，但已认定为一般纳税人的个体工商户不能享受。

☆ 增值税起征点所称的销售额不包括应纳税额，如果采用销售额和应纳税额合并定价方法的，计算销售额的公式为：销售额 = 含税销售额 ÷（1+征收率）。

☆ 起征点不同于免征额，纳税人销售额未达到国务院财政、税务主管部门规定的起征点的，免征增值税；达到起征点的，全额计算缴纳增值税。

2.2.9 征收管理

《营业税改征增值税试点实施办法》第七章对征收管理作出规定，其中有以下几点需要注意：

（1）应税服务：原应征收营业税，由地方税务机关征收，改征增值税后，应税服务的增值税由国家税务局负责征收。在征收机关变更后，要注意跨期业务的特殊规定。

☆ 有形动产租赁业务。试点纳税人在试点实施之日前签订的尚未执行完毕的租赁合同，在合同到期之日前继续按照原营业税政策规定缴纳营业税。

☆ 发生退款。试点纳税人提供应税服务在试点实施之日前已缴纳营业税，试点实施之日（含）后因发生退款减除营业税的，应当向主管地税机关申请退还已缴纳的营业税。

☆ 补缴税款。试点纳税人在试点实施之日前提供的应税服务，因税收检查等原因需要补缴税款的，应按照原营业税政策规定补缴营业税。

☆ 优惠政策的延续。试点实施之日前，如果试点纳税人已经按照有关规定享受了营业税税收优惠，在剩余税收优惠政策期内，按照《营业税改征增值税试点过渡政策的规定》享受有关增值税优惠。

☆ 开具发票。试点纳税人在试点实施之日前提供改征增值税的营业税应税服务并开具发票后，如果发生服务中止、折让、开票有误等，且不符合发票作废条件的，应开具红字普通发票，不得开具红字专用发票。对于需要重新开具发票的，应开具普通发票，不得开具专用发票。

☆ 增值税期末留抵税额。原增值税一般纳税人兼有应税服务的，截止到试点实施之日前的增值税期末留抵税额，不得从应税服务的销项税额中抵扣。

（2）在增值税的实际操作中，鉴别纳税人负担的增值税额是否属于进项税额，是以增值税专用发票等抵扣凭证为依据的。第五十三条规定了不得开具增值税专用发票的两种情况：

☆ 向消费者个人销售服务、无形资产或者不动产。消费者个人是应税服务的最终消费者，也是增值税税款的最终承担者，无须取得增值税专用发票以抵扣进项税额。因此，纳税人向消费者个人提供应税服务不得开具增值税专用发票，只能开具增值税普通发票。

☆ 适用免征增值税规定的应税行为。纳税人提供应税服务适用免征增值税规定的，在该环节不缴纳增值税，不存在将本环节已缴纳增值税税款传递给下一环节纳税人抵扣的问题。因此，纳税人提供应税服务适用免征增值税规定的，也不得开具增值税专用发票，只能开具增值税普通发票。

2.2.10 建筑业特殊规定与管理

2.2.10.1 过渡阶段

对建筑工程在过渡阶段的政策，在《营业税改征增值税试点有关事项的规定》中规定："一般纳税人为建筑工程老项目提供的建筑服务，可以选择适用简易计税方法计税"。

对于建筑工程老项目的定义，该规定也做了具体说明，分为两类，一类是《建筑工程施工许可证》注明的合同开工日期在2016年4月30日前的建筑工程项目，另一类是未取得《建筑工程施工许可证》的，建筑工程承包合同注明的开工日期在 2016 年 4 月 30 日前的建筑工程项目。前者是从《建筑工程施工许可证》的角度，后者是从合同的角度。对上述两类项目，可以选择适用简易计税方法计税。

2.2.10.2 正式实施阶段

（1）甲供工程

对建筑工程中的甲供工程，在《营业税改征增值税试点有关事项的规定》中对甲供工程的计税方式和甲供工程的认定作出了明确规定。

"一般纳税人为甲供工程提供的建筑服务，可以选择适用简易计税方法计税。

甲供工程，是指全部或部分设备、材料、动力由工程发包方自行采购的建筑工程"。

（2）商品混凝土

根据《财政部 国家税务总局〈关于部分货物适用增值税低税率和简易办法在征收增值税政策的通知〉》（财税 [2009]9 号）第二条第三款和《国家税务总局关于简并增值税征收率有关问题的公告》（国家税务总局公告 2014 年第 36 号）规定，一般纳税人销售自产的商品混凝土（仅限于以水泥为原料生产的水泥混凝土），可选择按照简易办法依照 3% 征收率计算缴纳增值税。销售外购商品混凝土按照适用税率 17% 计算缴纳增值税。

（3）地材

根据《国家税务总局关于简并增值税征收率有关问题的公告》（国家税务总局公告 2014 年第 36 号）的相关要求，自 2014 年 7 月 1 日起，地材的相关增值税一般纳税人适用的 6% 的征收率统一调整为 3%。对于地材供应商，无论是开具增值税普通发票，还是开具增值税专用发票，其对外销售价格不变的情况下，缴纳的增值税都按照 3% 的征收率缴纳，所以地材供应商不会因为提供的发票样式不同而改变价格。

（4）清包工

对一般纳税人以清包工方式提供建筑服务的，按照《营业税改征增值税试点有关事项的规定》中规定，可以选择适用简易计税方式计税，其中，对清包工方式定义为:"施工方不采购建筑工程所需的材料或只采购辅助材料,并收取人工费、管理费或者其他费用的建筑服务"。

(5)劳务分包

按照当前劳务分包的结算方式:

☆ 对于以开具发票形式结算的,涉及"营改增"后的劳务定价,在营业税制下,不存在进项税抵扣的问题,建筑企业只要能够取得合法的票据入账,在企业所得税前正常抵扣即可,但在"营改增"后,建筑企业要想进行进项税抵扣,必须取得可抵扣的劳务分包方开具的增值税专用发票或由税务机关代开的增值税专用发票。

☆ 对于以代发工资形式结算的,劳务分包单位不开具发票的工程款,实行增值税后,无法取得相应可抵扣的增值税专用发票将会导致建筑企业税负的增加。

(6)项目所在地预征收

对建筑项目在项目所在地的预征收,在《营业税改征增值税试点有关事项的规定》中做了规定,分为三种情况:

☆ 一般纳税人跨县(市)提供建筑服务,适用一般计税方法计税的,应以取得的全部价款和价外费用为销售额计算应纳税额。纳税人应以取得的全部价款和价外费用扣除支付的分包款后的余额,按照2%的预征率在建筑服务发生地预缴税款后,向机构所在地主管税务机关进行纳税申报。

☆ 一般纳税人跨县(市)提供建筑服务,选择适用简易计税方法计税的,应以取得的全部价款和价外费用扣除支付的分包款后的余额为销售额,按照3%的征收率计算应纳税额。纳税人应按照上述计税方法在建筑服务发生地预缴税款后,向机构所在地主管税务机关进行纳税申报。

☆ 试点纳税人中的小规模纳税人跨县(市)提供建筑服务,应以取得的全部价款和价外费用扣除支付的分包款后的余额为销售额,按照3%的征收率计算应纳税额。纳税人应按照上述计税方法在建筑服务发生地预缴税款后，向机构所在地主管税务机关进行纳税申报。

（7）海外工程

对建筑企业在境外的工程项目，在《跨境应税行为适用增值税零税率和免征政策的规定》中第二条作出了规定：

境内的单位和个人销售的下列服务和无形资产免征增值税，但财政部和国家税务总局规定适用增值税零税率的除外：

☆ 工程项目在境外的建筑服务。

☆ 工程项目在境外的工程监理服务。

☆ 工程、矿产资源在境外的工程勘察勘探服务。

（8）固定资产

根据《营业税改征增值税试点有关事项的规定》中关于对按固定资产核算的不动产抵扣的相关规定，适用一般计税方法的试点纳税人，2016年5月1日后取得并在会计制度上按固定资产核算的不动产或者2016年5月1日后取得的不动产在建工程，其进项税额应自取得之日起分2年从销项税额中抵扣，第一年抵扣比例为60%，第二年抵扣比例为40%。

对进口的固定资产，根据《营业税改征增值税试点实施办法》规定，应从海关取得的海关进口增值税专用缴款书上注明的增值税额进行抵扣。

2.3　对建筑细分行业的影响

建筑业的细分行业包括房屋建筑行业、公路建设行业、铁路建设行业、装饰行业、钢结构行业、园林行业等，"营改增"对细分行业税负影响可以通过静态模型来简单预测一下。

由于每个细分子行业以及单个企业的盈利能力和成本结构都有所不同，这里对细分子行业中的代表企业进行测算，当然，所有的测算都建立在理想及静态的基础上。

(1) 参数假设

假设"营改增"前企业的毛利率为 a，营业成本中可以抵扣增值税进项税的比例是 b，期间费用率是 c，不考虑资产减值损失、其他经营收益、营业外收入及支出等。税金及附加只包含营业税、增值税、城市维护建设税、教育费附加和地方教育费附加，不包含其他税费，城市维护建设税、教育费附加和地方教育费附加的税费率分别为 7%、3%、2%，企业所得税税率为 25%。假设企业的合同金额为 100，以下是"营改增"前后企业的变化表（表2-1）：

"营改增"前后企业变化表　　　　　表2-1

	"营改增"前	"营改增"后
合同金额	100	100
营业收入	100	100/(1+11%)=90.09
营业成本	100×（1-a）	100×(1-a)[1-b×17%/(1+17%)]=100×(1-a)×(1-0.145b)
毛利	100×a	90.09-100×(1-a)×(1-0.145b)
毛利率	a	1-1.11×（1-a)(1-0.145b)
营业税金及附加	100×3%（1+12%）	100×[9.91%-0.145b(1-a)]×12%
营业税	100×3%	—
增值税	—	100×[9.91%-0.145×b(1-a)]
增值税－进项税	—	100(1-a)×b×17%/(1+17%)
增值税－销项税	—	100/(1+11%)×11%
期间费用	100×c	100×c
利润总额	100×a-3×1.12-100×c	88.90-(1-a)×(100-16.24b)-100×c
所得税	（100×a-3×1.12-100×c）×25%	[88.90-(1-a)×(100-16.24b)-100×c]×25%
净利润	（100×a-3×1.12-100×c）×75%	[88.90-(1-a)×(100-16.24b)-100×c]×75%
净利率	（1-3%×1.12-c）×75%	[88.90-(1-a)×(100-16.24b)-100×c]×75%/90.09

（2）成本结构分析

根据上市公司年报披露的盈利和成本构成等部分数据的平均值，得到各个建筑子行业各项指标，如表2-2所示。

建筑子行业盈利情况和成本构成表　　　　　表2-2

	材料	人工	机械使用	其他	可抵扣比例	毛利率	期间费用率
房屋建设	52.63%	24.51%	3.39%	19.47%	56.02%	11.98%	3.28%
钢结构	71.82%	9.67%	—	23.35%	71.82%	15.96%	11.15%
公路桥梁	47.58%	11.00%	10.64%	30.77%	58.23%	13.75%	6.99%
铁路建设	40.65%	19.63%	8.82%	30.90%	49.47%	10.58%	5.03%
园林	51.98%	17.76%	12.06%	34.96%	64.04%	28.63%	12.32%
化学工程	42.82%	—	—	57.18%	42.82%	13.92%	5.82%
专业工程	21.19%	9.87%	56.18%	12.76%	77.37%	13.15%	6.87%
装饰	45.89%	47.82%	—	6.29	45.89%	17.72%	5.41%

（3）"营改增"对细分行业税负的影响

假设成本中只有材料费和机械使用费可以抵扣，根据"营改增"前后变化表的公式进行计算，得到各个子行业在"营改增"前后指标的变化情况，具体见表2-3所示。

"营改增"前后各财务指标变化率表　　　　　表2-3

	营业收入	毛利率	流转税	所得税	总税负	净利率
房屋建设	-9.91%	-14.57%	-8.50%	5.02%	-4.65%	16.57%
钢结构	-9.91%	2.95%	-62.00%	142.21%	-42.11%	168.85%
公路桥梁	-9.91%	-10.22%	-12.90%	12.23%	-7.83%	24.57%
铁路建设	-9.91%	-25.67%	16.08%	-25.39%	10.27%	-17.18%

续表

	营业收入	毛利率	流转税	所得税	总税负	净利率
园林	−9.91%	−1.73%	8.98%	−2.45%	3.37%	8.28%
化学工程	−9.91%	−25.40%	51.81%	−37.00%	28.65%	−30.08%
专业工程	−9.91%	9.59%	−95.12%	108.65%	−58.75%	131.60%
装饰	−9.91%	−16.78%	47.46%	−17.97%	21.30%	−8.94%

根据计算结果，可以看出：首先，"营改增"后各子行业的营业收入下降，这是由于两种征税制度决定的，和子行业特性没有任何关系；其次，毛利率增大的子行业只有钢结构和专业工程板块（可抵扣比例大于68.3%），其他板块毛利率均下降，其中铁路建设板块毛利率下降最多，主要是其毛利率过低；再次，总税负方面，房屋建设、钢结构、公路桥梁、专业工程板块总税负下降，铁路建设、园林、化学工程、装饰板块总税负增加，主要是由于房屋建设、钢结构、公路桥梁、专业工程板块毛利率低，可抵扣比例大；净利率方面，房屋建设、钢结构、公路桥梁、园林、专业工程板块净利率变大，主要是成本可抵扣比例大，期间费用率不高导致的；铁路建设、化学工程和装饰板块主要是因为成本可抵扣比例和毛利率低。

2.4 对建筑企业的影响

"营改增"对建筑企业影响的直接表现为对企业涉税风险的影响、对企业利润的影响、对企业现金流的影响。

（1）企业涉税风险的影响

"营改增"后，会增加企业的涉税风险。增值税是唯一一个进入《刑法》的税种。虚开虚收增值税专用发票，将面临刑法处置，最高量刑为无期徒刑。而虚开虚收发票在建筑业是一件司空见惯的事情。目前很多建筑施工企业购买发票来抵冲成本，项目经理购买发票来套取项目利润的情况，在营业税的环境下问题不是很大，因为很多税务机关对建筑企业的账务稽查不是太严格，税务机关对有些企业甚至采取一定的征收率乘以营业额的方式征收企业所得税，以便减少监管成本。即便稽查出发票、账务有问题，惩罚措施也主要是经济处罚。但在增值税下，情况会完全不同，一是税务机关会加大增值税的稽查力度，二是一旦虚开虚收增值税专用发票被税务机关稽查实，企业法人代表及相关负责人极有可能面临刑法处置，严重的甚至会被判处无期徒刑。

（2）对企业利润的影响

"营改增"后，建筑企业推行增值税，按照增值税的设计原理，增值税是流转税，按理说不会增加企业税负，也就是说不会影响企业利润。但现实情况是：1）由于大多建筑企业管理不规范，项目过程管理严重缺失，导致本该可以抵扣的进项税额无法抵扣；2）施工用地材及二三类材料等物资一般都是向小规模纳税人购买或个人工商户购买，无法取得增值税专用发票，导致这部采购物资无法抵扣，企业税负增加，企业盈利水平下降；3）有些企业管理模式或项目的运作方法，如集中采购模式下，合同的签订主体与物资采购的主体不是同一个法人单位，导致增值税抵扣链没有闭环，采购的进项无法抵扣，也会使企业税负增加，利润下降。

（3）对企业现金流的影响

建筑施工虽在国际上被列入服务贸易范畴，但在我国长期同工业一道被列为第二产业，而且是一个重"资金"的行业。在建筑业实际的交易中，由于项目的合同价款一般比较高，达到几亿，几十亿，甚至几百亿。如果没有恰当合理的税务筹划，按照目前建筑业11%的税率计算，可能将导致企业增加几千万、几亿、几十亿的现金流出，影响十分重大。大多建筑企业为了尽早收到合同款，都是先将发票开具给业主，但业主往往并不是立马付款，会拖上一两个月，甚至几个月。这种情况在营业税环境下，不会对企业当期的税务产生影响，但在增值税下，发票的开具的当期就需要缴纳增值税。虽然最终建筑企业总会获取这笔合同款，不影响企业利润，但会导致企业当期的税负加重，企业资金压力加重。

涉税风险影响、企业利润的影响和现金流的影响必然会对企业目前的经营模式、组织结构、管理制度带来巨大的挑战。经营模式的挑战主要表现在有些经营模式在增值税的模式下存在涉税风险,税负增加,影响利润。例如联营模式、项目经理承包模式,都会存在大量的虚开虚收增值税发票、合同主体与施工主体不一致无法抵扣等情况,导致企业涉嫌偷逃税收风险,税负增加,利润减少;组织结构的挑战主要表现为建筑施工企业的组织层级多,管理链条长,在"营改增"后面临较多的增值税管理风险;管理制度的挑战主要表现为现有的管理制度无法覆盖"营改增"后企业新增加的业务活动或管理活动,或表现为现有的管理制度不能适应"营改增"后原有的业务活动或管理活动。

2.5 对价值链环节的影响

2.5.1 税收的产生环节

企业的税收不是财务部门做账做出来的,而是企业业务部门在做业务的实际过程中做出来的,而实际的业务过程主要包括了造价、合同、采购、工程管理等诸多环节,而其中,合同是其根本源泉,因为业务过程往往是由合同范围决定的。即合同决定业务过程,业务过程产生税,只有加强业务过程的税收管理,才能真正规避税收风险。因此,企业税务管理要从经济合同的签订入手,也就是说,企业税收成本的控制和降低要从经济合同的签订开始,经济合同的签订环节是企业控制和降低税收成本的源头所在。

2.5.1.1 造价环节

在造价环节,由于营业税属于价内税,增值税属于价外税,在营业税制下,我国的工程造价并没有实现价税分离,在营业税下,工程造价的费用项目以含税价款计算。改征增值税后,工程造价实行价税分离,工程造价的费用项目在默认情况下一般不包含税款。

工程造价的变化,主要将对"四流合一"中的"资金流"产生影响。为适应建筑业"营改增"的需要，住房城乡建设部组织开展了建筑业"营改增"对工程造价及计价依据影响的专题研究，并请部分省市进行了测试，形成了工程造价构成各项费用调整和税金计算方法。并于 2016 年 2 月 19 日颁布《关于做好建筑业营改增建设工程计价依据调整准备工作的通知》（建办标 [2016]4 号）。

《通知》要求：

（1）为保证营改增后工程计价依据的顺利调整，各地区、各部门应重新确定税金的计算方法，做好工程计价定额、价格信息等计价依据调整的准备工作。

（2）按照前期研究和测试的成果，工程造价可按以下公式计算：工程造价 = 税前工程造价 × (1+11%)。其中，11% 为建筑业拟征增值税税率，税前工程造价为人工费、材料费、施工机具使用费、企业管理费、利润和规费之和，各费用项目均以不包含增值税可抵扣进项税额的价格计算，相应计价依据按上述方法调整。

（3）有关地区和部门可根据计价依据管理的实际情况，采取满足增值税下工程计价要求的其他调整方法。

2.5.1.2 合同环节

合同环节，作为企业税收产生环节中最为重要的一环，具有重要的意义。"营改增"后，将主要影响"四流合一"中的"合同流"，其次，对"物资流、票据流、资金流"这三流将起到决定性作用。

合同环节可以分为两部分来考虑，一部分是签订合同前，对于企业内部合同范本的影响，另一部分是实际签订合同过程中会产生的影响。

（1）合同范本方面

☆ 合同对方信息：包括对方的开户名称、开户信息、增值税资质、税号等；

☆ 合同价款：发票类型、总价款、税率、税款等；

☆ 收付款：周期性、非周期性进度付款、一次性付款等；

☆ 项目信息：开工、完工、初验、终验时间等。

（2）实际签订方面

☆ 提供何种发票。不同的发票具有不用的作用，只有增值税专票以及海关进口增值税专用缴款书和运输费用结算单据的才可以用于抵扣增值税，如果不进行明确，到后期会对企业的"票据流"产生影响。

☆ 发票的时限和提供方式。由于增值税发票有180天认证的要求，过期就会作废，所以在签订合同的过程中，如果不进行明确，对后期票据及时入账会产生困难，企业的进项税就会不足，增加企业税负。

☆ 收款时间。由于《营业税改征增值税试点实施办法》第四十五条规定："增值税纳税义务、扣缴义务发生时间为：（一）纳税人发生应税行为并收讫销售款项或者取得索取销售款项凭据的当天；先开具发票的，为开具发票的当天。收讫销售款项，是指纳税人销售服务、无形资产、不动产过程中或者完成后收到款项。取得索取销售款项凭据的当天，是指书面合同确定的付款日期；未签订书面合同或者书面合同未确定付款日期的，为服务、无形资产转让完成的当天或者不动产权属变更的当天。（二）纳税人提供建筑服务、租赁服务采取预收款方式的，其纳税义务发生时间为收到预收款的当天"。如果不进行明确，有可能会造成销项税义务发生时间的提前，不利于企业现金流。

☆ 价税分离。由于营业税是价内税，增值税是价外税，"营改增"后，在默认情况下所有价格均为不含税价格，如果企业不加注意，有可能会产生不必要的误解。

☆ 合同签订双方的信息。由于在增值税下，开具的增值税发票必须和合同上的信息一致，如果在合同签订时不注意明确，实际抵扣时就有可能出现无法抵扣的情况，引起不必要的损失。

2.5.1.3 采购环节

采购环节，涉及企业物资的各个环节，包括材料费用、机械费用、人工费用、专业分包、期间费用以及其他费用，"营改增"后，主要将影响"四流合一"中的"物资流"和"票据流"，其次也将影响"资金流"。一是因为采购环节多带来物资的流动，二是采购环节必然产生相应的票据，所以对这两个流影响相对较大。

在采购环节，主要有以下问题需要解决：
☆ 人工成本特别是劳务分包成本难以取得可抵扣的进项税发票。
☆ 各地自产自用的大量地材无法取得可抵扣的增值税进项税发票。
☆ 施工用的很多二三类材料（零星材料和初级材料如砂、石等），因供料渠道多为小规模。企业或个体、私营企业及当地老百姓个人，通常只有普通发票甚至只能开具收据，难以取得可抵扣的增值税专用发票。
☆ 工程成本中的机械使用费和外租机械设备一般都开具普通服务业发票。
☆ BT、BOT项目通常需垫付资金，且资金回收期长，其利息费用巨大，也无法取得发票。
☆ 甲供材料抵扣存在困难。
☆ 建筑企业税改前购置的大量原材料、机器设备等，由于都没有实行增值税进项税核算，全部被作为成本或资产原值，无法抵扣相应的进项税，造成严重的虚增增值额，税负增加。
☆ 建筑企业集团内部资质共享时，如何确定进项、销项税额存在相当大的困难。
☆ 征地拆迁、青苗补偿费等无法取得增值税专用发票。
☆ 施工生产用临时房屋、临时建筑物、构筑物等设施不属于增值税抵扣范围。

其他税收产生环节，都会或多或少在"营改增"后影响企业，例如工程管理环节，也会影响"四流合一"中的"物资流、票据流、资金流"等，但是都没有上述三个环节显著，在其他环节中，如果不明确"四流合一"都会导致企业进项税不足，税负增加。

2.5.2 税收的核算环节

在企业税收的核算环节，建筑企业在执行营业税制时，只需要设置"应交营业税"一个二级科目，并且只是在计提和缴纳的环节才进行会计核算。而在"营改增"后，则需要在二级科目"应交增值税"下设置若干个三级科目，包括进项税额、销项税额、预缴税款、进项税额转出等有关增值税的核算，具体来说，对于建筑企业，一般都应该是一般纳税人，故其会计科目见表2-4。

"营改增"后会计科目设置　　　　　　　　　　表2-4

科目级次	科目名称	说明
一级科目	应交税费	
二级科目	应交增值税	
二级科目	未交增值税	
二级科目	待抵扣进项税额	
二级科目	增值税留抵税额	
二级科目	增值税检查调整	
三级科目	进项税额	
三级科目	已交税金	
三级科目	转出未交增值税	
三级科目	减免税款	
三级科目	销项税额	
三级科目	出口退税	
三级科目	进项税额转出	
三级科目	出口抵减内销产品应纳税额	
三级科目	转出多交增值税	
三级科目	"营改增"抵减的销项税额	
三级科目	预缴税款	汇总纳税设置科目
三级科目	结转销项税额	汇总纳税设置科目
三级科目	结转进项税额	汇总纳税设置科目

其中对一般纳税人的二级科目解释如下：

应交增值税。"应交增值税"的借方发生额为购进货物、进口货物、接受应税服（劳）务支付的进项税额、预缴的增值税、转出应交未交增值税等，贷方发生额为销售货物、提供应税服（劳）务应缴纳的增值税额、出口货物退税、进项税额转出、转出多交增值税等。同时核算汇总纳税方式下，汇总范围内项目部与汇总主体本部之间结转的进项税额、销项税额、预缴税款。核算主体为项目部时，该科目期末无借方余额，贷方余额反映项目部应预缴的增值税税额。

未交增值税。"未交增值税"科目借方发生额为期末转入的多交的增值税，贷方发生额反映企业期末转入的当期发生的应交未交增值税。期末借方余额为企业多交的增值税，贷方余额为未交的增值税。

待抵扣进项税额。"待抵扣进项税额"科目用于辅导期一般纳税人实行"先认证，后抵扣"和进口企业取得海关专用缴款书实行"先稽核比对，后抵扣"征收方式的进项税额核算。借方发生额为本期已购进尚未抵扣的进项税额，贷方发生额为次月比对无误进项发票可以抵扣的进项税额。

增值税留抵税额。"增值税留抵税额"科目用于核算原增值税一般纳税人兼有应税服务的，截止到开始试点当月月初的增值税期末留抵税额按照营业税改征增值税有关规定不得从应税服务的销项税额中抵扣的增值税留抵税额。开始试点当月月初，企业应按不得从应税服务的销项税额中抵扣的增值税留抵税额，借记"应交税费——增值税留抵税额"科目，贷记"应交税费——应交增值税（进项税额转出）"科目。待以后期间允许抵扣时，按允许抵扣的金额，借记"应交税费——应交增值税（进项税额）"科目，贷记"应交税费——增值税留抵税额"科目。

增值税检查调整。"增值税检查调整"科目核算在增值税检查中查出的以前各期应补、应退的增值税税额，借方登记检查调减的销项税额、检查调增的进项税额，贷方登记检查调增的销项税额、检查调减的进项税额、检查调增的进项税额转出，全部调整事项入账后，应结出本科目余额，并对余额进行账务处理。

2.5.3 税收的缴纳环节

"营改增"后，对于建筑企业来说，基本上都属于一般纳税人，可以开具增值税专用发票，同时也需要进行增值税专用发票认证，由于增值税专用发票可以用于抵扣增值税,所以国家相关法律对其规定严格,企业在"营改增"后开具发票时必须比以前营业税制下更为规范。以图 2-1 为例。

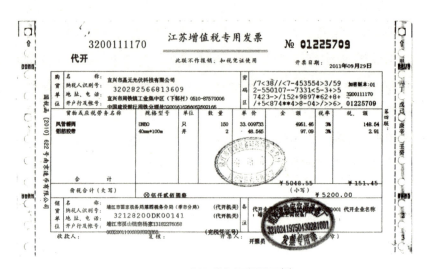

图 2-1 增值税专用发票示例

对增值税专用发票有七项内容需要重点注意:

☆ 增值税专用发票代码,是位于发票左上角的一串代码;

☆ 增值税专用发票号码,是位于发票右上角的一串号码;

☆ 开票日期;

☆ 密码区密码;

☆ 销货方的纳税人识别号;

☆ 单价;

☆ 税额。

另外,纳税申报是税务风险防控的最后一个环节,无论多缴税的风险,还是少缴税的风险,都会在纳税申报环节完成后形成。

(1)纳税申报环节过程中多缴税的风险。多缴纳税款的原因主要是没有享受应该享受的优惠政策或没有行使有关权利。这主要归结为以下三方面的原因:

☆ 不知道可以享受的优惠或可行使的权利。国家经常会制定一些针对不同纳税人的税收优惠政策,或者是鼓励性优惠政策,或者是救济性优惠政策。如果因为不知道优惠政策没有及时享受,等知道以后,再想追加享受几乎不可能,多缴纳的税款将成为永久性的损失。

☆ 没有及时办理备案或审批手续。即使知道了优惠政策,但是没有办理手续,或者迟办有关手续,也不能享受或及时享受优惠政策。

☆ 因大意丧失享受优惠的资格。优惠都是有条件的,一些与数字有关的硬性条件,纳税人很容易在不知不觉中丧失。

(2)纳税申报过程中少缴税的风险。少缴税主要产生的原因包括以下几个方面:

☆ 办税人员不了解相关税种的风险点。增值税的风险点主要是视同销售和进项税额转出,如果应视同销售而没有作视同销售,则少计销项税。如果应进项税转出而没有转出,则多计进项税。都会导致少缴增值税。

☆ 办税人员没有权利或途径了解公司发生的应该作相应税务处理的事项。及时了解事实,是办税人员进行税务处理的前提。许多公司没有相应的内部信息传导机制,办税人员无法及时了解相关的信息,也就无法进行相应的税务处理,导致少缴税款。

☆ 缺乏相互验证的内部控制流程。即使办税人员了解全部涉税信息,在计算税款的过程中,也可能出现计算差错,或因对税法理解错误,导致少算税款。如果不能有一种发现并纠正错误的内控机制,则发生的错误难以及时发现并纠正。

2.6 上下游企业对建筑企业的影响

2.6.1 上游:不同类型供应商对建筑企业的影响

对建筑企业来说,其上游的供应商有一般纳税人,也有小规模纳税人,他们主要影响着建筑企业的成本。

"营改增"前,在营业税制下,不存在进项税抵扣的问题,建筑企业只要能够取得合法的票据入账,在企业所得税前正常进行抵扣即可。"营改增"后,建筑企业要想进行进项税抵扣,必须取得可抵扣的增值税专用发票或由税务机关代开的增值税专用发票。

"营改增"后,假定都能从两者取得增值税专用发票或可以取得从税务机关代开的增值税专用发票,在适用不同税率的情况下,不同类型的供应商,会影响企业的进项税抵扣,进而影响企业的利润。对此,可以参考下列计算过程进行测算。

☆ 假设从一般纳税人处购入货物含税价为 A,取得增值税专用发票,从小规模纳税人处购入货物含税价为 B,取得税务机关代开的增值税专用发票。

- 一般纳税人处购买货物扣除流转税后的销售利润 = 销售额(不含税)-A÷(1+进项税额)-[销售额(不含税)×销项税率-A÷(1+进项税率)×进项税率]×(城建税税率+教育费附加征收率)

- 小规模纳税人处购买货物扣除流转税后的销售利润 = 销售额(不含税)-B÷(1+征收率)-[销售额(不含税)×销项税率-B÷(1+征收率)×征收率]×(城建税税率+教育费附加征收率)

☆ 为了使从一般纳税人处购买货物扣除流转税后的销售利润不低于从小规模纳税人处购买货物扣除流转税后的销售利润,下列不等式成立:

- 销售额(不含税)-A÷(1+进项税额)-[销售额(不含税)×销项税率-A÷(1+进项税率)×进项税率]×(城建税税率+教育费附加征收率)≥销售额(不含税)-B÷(1+征收率)-[销售额(不含税)×销项税率-B÷(1+征收率)×征收率]×(城建税税率+教育费附加征收率)

- 消除不等式两边相同部分后可以得到以下不等式:A÷(1+进项税率)-A÷(1+进项税率)×进项税率×(城建税税率+教育费附加征收率)≤B÷(1+征收率)-B(1+征收率)×征收率×(城建税税率+教育费附加征收率)

☆ 计算过程中假设城建税率为7%，教育费附加率为3%，同时再根据实际情况分别计入不同的进项税率和征收率得出不同的加价幅度，结果见表2-5所示。

不同进项税率和征收率下不同加价幅度测算临界点　　　　表2-5

一般纳税人适用税率	小规模纳税人征收率	加价幅度测算临界点
17%	3%	15.21%
13%	3%	10.82%
11%	3%	8.64%
6%	3%	3.22%

上列计算过程是对增值税一般纳税人和小规模纳税人供应商之间进行选择的情况，对于增值税一般纳税人同时适用税率和征收率的情况，根据《国家税务总局关于简并增值税征收率有关问题的公告》（国税[2014]36号）公告中关于增值税一般纳税人简并征收率的通知要求，自2014年7月1日起，增值税一般纳税人选择执行的征收率统一调整为3%。因此可以直接采取上列公式。

2.6.2 下游：业主对建筑企业的影响

与"营改增"之前相比，下游业主对建筑企业的影响主要集中在两个方面，一方面是合同，另一方面是现金流。

☆ 合同方面：由于营业税是价内税，增值税是价外税，对于合同签订时，"营改增"后，有三种合同签订的情况：
- 合同中不做明确说明时，合同中所指合同价格均为不含税价格；
- 合同中注明"不含税"时，合同中所指合同价格均为不含税价格；
- 合同中注明"含税"时，合同中所指合同价格均为含税价格。

☆ 现金流方面：由于在工程项目过程中，业主和建筑企业间在验工计价等方面会出现问题，会影响建筑企业的现金流。

建筑业合同一般约定按照形象进行验工计价，现实情况下，通常在总承包合同中进一步约定按月或按季度进行验工计价，并要求月度或次季度首月的一定工作日内完成，通常为10个工作日。但实际操作过程中，验工加价时点普遍滞后，有些项目还存在不验工计价、验工计价不规律等情况。

根据《营业税改征增值税试点办法》第四十五条规定："纳税人发生应税行为并收讫销售款项或者取得索取销售款项凭据的当天；先开具发票的，为开具发票的当天。收讫销售款项，是指纳税人销售服务、无形资产、不动产过程中或者完成后收到款项。取得索取销售款项凭据的当天，是指书面合同确定的付款日期；未签订书面合同或者书面合同未确定付款日期的，为服务、无形资产转让完成的当天或者不动产权属变更的当天。纳税人提供建筑服务、租赁服务采取预收款方式的，其纳税义务发生时间为收到预收款的当天"。

"营改增"后，建筑企业取得经业主批复的验工计价单，可能会被税务机关认定为企业向业主索取销售款项的凭据。

验工计价之后，业主还有可能对计价款支付滞后，一方面销项税额确认时间随之滞后，存在涉税风险；另一方面也会影响建筑企业资金流，影响支付材料、设备供应商款项的能力，可能导致无法及时取得相应的增值税专用发票，影响当期可抵扣的进项税额，最终影响到当期的增值税税负。

验工计价不规律或不验工计价，会造成工程结算与工程进度不匹配的情况，某些月份计税收入很高，预征税额较大，进销项不匹配，企业资金压力大。

同时，如果施工过程中发生业主提前验工计价并要求开具发票却没有收到业主付款的超验情况，将导致纳税义务时间提前，需要提前缴纳增值税，增加了建筑企业的资金压力。

与此同时，如果存在建筑企业不能按时与施工队（专业分包、劳务分包等）验工计价，即施工队欠验情况，则建筑企业无法及时从施工队取得发票，无法及时进行抵扣进项税额，也会导致超验部分只有销项，却无进项，导致资金流出。

03

建筑企业如何应对"营改增"

- 3.1 战略层面如何应对
- 3.2 组织层面如何应对
- 3.3 运营层面如何应对
- 3.4 信息化层面如何应对

◇ 建筑企业如何应对"营改增"

如本书第2章所述,"营改增"对建筑企业的影响集中表现在涉税风险上,同时对企业的利润、现金流等方面也有很大的影响,因此企业需要全方位地应对此次变革。涉税风险、企业利润、企业现金流都只是"营改增"影响的表象特征,好似露出水面的冰山一角,而受到"营改增"影响的还有水下庞大的冰山主体。影响涉税风险、企业利润、企业现金流的因素是多方面:意识因素(没有意识到"营改增"对企业影响的严重程度)、态度因素(认为"营改增"是财务的事情,领导的事情,与我无关)、能力因素(缺乏应对"营改增"这种变化的能力)、经营模式因素(如联营模式的运作方式可能与增值税管理运作原理不相符)、职责因素(职责不清)、管理因素(管理不规范、缺乏管理程序、缺乏管理表单)、落地因素(缺乏支持此次变革落地的信息化工具),这些因素彼此联系、彼此交叉、彼此影响。因此,企业很难用单一的措施来应对"营改增"带来的变革,应从全局出发,系统地思考"营改增"这个问题,以保障企业顺利地完成此次变革。

从企业运营管理角度出发,并结合影响"营改增"顺利推进的各种因素,建议从战略层面、组织层面、运营层面和信息化层面构建系统的应对模型,如图3-1所示。

战略层面,也是应对"营改增"的顶层设计,主要考虑企业在经营模式和管理模式上采取哪些措施来应对"营改增"。这一层的变化,不仅会影响企业的经营模式,还会影响到企业组织结构与职责分工,企业的管理制度、管理程序和管理手册以及企业的信息化构架和运作。

组织层面,是应对"营改增"的关键环节,主要考虑公司在管控、组织结构、部门设置、职责分工方面应

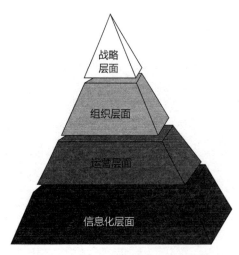

图3-1 应对"营改增"的系统模型

采取哪些措施来应对"营改增"。这一层的变化，主要表现为公司"权责利"的重新划分，涉及的面广，可能会影响到员工的切身利益。

运营层面，是应对"营改增"的主体，主要考虑公司运作体系设计、管理制度的设计、管理程序的设计、实施细则的设计上需要采取哪些措施来应对"营改增"。这一层的变化，主要表现为流程再造、简化和规范管理、降低差错率，提升运作效率。

信息化层面，是应对"营改增"的重要工具，主要考虑在信息化设计上如何保障战略层面的应对措施、组织层面的应对措施、运营层面的应对措施落地。这一层的变化，主要变现为如何更简单地管理好"营改增"的关键信息。

上述四个方面是相互联系的，有着一定的逻辑，上面一层会影响到下面一层，因此建议各企业从战略层面入手，层层分析，系统地制定应对"营改增"的措施。

3.1 战略层面如何应对

3.1.1 经营模式方面

经营模式是指企业为了实现既定的价值，采取某一种盈利方法的总称。就目前而言，中国建筑企业的经营模式主要有四种：直营模式、总分包模式、联营模式和联合投标模式。这里分别讨论采用以上四种不同经营模式的企业应该如何应对"营改增"。

3.1.1.1 直营模式

（1）直营模式的定义

直营，顾名思义是指由企业直接经营管理，特点是统一资源、集中管理。施工项目的直营模式，是指施工单位与建设单位（业主）签订《建设工程施工合同》后，以工程项目责任目标为主要内容，组建项目部，由公司对施工项目涉及的生产要素（包括人力资源、材料、机械、资金等）进行统一配置，对施工项目生产过程（包括进度、质量、安全与文明施工等）进行全方位监督管理，对项目部层

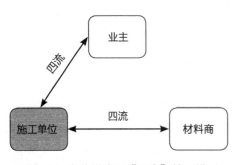

图 3-2 直营模式下"四流"管理模型

面下达考核指标并进行过程跟踪、结果考核。项目所有权和控制权集中统一于公司,在整个项目市场经营与实施过程中,公司确保项目处于受控状态。

(2)直营模式的"四流"管理现状

直营模式下,合同流、物流、资金流和发票流的"四流"模型如图 3-2 所示。

直营模式下,"四流"管理主要分为两种类型。(1)施工单位销项税端的"四流"管理。施工企业组织投标建设工程并与业主签订《建设工程施工合同》(合同流);施工企业调配人、材、物等生产要素组织施工生产,并将施工生成的成果——建筑工程移交给业主(物流);业主验收工程并计价,按照合同要求将工程款支付给施工企业(资金流);施工企业依据业主支付的工程款给业主开具工程服务发票(发票流)。从上述描述中可以看出在销项税端,"四流"在施工单位和业主之间发生,并且合同的乙方、服务的提供方、发票的开具方和资金的接受方都是施工单位,合同的甲方、服务的接受方、发票的接受方和资金的支付方都是业主,"四流"合一,满足增值税法律法规要求。(2)施工单位进项税端的"四流"管理。施工企业通过招标选择材料供应商并与其签订《材料供应合同》(合同流);材料供应商组织生产或者通过贸易向施工企业提供工程需要的物资材料(物流);施工企业验收物资材料合格后,并按照合同要求将材料款支付给材料供应商(资金流);材料供应商依据施工企业支付的材料款给施工企业材料采购发票(发票流)。从上述描述中可以看出在进项税端,"四流"在施工单位和材料供应商之间发生,而且,合同的甲方、货物的接受方、发票的接受方和资金的支付方都是施工单位,合同的乙方、货物的提供方、发票的开具方和资金的接受方都是材料供应商,"四流"合一,满足增值税法律法规要求。

另外,销项税端的"四流"在业主与施工单位之间发生,进项税端的"四流"

在施工单位与材料供应商之间发生，正好形成增值税抵扣流转的闭环：施工单位从业主获取销项税额，从材料供应商取得进项抵扣凭证，销项税额减去进项税额就是企业当期需要交纳的增值税额。

延伸阅读 3-1："四流"管理的依据

《国家税务总局关于纳税人对外开具增值税专用发票有关问题的公告》（国家税务总局公告2014年第39号）规定，自2014年8月1日起，纳税人对外开具增值税专用发票同时符合以下情形的，不属于对外虚开增值税专用发票：

①纳税人向受票方纳税人销售了货物，或者提供了增值税应税劳务、应税服务；

②纳税人向受票方纳税人收取了所销售货物、所提供应税劳务或者应税服务的款项，或者取得了索取销售款项的凭据；

③纳税人按规定向受票方纳税人开具的增值税专用发票相关内容，与所销售货物、所提供应税劳务或者应税服务相符，且该增值税专用发票是纳税人合法取得、并以自己名义开具的。受票方纳税人取得的符合上述情形的增值税专用发票，可以作为增值税扣税凭证。

根据上述条款，第①条规定的是发票流与物流（服务流）的一致；第②条规定的是发票流与资金流程的一致；第③条规定的是发票的内容与货物或服务的内容一致，即为发票流与合同流一致。简称为增值税发票的"四流一致"管理。

（3）直营模式"四流"管理的主要问题

直营模式下，如果施工企业管理规范，能够有效地管理好销项税端与进项税端的"四流"，并能够策划、整理并保管好"四流"过程中的记录与凭证，如合同、施工档案、资金管理凭证、发票等，"营改增"对这样的企业影响不会很大。主要的影响也就是自带劳务的影响、甲供材料的影响以及"营改增"带来的管理工作量的增加。

"营改增"对直营模式的施工单位一个较大的影响就是自带劳务的影响。在直营模式下，施工单位的大部分劳务都是企业自己的，而不是从外部市场采购的，这部分劳务虽然发生了，但无法取得增值税发票，无法抵扣销项税额，因此相对于从外部采购劳务的企业，税务可能较重些，会影响企业的盈利水平，这里通过一个案例做简单的说明，见表3-1。

"营改增"对直营模式企业的税负影响（单位：万元） 表3-1

施工企业	工程现金流		材料现金流		劳务现金流		增值税纳税金额	税前利润
	含税工程价款	销项税额	含税材料价款	进项税额	含税劳务价款	进项税额		
外购劳务企业A	1110	110	702	102	200	5.8	2.2	205.8
自带劳务企业B	1110	110	702	102	200	0	8	200

说明：1. 工程的增值税税率取为11%；
  2. 为了简便起见，购进材料的增值税税率统一取为17%；
  3. 购进劳务的增值税税率按清包工工程计算，取为3%；
  4. 增值税交纳金额 = 工程的销项税额 − 购进材料的进项税额 − 购进劳务的进项税额；
  5. 税前利润 = 含税工程价款 − 含税材料价款 − 含税劳务价款 − 增值税交纳金额。

通过表3-1可以看到自带劳务施工单位B由于无法取得劳务的进项税额抵扣凭证，比相同成本结构的施工单位需要多交纳5.8万（8减去2.2）的增值税额，税前利润减少5.8万元。因此，在成本结构相同条件下，自带劳务的施工企业比外购劳务的企业税负增加，税前利润较少，企业盈利水平较低。

"营改增"对直营模式的施工单位另一个较大的影响可能是甲供材料。甲供材料简单地说就是由业主通过生产、购买等方式提供工程需要的材料。一般的甲供材料都是大宗物资，如钢筋、钢板、管材、水泥等，这类型材料的进项税税率较高，为17%。由于甲供材料的存在，施工企业无法发生甲供材料的"四流"，无法取得甲供材料的增值税发票，可能导致施工企业进项税额抵扣不足，税负增加。

"营改增"对直营模式的施工单位带来管理工作量的增加。由于"营改增"会导致报价、采购、结算及采购管理工作的变化，这就需要施工单位规范的管理施工过程，做好增值税发票的稽查工作，因此会导致公司的经营人员、采购人员、后期的结算人员和核算人员、财务税务管理人员工作量加大。

（4）企业的应对措施

针对直营模式"四流"管理的现状及存在的主要问题，我们认为可以从以下三个方面来采取应对措施。

①优化企业管理，提升管理水平

"营改增"对企业报价、采购、合同、核算、发票等各个方面都产生影响，因此企业应根据"营改增"要求，优化企业管理，特别应该注重发票的管理和项目过程的管理。提升企业管理水平，使得本可以流转出去的增值税流转给下家，使得可以抵扣的进项税额得以抵扣。施工企业应该避免本可以抵扣的进项税额由于管理不善导致不能抵扣，避免本该当期抵扣的发票由于管理不善导致下期抵扣。施工企业还应该做好合同、采购、项目核算等过程记录、凭证的管理，不仅做到按照法规纳税，还应该做到有证据来证明自己是按照国家税法法规纳税的。

②转变直营模式为外包模式

直营模式相对于业务外包模式，纳税的一个最大的弊端就是外包业务能够取得增值税发票，可以抵扣企业交纳的增值税。而直营模式由于都是自己完成工作，生产的增加值多但却无法取得增值税发票，增加了企业税负。针对这种情况，施工企业可以对一些不重要的业务进行外包管理。施工企业可以采取的外包业务包括机械租赁、周转材料租赁、劳务外包等，如表3-2所示。

③变甲供材料为甲控材料。

按照《关于全面推开营业税改征增值税试点的通知》（财税[2016]36号）的有关规定，甲供材料工程虽然可选择采取简易征收的计税方式，但简易征收计税会给企业带来两个方面的负面影响。一是增加了施工企业的管理难度。因为施

施工企业的外包业务类型　　　　　　　　　　表 3-2

	外包业务	业务说明	对企业纳税的好处	备注
1	机械租赁	挖土机、塔吊等设备租赁	·租赁业务取得增值税发票的可以抵扣销项税额 ·由于机械加工的增值税率为 17%，而建筑业的增值税为 11%，避免由于混业经营导致按高税率缴纳增值税	
2	工程车辆	道路清扫车、平板车等租赁	·租赁业务可以取得增值税发票、可以抵扣销项税额	
3	小型机具	电钻等机具租赁	·租赁业务可以取得增值税发票、可以抵扣销项税额	
4	周转材料	钢模板、木模板、脚手架、钢架杆、扣件、模板、支架等租赁	·租赁业务可以取得增值税发票、可以抵扣销项税额	
5	劳务外包	劳动人员外包	·外包业务可以取得增值税发票、可以抵扣销项税额	

工企业会同时运作很多工程，有些工程采取一般计税方式，有些工程采取简易征收计税方式，这就要求建筑施工企业要做到项目层面的核算。如果没有做到项目层面的核算，施工企业将难以有凭证证明哪些采购项属于一般计税的工程，哪些采购项属于简易征收计税的工程，将会导致税务机关部门按照较高的增值税率要求企业纳税，即甲供材料的工程也可能采取 11% 的增值税税率，导致企业税负加重。二是可能会削弱施工企业的盈利能力，特别是一些从事基础设施施工的企业。从事基础设施的建设企业的大宗材料的采购成本约占工程造价的 60% 以上，这将会导致建筑企业采取简易征收计税方式缴纳的增值税额比采取一般计税方式缴纳的增值税要多。

因此，应对甲供材料工程一种有效的方式就是变"甲供"为"甲控"。

延伸阅读3-2：从事基础设施的施工企业采取简易征收计税方式更划算吗？

依据《关于全面推开营业税改征增值税试点的通知》（财税[2016]36号）的有关规定，建筑施工企业增值税采取简易征收方法计税的，征收率为3%，而不可以抵扣销项税额；一般计税方法计税税率为11%，可以抵扣销项税额。基础设施企业采购钢筋水泥等大宗物资，采购成本占比工程总产值较大，其增值税税率为17%。

假设某项基础设施工程造价（不含税）为1000万元，钢材、水泥等大宗物资采购成本约为工程造价的60%，即为600万元。为了计算方便，暂不考虑其对所得税的影响，不考虑其他采购项对增值税的影响。

若采取简易征收方法计税，其需要交纳的增值税为1000×3%=30万元。若采取一般计税方法，其需要交纳的增值税为1000×11%-600×17%=8万元。

从上例中可以看出，由于基础设施工程项目的采购成本较大，并且其采购物资的增值税较高，所以其采取简易征收计税方式不一定更划算。另外，通过测算可以得出，只有当钢筋、设施设备、水泥等大宗物资采购金额小于工程造价的47%时，采取简易征收方法交纳增值税才划算。

3.1.1.2 总分包模式

（1）总分包模式的定义

总分包模式是一种典型的业务外包模式，在建筑行业是指施工单位与业主签订《建筑工程施工合同》获得施工任务后，将其中一部分工程任务分包给具有资质的专业分包单位或者将其中的劳务分包给劳务分包商。直接从业主获取工程任务的单位叫做总承包单位，从总承包单位获取工程任务或者劳务任务的单位叫做分包单位。总承包商对整体工程向业主负责，分包单位对分包任务向总承包单位负责。

（2）总分包模式的"四流"管理现状

总分包经营模式下，合同流、物流、资金流和发票流的"四流"模型如图3-3所示。

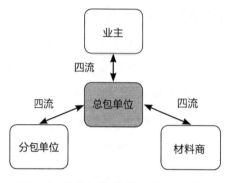

图 3-3　总分包模式"四流"管理模型

总分包模式下,"四流"管理分为三种类型:(1)总包单位销项税端总包单位与业主之间的"四流"管理;(2)总包单位进项税端总包单位与分包单位之间的"四流"管理;(3)总包单位进项税端总包单位与材料供应商之间的"四流"管理。

销项税端总包单位与业主之间的"四流"管理情况与直营模式类似,此处不再赘述。进项税端总包单位与材料供应商之间的"四流"管理情况也与直营模式类似,此处不再赘述。新产生的"四流"管理是总包单位与分包单位之间的"四流"管理。总包单位与分包单位签订专业工程分包合同或劳务分包合同,将工程任务或劳务任务委托给分包单位完成(合同流),分包单位根据分包合同完成分包任务并交付给总包单位(物流),总包单位根据分包单位完成的工程任务或者劳务任务的情况支付给分包单位合同款(资金流),分包单位依据总包单位支付的合同款开具给总包单位增值税发票(发票流)。从上述描述中可以看出"四流"在总包单位和分包单位之间发生,而且合同的甲方、服务的接受方、发票的接受方和资金的支付方都是总包单位,合同的乙方、服务的提供方、发票的开具方和资金的接受方都是分包单位,"四流"合一,满足增值税法律法规要求。

另外,销项税端的"四流"是在业主与总包单位之间发生,进项税端的"四流"是在总包单位与材料供应商之间以及总包单位与分包单位之间发生,正好形成增值税抵扣的闭环:总包单位从业主获取销项税额,从分包单位和材料供应商取得进项抵扣凭证,销项税额减去进项税额就是企业当期需要交纳的增值税额。

(3) 总分包模式"四流"管理的主要问题

在目前中国建筑企业众多的经营模式中,"营改增"对总分包模式的冲击力最小。这是因为总分包经营模式适应专业化分工原则,符合社会化大分工的趋势,也适应了营业税改为增值税的目的之一即促进社会化分工。

但营业税是依据交易额交税，增值税管理是以票控税，这就要求建筑企业增强对发票的管理：增值税发票取得、核算、保管等管理。在总分包模式下，建筑企业进项的种类多、发票数量多，如何无误地管理好这些发票，对总包企业而言是一个较大的挑战。特别是对于装修企业和园林企业而言，采购的物品多样，单次采购的金额极小，导致采购物资的增值税发票难以取得，而已取得的增值税发票由于数量较大也给企业管理带来一定的挑战。

延伸阅读3-3：专业化分工原理

亚当·斯密在其划时代的巨著《国民财富的性质和原因研究》中，研究的中心问题是国民财富的增长。在斯密看来，分工带来的专业化导致技术进步，技术进步产生报酬递增，而进一步的分工依赖于市场范围的扩大。分工既是经济进步的原因又是其结果，这个因果累积的过程所体现出的就是报酬递增机制。因此，推动经济增长的最根本原因是劳动分工的日益深化和不断演进。

"营改增"的目的之一就是促进社会化分工。在增值税的税种下，企业是根据企业增加值来缴纳税负的，因此企业本能地考虑将低附加值的业务分包出去，从而获取更多的进项抵扣凭证，从而降低企业税负，改变企业"小而全"、"大而全"的状况。

延伸阅读3-4：营业税改征增值税，对企业发票管理的影响

国内某大型装修装饰企业2015年的年产值约为200亿元，其采购成本约为产值的60%，即120亿元。根据该企业的统计测算，平均每张增值税发票的金额约为5000元，每年获取的进项税发票约为240万张。对这240万张增值税发票进行核对、保管、认证、抵扣将是一个巨大的工作量，对目前该企业管理体系的运转也是一个挑战。该企业准备成立一个税务部门专门负责发票的管理，准备一间房来保管发票。

（4）企业的应对措施

总分包模式下，建筑企业最主要的还是加强企业内部管理。在报价、合同、采购等环节尽早做好税务筹划，加强增值税发票的管理，减少不能抵扣的风险。建筑企业可以从优化管理措施、建立管理体系、实施信息化等角度来规范企业管理，提升管理水平。

①优化报价、合同、采购、发票等环节的管理措施

在报价环节，建筑企业应该更新企业的报价体系。由于增值税是价外税，增值税执行后，工程报价将采取不含增值税的价格。因此，建筑企业需要组织人员研究企业业务的类型，各类型的成本构成，各类成本构成的增值税率或者增值税征收率，修订企业的报价指导细则。

在合同环节，建筑企业需要修订承包合同范本和采购合同范本。合同是增值税管理中重要的凭证，合同的内容需要与增值税专用发票的内容一致，需要与资金流向一致，需要与运输内容或者项目核算内容一致。因此企业需要修订承包合同范本与采购合同范本，并制订合同签订注意事项手册。

在采购环节，建筑企业需要加强供应商管理。建筑企业的供应商类型多样，有的供应商是一般纳税人，有的供应商是小规模纳税人；有的供应商能够开具增值税专用发票，有的供应商只能开具增值税一般发票，有的供应商不能开具发票，这些都将对企业盈利产生影响。这些影响不仅表现在企业缴纳的增值税上，还影响到企业的附加税和所得税。因此，建筑企业需要综合分析不同供应商对企业的影响程度，制定相关的管理规定以及操作说明，指导采购人员完成采购。

在发票管理环节上，加强发票的规范管理。当前建筑企业发票管理很不规范，存在虚开发票、发票丢失、发票内容与合同内容不一致等情况，建筑企业应制定相关的制规范发票的管理。

延伸阅读 3-5："营改增"对合同管理的影响

某施工企业采购一批钢材，合同谈判结果是采购钢材的成本为 1050 万元，

包括采购价款1000万元,将钢材从武汉运输到上海的运输费用50万元,但是在签订采购合同时,合同条款写是"采购钢材总价款为1050万元,乙方负责将钢材从武汉运输到甲方指定地点上海仓库"。乙方履行完合同内容,依据合同内容,该施工企业将1000万元的合同款项及增值税税额1000×17%以及50万元的运输费用及增值税税额50×11%支付给乙方,乙方开具了一张采购钢材1000万元的发票以及一张运输费用50万元的增值税发票。

在后续的税务机关稽查时,税务机关发现这两张发票的内容与合同内容不符,对50×11%抵扣项不予承认,要求企业补交所欠增值税,并给予惩罚。

上例中,税务机关认为合同条款的内容为"采购钢材总价款1050万元",依据现行的税收管理规定,此项采购所获得的增值税发票可以抵扣销项税,但是50万元的运输费没有采购依据,属于虚开增值税发票。

②建立管理体系

由于目前一些建筑施工企业,管理水平较低,在管理中常常出现头疼医头、脚疼医脚的现象。例如,本次"营改增"全面铺开时,很多建筑企业第一反应就是加强税务部门(或财务部门)的管理,认为"营改增"是税务部门(或财务部门)主管的事情。这是典型的头疼医头、脚疼医脚的现象。从表象来看,营业税改征为增值税是税务的改革,所以是税务部门(或财务部门)的事情。但是很多企业并没有看到影响增值税缴纳税额的关键在税收产生环节,因此企业在应对"营改增"时应该做好整体管理体系的优化,使市场部门、合同部门、采购部门和税务部门形成一个密切配合的整体,进而降低企业在增值税下的风险。建筑企业需要将增值税对企业的影响进行深层次的分析,分析增值税对企业各个环节的影响,并系统地设计优化方案,完善管理体系,提升企业管理水平。

③实施信息化管理

信息化是企业提升管理水平的重要手段,特别是针对大量的重复性工作,比如增值税发票的核对、认证、抵扣,如若采取信息化管理,将大大降低工作的差错率，提高工作效率。

3.1.1.3 联营模式

（1）联营模式的定义

联营模式，顾名思义，是指由不同的利益主体（一般包括施工承包方、联营合作方）联合经营，其一般体现相关利益方的优势互补、资源共享等特征。实际操作中，常常表现为资质较低的施工企业，有机会获取了一个需较高资质才能承担的工程项目，由于企业资质不够，便借用资质较高企业的资质，并向其交纳一定的管理费。借出资质的企业被称作资质提供单位，借用其他公司资质的单位被称作资质使用单位。

（2）联营模式的"四流"管理现状

联营模式下，合同流、物流、资金流和发票流的"四流"模型如图3-4所示。

联营模式"四流"管理的最大特点是：(1)由于资质共享，导致合同流、发票流、资金流和物流"四流"不一致；(2)增值税抵扣环节没有形成闭环，采购进项无法抵扣。

对于资质提供单位而言，同业主之间只有合同流、资金流和发票流，没有物流或服务流；资质提供单位与资质使用单位没有合法的合同关系，资质提供单位无法取得进项抵扣。

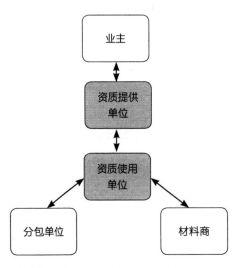

图3-4 联营模式的"四流"模型

对于资质使用单位而言，其并非法定的纳税主体，但却有大量的采购项目，这些采购项目大多无法提供规范的采购发票。

即便资质使用单位能够取得大量的增值税发票，也存在问题：销项税的主体是资质提供单位，进项税的主体是资质使用单位，无法形成增值税抵扣链的闭环。

(3）联营模式"四流"管理的主要问题

联营模式的"四流"不一致和增值税抵扣链不闭环导致联营模式在增值税下主要存在两个问题：

①涉嫌虚开增值税发票

目前建筑市场中资质提供单位的发票管理存在两种情况，一种是采取核定增收所得税的企业，这种企业由于核定征收所得税，税务机关不怎么稽查企业的成本和利润，所以其发票管理很不规范，甚至有些企业就没有工程上的发票管理，企业利润直接为资质使用单位上交的管理费扣除企业管理费用。第二种采取查账征收所得税的企业，这种类型的企业需要大量的发票来抵充企业工程成本，这些发票都是由资质使用单位通过购买获取的。"营改增"后，建筑企业实行以票控税，建筑企业需要完善会计核算体系，核算体系不完善的一般纳税人将无法抵扣进项税额。因此建筑企业必然要完善核算体系，并取得能够抵扣销项税额的增值税专用发票（或其他抵扣凭证）。如果这些增值税发票仍然由资质提供单位通过一些手段提供，这里面可能会涉及虚开虚收增值税发票的问题，而虚开、虚收增值税发票是需要负刑事责任的。

②资质提供单位税负大为增加

由于资质提供单位能够获取抵扣的进项比较少，"营改增"之前，企业只要缴纳3%的税负，"营改增"后，企业需要缴纳11%的税赋（进项税额几乎没有），企业税负大大增加。

（4）企业的应对措施

联营经营的施工企业最好的应对措施就是改变其经营模式，转变为总分包模式或者直营模式。这样就能够彻底解决经营模式上的"四流"不统一的问题和增值税抵扣链不闭环的问题。另外，从建筑行业发展的规律可以推测出，未来联营模式的企业将会逐渐被市场淘汰出局。联营模式能够存在的根本原因是资质依然是中国建筑企业的市场准入凭证，在这种情况下，资质起到一个进入市场敲门砖的作用，所以资质产生了价值，高资质的企业可以通过出售资质来获取管理费。

但是应该看到资质本身并没有为市场创造价值，没有为客户创造价值，资质仅仅是主管机构管理建筑市场的一个手段，随着建筑市场的完善和市场管理手段的成熟，未来将会逐渐淡化资质的作用，届时资质联营模式将没有市场生存空间。

同时，对于一直以"联营模式"生存的施工企业，短时间内改变其经营模式，变为总分包模式或者直营模式非常困难。因为依靠联营模式生存的企业，其市场营销能力和工程履约能力几乎已经丧失了，而这些能力在短时间内难以培养起来；另外，企业管理层的盈利习惯难以改变，让一个习惯了躺着挣钱的老板一下子变为通过加班加点地管理整个项目来挣钱，也几乎是不可能的事情。因此这类仍需要依靠联营模式生存的企业，可采取集中管理模式的应对策略。由资质提供单位对工程项目进行集中管理，集中管理工程项目的材料供应商和分包单位，实现合同的集中管理、发票的集中管理、资金的集中管理，使得增值税销项主体和进项主体均是资质提供单位，实现增值税进销项相匹配。而工程项目的施工与管理仍然由资质使用单位完成。当然资质提供单位与资质使用单位之间管理费计算方式也需要发生改变。资质提供单位应该改变策略，将由于"营改增"导致企业税负的变化全部转移给资质使用单位。需要指出的是这种集中管理方式会增加资质提供单位的管理工作量，同时也有违反《建筑法》相关规定的风险。

延伸阅读 3-6：虚开增值税发票罪

虚开增值税专用发票的具体行为方式有以下四种：

（1）为他人虚开增值税专用发票，指合法拥有增值税专用发票的单位或者个人，明知他人没有货物购销或者没有提供或接受应税劳务而为其开具增值税专用发票，或者即使有货物购销或者提供了应税劳务但为其开具数量或者金额不实的增值税专用发票或用于骗取出口退税、抵扣税款的其他虚开发票行为。

（2）为自己虚开增值税专用发票，指合法拥有增值税专用发票的单位和个人，在本身没有货物购销或者没有提供或接受应税劳务的情况下为自己开具增值税专用发票，或者即使有货物购销或者提供或接受了应税劳务但却为自己开具数量或者金额不实的增值税专用发票的行为。

（3）让他人为自己虚开增值税专用发票，指没有货物购销或者没有提供或接受应税劳务的单位或者个人要求合法拥有增值税专用发票的单位或者个人为其开具增值税专用发票，或者即使有货物购销或者提供或接受了应税劳务但要求他人开具数量或者金额不实的增值税专用发票或者进行了实际经营活动，但让他人为自己代开增值税专用发票的行为。

（4）介绍他人虚开增值税专用发票，指在合法拥有增值税专用发票的单位或者个人与要求虚开增值税专用发票的单位或者个人之间沟通联系、牵线搭桥的行为。

虚开增值税发票的量刑如下：

【刑法】第二百零五条 虚开增值税专用发票或者虚开用于骗取出口退税、抵扣税款的其他发票的，处三年以下有期徒刑或者拘役，并处二万元以上二十万元以下罚金；虚开的税款数额较大或者有其他严重情节的，处三年以上十年以下有期徒刑，并处五万元以上五十万元以下罚金；虚开的税款数额巨大或者有其他特别严重情节的，处十年以上有期徒刑或者无期徒刑，并处五万元以上五十万元以下罚金或者没收财产。

单位犯本条规定之罪的，对单位判处罚金，并对其直接负责的主管人员和其他直接责任人员，处三年以下有期徒刑或者拘役；虚开的税款数额较大或者有其他严重情节的，处三年以上十年以下有期徒刑；虚开的税款数额巨大或者有其他特别严重情节的，处十年以上有期徒刑或者无期徒刑。

虚开增值税专用发票或者虚开用于骗取出口退税、抵扣税款的其他发票，是指有为他人虚开、为自己虚开、让他人为自己虚开、介绍他人虚开行为之一的。

【刑法】第二百零八条 非法购买增值税专用发票或者购买伪造的增值税专用发票的，处五年以下有期徒刑或者拘役，并处或者单处二万元以上二十万元以下罚金。

非法购买增值税专用发票或者购买伪造的增值税专用发票又虚开或者出售的，分别依照本法第二百零五条、第二百零六条、第二百零七条的规定定罪处罚。

【刑法】第二百一十二条 犯本节第二百零一条至第二百零五条规定之罪，被判处罚金、没收财产的，在执行前，应当先由税务机关追缴税款和所骗取的出口退税款。

虚开增值税专用发票或者虚开用于骗取出口退税、抵扣税款的其他发票，是指有为他人虚开、为自己虚开、让他人为自己虚开、介绍他人虚开行为之一的。

3.1.1.4 联合投标模式

（1）联合投标的定义

联合投标模式是《建筑法》和《招标投标法》规定的一种施工承包模式，是指由两个及以上的单位共同组成非法人的联合体，以联合体的名义承包某项建筑工程的组织模式。联合体施工承包的工程项目一般是大型或特大型的工程项目，具有工程体量大、技术难度高、施工周期长、施工工艺复杂、建设资金多等特点，这种承包方式在一些特大型的标志性工程建设实施中较为普遍，例如三峡水利枢纽工程、上海环球金融中心大厦工程的建设就是采用这样的承包模式。

（2）联合投标模式的"四流"管理现状

联合投标模式下，合同流、物流、资金流和发票流的"四流"模型如图3-5所示。

在销项税端，几家施工单位以联合体的名义与业主签订总承包合同，甲方只对联合体的一家单位（主施工单位）进行验工计价，收取发票并支付工程款。该施工单位向联合体的其他单位再进行验工计价收取发票并拨付款项。"四流"不一致。

在进项税端，联合体的各施工单位分别与分包单位和材料供应商签订工程

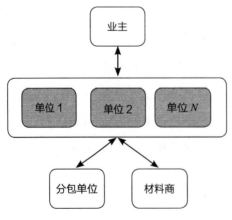

图3-5 联合投标模式的"四流"管理模型

分包合同及采购合同,并获取服务、收取增值税专用发票并拨付合同款。"四流"一致。

（3）联合投标模式"四流"管理的主要问题

此种模式下,联合体的各施工单位均存在虚开增值税发票的重大涉税风险。对于主施工单位而言,由于合同规定由联合体的多家施工单位向业主提供服务,其资金流向、发票流向、物流（应税服务流向）与合同内容不符,向业主开具的增值税发票相关内容与合同内容不符,涉嫌虚开增值税发票风险;对于联合体的其他施工单位而言,如果向主施工单位开具增值税专用发票,由于主施工单位与联合体其他施工单位没有签订合同,涉嫌虚开虚收增值税发票风险;如果不开具增值税专用发票,会导致主施工单位无法取得其他施工单位工程的增值税专用发票,无法抵扣,导致主施工单位的税负增加。

（4）企业的应对措施

针对以上问题,企业可采取两种应对措施:

应对措施一:联合体各方分别与业主发生合同关系、资金关系、发票关系以及物流关系（应税服务关系）。在合同流方面,联合体与业主签订合同时,明晰联合体各施工单位的工程界面、工程任务、计价及金额,以保证联合体各自开具的发票金额、收到的款项与合同内容一致;在资金流方面,业主根据合同的要求分别将款项汇至联合体各方;在发票方面,联合体各方分别向业主开具增值税发票;在计价方面,业主分别与联合体各方计价。此种模式会增加业主管理的工作量,需要与业主充分协商沟通。

应对措施二:业主与一家施工单位签订总包合同,该施工单位分别与联合体其他单位签订专业分包合同,从而形成增值税专用发票抵扣链的闭环。

3.1.2 管理模式方面

管理模式是指企业采取的某一种管理方式的总称,具体来说就是企业如何进行运作。对于建筑施工企业而言,管理模式主要指企业如何运作项目。就中国建筑企业的管理模式而言，主要有法人管项目、项目经理承包制、总分公司模式以及母子公司模式四种管理模式。"营改增"全面铺开后，不同管理模式的建筑企业将面临哪些问题，应该采取哪些应对措施？

3.1.2.1 法人管项目模式

（1）法人管项目模式的定义

法人管项目，就是企业直接管理项目。工程实施的权责利更多地集中在公司总部层面，而不是在项目现场层面。在实际运行中，建筑企业主要是通过项目经理来对项目进行管理的。因此，法人管项目模式包括法人层面管项目和项目经理管项目两个方面。"法人层面管项目"和"项目经理管项目"的职责分工详见表3-3。

法人层面管项目与项目经理管项目的功能定位与分工　　表3-3

类别	法人层面管项目	项目经理管项目
功能定位	项目的决策中心，资源集中管理中心	项目任务协调与执行中心
职责分工	·负责项目的营销 ·负责项目重大问题的决策 ·负责组建项目团队 ·负责项目的成本测算与项目策划 ·负责编制项目一级进度计划 ·负责项目物资和设备供应商选择 ·负责项目分包商选择 ·对项目的利润负责	·执行项目策划方案 ·负责与项目干系人的协调与沟通 ·对项目的进度、质量、安全等方面负责

（2）法人管项目模式的"四流"管理现状

法人管项目模式下，合同流、物流、资金流和发票流的"四流"模型如图3-6所示。

在销项税端，施工单位与业主签订《工程建设合同》；施工单位法人委托项目经理组织完成工程任务并交付给业主，业主支付给施工单位合同款、获取施工单位开具的增值税专用发票。从以上描述中可以看出"四流"在施工单位法人和业主之间发生,而且合同的甲方、服务的接受方、发票的接受方和资金的支付方都是业主,合同的乙方、服务的提供方、发票的开具方和资金的接受方都是施工单位法人,"四流"合一,满足增值税法律法规要求。

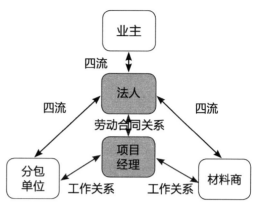

图 3-6　法人管项目模式的"四流"管理模型

在进项税端,施工单位法人与分包单位和材料供应商签订工程分包合同或物资采购合同;分包单位组织资源完成分包工程并交付给施工单位,材料供应商提供物资材料交付给业主;施工单位法人向分包单位或材料供应商支付合同款,获取增值税专用发票。项目经理与分包单位或材料供应商的关系仅仅是管理关系,彼此之间没有合同关系、没有资金往来、没有发票流转、没有提供和接受货物或服务。

另外,销项税端的"四流"在业主与施工单位法人之间发生,进项税端的"四流"在施工单位法人与材料供应商之间发生以及施工单位法人与分包单位之间发生,正好形成增值税抵扣链的闭环:施工单位法人从业主获取销项税额,从材料供应商和分包单位取得进项抵扣凭证,销项税额减去进项税额就是企业当期需要交纳的增值税额。

(3)法人管项目模式"四流"管理的主要问题

如果企业管理规范,"营改增"后,企业"四流"管理的问题应该不大。预计此种管理模式的施工企业主要的问题是由企业管理不规范带来的,例如增值税专用发票管理内部出现问题等。

(4)企业的应对措施

采取法人管项目的企业在"营改增"后,应进一步加强企业管理,提升企业管理水平，以减少管理不当带来的企业税负增加或涉税风险。

3.1.2.2 项目经理承包制模式

（1）项目经理承包制模式介绍

项目经理承包制模式是指一般由公司参与跟踪、投标并中标工程项目，然后将工程项目承包给企业内部的项目经理或项目经理团队，企业按照一定的比例收取项目承包管理费，其余收入归承包的项目经理或项目经理团队所有。

延伸阅读 3-7：项目经理承包制产生的原因

在"法人管项目"的管理模式下，部分企业层面由于自身管理能力的不足、管理区域的跨度大、管理链条长等导致"法人"无法履行对项目的有效监管，致使一段时期内大量出现"项目盈利、企业亏损"、"投标盈利的项目、实施后不盈反亏"等怪现象。在这样的背景下，施工项目的内部承包模式就产生了。两种不同模式的对比见表3-4。

法人管项目模式与项目经理承包制模式对比　　表3-4

模式类别	法人管项目模式	项目经理承包制模式
责任人	项目经理	承包人（项目经理或项目经理团队）
企业与项目经理的关系	劳动聘用关系	承包合同关系
约束文件	项目管理目标责任状	内部承包协议
制度体现	项目经理责任制	项目经理承包制
激励效应	弱	强
管控范围	成本、质量、进度、安全管控	质量、进度、安全管控
利益分配	项目经理按项目责任目标完成情况接受奖罚，其余归公司	企业按一定比例收取管理费后，其余归承包人
适用范围	大中型项目	中小型项目

（2）项目经理承包制的"四流"管理现状

项目经理承包制模式下，合同流、物流、资金流和发票流的"四流"模型如图3-7所示。

在销项税端，即业主与施工单位法人之间的"四流"是合一的。业主与施工单位法人签订《建筑施工合同》，施工单位法人委托项目经理完成施工任务并交付给业主，业主支付给施工单位法人合同款，并获取施工单位法人开具的发票。

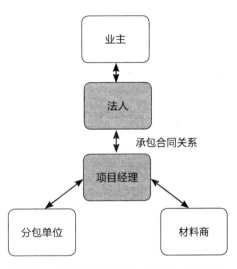

图3-7 项目经理承包制的"四流"管理模型

在进项税端，施工单位与分包单位或供应商之间的"四流"是不统一的。在项目经理承包制的管理模式下，分包单位由项目经理去寻找，材料采购由项目经理实施，需要签订合同时，由施工单位法人代为签订《分包合同》或《采购合同》，资金款由项目经理支付给分包单位或者材料供应商。如果需要发票的话，由供应商或分包单位向施工单位开具。通过上述描述，我们会发现，虽然分包单位或供应商与企业法人之间有合同流、发票流和物流（应税服务流），但彼此之间却没有资金流。

（3）项目经理承包制"四流"管理的主要问题

项目经理承包制下，施工单位面临的问题就是涉嫌虚开增值税专用发票。这个问题的来源有两个方面，一个方面是施工单位与分包单位或供应商之间的"四流"不统一；另一个方面是由于在实际工作中，项目经理基于自身利益的考虑，会向没有发票的供应商采购，从而使得采购成本最小化，同时为了抵冲工程成本或者项目经理的利润，项目经理虚开发票交给施工单位法人。

延伸阅读 3-8：项目经理承包制下虚开发票的调查

作者调研了 50 家实施项目经理承包制的企业，发现 50 家企业全部存在项目经理购买发票情况。具体调查结果如下：

☆ 购买发票金额 1000 万元以上的 8 家；

☆ 购买发票金额在 500 万以上的 26 家；

☆ 购买发票金额在 100 万以上的 17 家；

☆ 购买发票金额在 100 万以下的 9 家。

购买发票的用途包括：

☆ 抵扣工程成本。很多项目经理向小型的供应商购买砂、石等地材，或者采购零星的服务，对方无法开具发票，项目经理需要购买发票向施工单位企业抵扣工程成本。

☆ 套取项目利润。项目经理承包制下，法人层面没有获取项目利润，但是项目经理却获取了大量的项目利润，这些项目经理获取的项目利润在企业法人层面也是成本，需要用发票来抵冲，因此导致项目经理购买发票来抵扣成本套取项目利润。

（4）企业的应对措施

采取项目经理承包制的企业最好的应对措施就是改变管理模式，变为法人管项目模式，使得增值税管理的权责利都集中到企业法人层面，从管理模式上降低虚开增值税发票的风险。因为项目经理承包制模式下，项目经理从自身利益出发，有虚开增值税专用发票的行为，但由此产生的风险却由企业法人来承担。

另外一种应对措施就是实行集中管理，加强对分包商与材料供应商的合同、资金、计价、发票的集中管理，使得增值税销项和进项均在企业法人层面发生，实现增值税进销项相匹配，达到"四流"合一。而工程项目的施工与管理仍然由项目经理组织完成。当然施工单位法人与项目经理之间管理费计算方式也需要作调整。施工单位法人应该改变策略，将由"营改增"导致企业税负的变化全部转移给项目经理。这种集中管理的方式会增加施工单位法人的管理工作量。

3.1.2.3 总分公司模式

（1）总分公司模式介绍

此处讨论的总分包管理模式是指总公司是一个法人单位，分公司是一个登记注册的机构。在这种模式下，由于总公司有资质，经营中会出现总公司承揽工程任务、签订工程合同，然后交给分公司去执行，分公司组织人、财、物完成工程任务，履行总承包合同。

（2）总分公司模式的"四流"管理现状

在总分公司模式下，合同流、物流、资金流和发票流的"四流"模型如图3-8所示。

在销项税端，合同流、资金流、发票流和物流（计价与交付）是在业主与总公司之间进行的；在进项税端，合同流、资金流、发票流和物流是在分公司与分包单位或者材料供应商之间进行的，增值税抵扣链在总公司与分公司之间断裂，无法形成闭环。

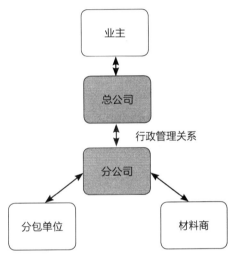

图3-8 总分公司模式下"四流"管理模型

（3）总分公司模式的"四流"管理的主要问题

销项税主体是总公司，进项税的主体是分公司，增值税抵扣链在总公司与分公司之间断裂，无法抵扣，从而导致建筑企业税负增加。

（4）企业的应对措施

"营改增"后，总分公司模式的企业应该采取的主要应对措施就是实行集中管理。实行合同的集中管理、发票的集中管理、资金的集中管理，使得增值税销项和进项均在总公司层面发生，实现增值税进销项相匹配，达到"四流"合一。

而工程项目的施工与管理仍然由分公司去完成。

3.1.2.4 母子公司模式

（1）母子公司模式的定义

此处讨论的母子公司管理模式主要是指母公司中标工程项目、签订工程承包合同，委托子公司履约合同的情况以及集中采购的情况。具体表现为局管模式和局托管模式以及集中采购模式。

局管模式是指以母公司名义中标大型工程项目或技术含量高、施工难度大、具有战略性地位的工程项目，母公司设立项目指挥部作为项目管理机构，各子公司为参与单位，成立真正的施工项目部，完成工程任务。

局托管模式是指以母公司名义中标并签订合同，母公司不设置项目指挥部，授权子公司成立项目部代表母公司直接管理该项目，履行母公司与业主签订合同中的责任和义务，承担相应的法律责任。

集中采购模式是指子公司中标并与业主签订工程合同，但是大宗物资甚至是所有物资执行母公司集中采购，子公司及项目部负责工程项目执行，对项目质量、进度、安全负责。

（2）母子公司模式的"四流"管理现状

①局管项目模式的"四流"管理

在局管项目模式下，合同流、物流、资金流和发票流的"四流"模型如图3-9所示。

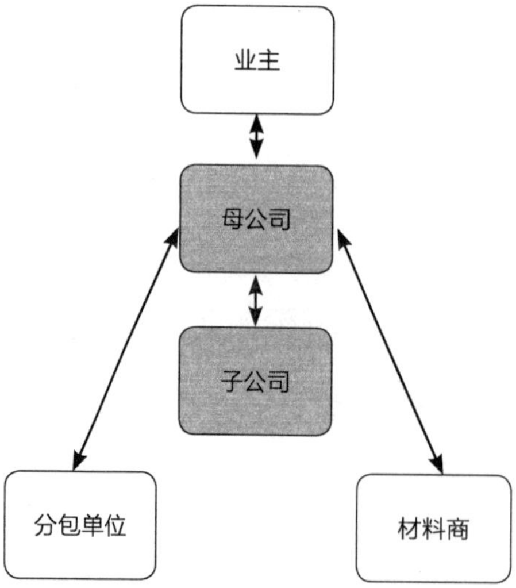

在销项税端，母公司中标工程项目并与业主签订工程承包合同，业主将工程款支付给母公司，母公司开具工程项目的增值税发票给业主，但工程任务却是由子公司组织完成的，合同主体与施

图3-9 局管项目模式的"四流"管理模型

工主体不一致,"四流"不统一。

在进项税端,母公司与分包单位和材料供应商签订合同,并向分包单位和材料供应商支付合同款,并收取分包单位及材料供应商开具的增值税发票,分包单位及材料供应商提供合同规定的货物或服务,"四流"统一。

在销项税端,增值税由母公司流转到业主;在进项税端,增值税由分包单位及材料商流转到母公司,形成增值税抵扣链闭环。

②局托管项目的"四流"管理

在局托管项目模式下,合同流、物流、资金流和发票流的"四流"模型如图 3-10 所示。

在销项税端,母公司与业主签订工程承包合同,业主将工程款支付给母公司,母公司开具工程项目的发票给业主,但是工程任务的完成却是由子公司组织完成,合同主体与施工主体不一致,"四流"不统一。

在进项税端,子公司与分包单位和材料供应商签订供应合同,并向分包单位与材料商支付合同款,收取分包单位及材料商开具的发票,分包单位及材料商提供合同规定的货物或服务,"四流"统一。

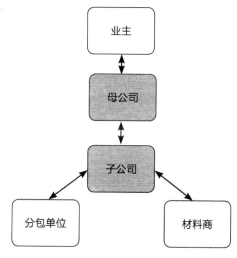

图 3-10 局托管项目模式的"四流"管理模型

在销项税端,增值税由母公司流转到业主;在进项税端,增值税由分包单位及材料商流转到子公司,增值税抵扣链没有形成闭环,在母公司和子公司之间断裂。

③集中采购的"四流"管理

在集中采购模式下,合同流、物流、资金流和发票流的"四流"模型如图 3-11 所示。

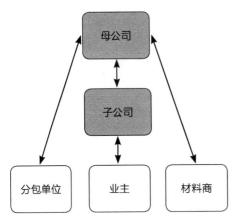

图 3-11 集中采购模式的"四流"管理模型

在销项税端，子公司与业主签订工程承包合同，业主将工程款支付给子公司，子公司开具工程项目的发票给业主，工程任务的完成确实由子公司组织完成，合同主体与施工主体一致，"四流"统一。

在进项税端，母公司与分包单位和材料供应商签订合同，并向分包单位与材料供应商支付合同款，收取分包单位及材料供应商开具的发票，分包单位及材料供应商提供合同规定的货物或服务，"四流"统一。

在销项税端，增值税由子公司流转到业主；在进项税端，增值税由分包单位及材料供应商流转到母公司，增值税抵扣链没有形成闭环，在母公司和子公司之间断裂。

（3）母子公司管理模式"四流"管理的主要问题

①局管模式的主要问题

局管模式的主要问题是涉嫌虚开增值税发票。母公司虽然与业主签订了工程承包合同，并接受了业主开具的增值税专用发票，但合同却是由子公司去履行的。表现为增值税发票的接受方没有向增值税发票的开具方提供货物或服务，涉嫌虚开增值税发票。

②局托管模式的主要问题

局托管模式的主要问题有两个：一是涉嫌虚开增值税发票，涉嫌虚开增值税发票的情况与局管模式相似，不再赘述；二是增值税抵扣链没有形成闭环，母公司和子公司的整体税负增加。局托管项目的销项主体是母公司，进项主体是子公司，导致母公司不能进行抵扣，税负增加。子公司虽然有大量的进项，因为没有销项，无处可抵扣，因此母公司和子公司的整体税负增加。

③集中采购模式的主要问题

集中采购管理模式的主要问题，是增值税抵扣链不闭环，增加母公司和子公司的整体税负。集中采购模式的销项主体是子公司，进项主体是母公司，导致子公司不能进行抵扣，税负增加。母公司虽然有大量的进项，因为没有销项，无处可抵扣，导致母公司和子公司的整体税负增加。

（4）企业的应对措施

①局管模式和局托管模式的应对措施

"营改增"后，母公司和子公司均为增值税纳税人，双方以发生的真实业务为基础进行计价结算并发生发票流转，才能形成增值税抵扣链的闭环，并避免虚开增值税发票的风险。可以采取的应对措施为"子公司是一套人马、两块牌子"。母公司在子公司所在地再成立一个分公司，分公司仍然由子公司的人员组成。母公司承接工程合同后，其中主体工程交给分公司做，其他工程按照《建筑法》分包给子公司完成。母公司负责主体工程材料的采购，子公司负责分包工程材料的采购。子公司负责分包工程的履行，收取母公司的分包工程款，并开具发票给母公司，母公司在销项税端与进项端税"四流"合一，增值税抵扣链形成完整闭环，子公司在销项税端与进项税端"四流"合一，增值税抵扣链形成完整闭环。另外"子公司是一套人马、两块牌子"还能解决局管模式和局托管模式的虚开增值税发票的问题。因为通过"子公司是一套人马、两块牌子"，母公司通过其中的一块分公司的牌子完成工程的主体工作，弥补了局管模式和局托管模式下母公司没有提供货物或服务的问题，实现了"四流"合一。

延伸阅读 3-9："一套人马、两块牌子"的运作方式

假设某集团公司 A 中标某一工程 100 万元（不含税），其中主体工程 60 万元。该集团公司准备将该工程委托给旗下某一子公司 B 完成。于是集团 A 在子公司 B 所在地成立了一个分公司 C，分公司 C 的人员由 B 公司人员组成，于是就形成了子公司的一套人马，两块牌子（子公司 B 和分公司 C）。

为了履约完成该项目，集团公司委托分公司 C 采购物资、组织资源完成主体工程 60 万元；并与子公司 B 签订了一个分包合同，合同价格为 40 万元（不含税）。于是子公司 B 采购材料，组织资源完成分包工程 40 万元。

从上例中可以看出，虽然主体工程由分公司 C 完成，分包工程由子公司 B 完成，但是实质上是由同一拨人完成的。在增值税方面，子公司 B 完成分包工程并交付给集团公司 A，A 支付给子公司 B 工程款 40 万元及相应的增值税款，B 开具增值税发票给集团公司 A，这样该增值税发票相应的增值税额，对子公司 B 而言就是该工程项目的销项税额，对集团公司 A 而言就是该工程项目的进项税额。子公司 B 的销项税额减去购买材料、服务等所获得的增值税专用发票的进项税额，就是子公司 B 当期需要交纳的增值税额；集团公司 A 将整个工程移交给业主后，获取业主支付的 100 万元工程款以及相应的增值税税额，集团公司 A 开具相应的工程增值税专用发票给业主，这部分发票对应的增值税额就是集团公司 A 的销项税额。集团公司 A 的销项税额减去分包给子公司 B 的工程增值税进项税额以及采购材料及其他服务获取的进项税额就是集团公司 A 当期应缴纳的增值税额。

②集中采购模式的应对措施

"营改增"后，母公司需要改变集中采购策略，将原来由母公司集中谈判供应商，集中签订采购合同、集中支付采购款项改为"母公司统一签订框架协议，各子公司与供应商分别签订具体的采购合同、支付采购款项"。在新的集中采购管理下，母公司主要负责确定集中采购项目的供应商并确定采购的价格；具体到项目时，由各项目施工主体子公司再与供应商签订采购合同，供应商依据采购合同向子公司提供货物或者服务，开具增值税专用发票，子公司向供应商支付合同款项。在这种采购管理策略下，将进项税的主体由原来的母公司转移到子公司，从而实现销项税的主体与进项税的主体一致，形成增值税抵扣链闭环，降低企业税负。

3.2 组织层面如何应对

3.2.1 管控方面

3.2.1.1 "营改增"对管控的影响

"营改增"对组织管控的影响主要表现在大型多层级结构的企业上。小型施工企业由于层级较少，管理链简单，"营改增"对这样的企业影响不大。"营改增"对大型多层级结构企业管控的影响主要表现在两个方面：第一个是由于经营模式或者管理模式的改变导致管控方式的变化；第二个是"营改增"要求多层级结构的企业做好纵向衔接。

（1）由于经营模式或者管理模式的改变导致管控方式的变化

"营改增"后，多层级结构的企业为了减少增值税各环节控制的难度，减少风险发生的概率，最有效的方式就是缩短企业层级结构，加强企业对各要素的管控，例如加强对财务和税务的管控，加强对采购的管控，加强对合同的管控，加强对项目的管控。这种管控的加强，必然会导致"权责利"在各层面的划分的调整。

（2）"营改增"要求多层级结构的企业做好纵向衔接

即便公司目前管控方式不改变，由于"营改增"导致企业各管理职能的变化，这样的变化必然会导致这些职能在各层级间重新分布。例如，"营改增"会导致企业报价系统的变化，这就需要研究在"营改增"的推进工作中，集团公司在报价方面应该做什么？分子公司在报价方面应该做什么？项目部在报价方面应该做什么？

3.2.1.2 组织管控优化的方法

建筑施工企业在应对"营改增"对管控的影响时，可采取以下方式来优化组织管控。

（1）设计管控的目标及原则

管控是集权与分权的体现。集权与分权的目的是为了实现集团的整体利益最大化，实现集团的战略目标，因此企业应从集团战略出发，综合分析"营改增"对集团战略的影响，并依此设计管控的目标和原则。例如，为了减少"营改增"

带来的风险,企业可以推行集中采购战略。从集中采购的角度出发,结合"营改增"的要求,管控目标及原则设计为:为了减少虚开虚收增值税专用发票的涉税风险,公司施行合同集中管理、资金集中管理、发票资金管理。

(2) 确定管控优化的内容

在确定管控的目的和原则后,企业就需要确定"营改增"管控的内容。管控优化内容与"营改增"对企业的影响息息相关。对于第一种,由于经营模式或者管理模式的改变导致管控方式变化的情况,需要重新设计企业管控体系,管控内容就涉及企业各管理条线的设计,设计时的主要依据就是集团公司的战略目标和管控意愿;对于第二种情况,"营改增"要求多层级结构的企业做好纵向衔接,管控的内容的优化主要集中在计价管理、合同管理、采购管理、资金管理、发票管理、会计管理、税务管理等几个方面。

(3) 明确各层级的定位

在管控优化的过程中,企业需要明确各层级的职责定位。总部的定位是什么?是一个指导中心,还是一个政策制定中心?分公司的定位是什么?是一个执行中心,还是一个决策制定执行一体中心?"营改增"后管控的各层级定位可以参照表3-5设计,但企业在具体设计时,需要考虑到业务管理的管理方式、公司层级、公司管控能力等要素。

"营改增"管控的各层级定位 表3-5

序号	内容	集团定位	子公司定位	分公司定位
1	计价管理	指导中心、规则制定中心	操作细则制定中心	执行中心
2	合同管理	指导中心,修订合同范本	规则制定中心	——
3	采购管理	供应商管理中心、采购谈判中心	采购签订与付款管控中心,编制实施细则	执行中心
4	资金管理	资金管理中心	资金收支中心	
5	发票管理	指导中心、规则制定中心	发票集中管理中心	执行中心

续表

序号	内容	集团定位	子公司定位	分公司定位
6	会计管理	指导中心、规则制定中心	执行中心	——
7	税务管理	指导中心、规则制定中心	执行中心	——

（4）划分各层级的职责界面

最后，应细化和分解层级定位，形成明确的管理职责，并将管理职责落实到组织的各管理层级。在划分各层级职责界面时，主要就是要明白计价管理、合同管理、采购管理等各职责在公司各管理层级是如何划分的：即哪些工作由集团完成，哪些工作由子公司完成，哪些工作由分公司完成，哪些工作由项目部完成。

延伸阅读3-10："营改增"职责在各层级间的划分案例

某央企是一个多层级的建设施工企业，其组织层级包括集团公司、省级公司、市级公司。在组织层级职责划分方面，他们设计了管控体系，并细化各层级的职责，具体见表3-6。

某央企集团公司"营改增"职责在各层级间的划分　　表3-6

| 管理层级 | 主要职责范围 | 税务岗位设置 | | | | |
		开票岗位	认证岗位	申报岗位	管理岗位	筹划岗位
集团公司	·制定和修订《增值税业务管理手册》； ·制定和修订《增值税发票管理办法》； ·参与修订《会计核算办法》、《业务核算分册》； ·参与修订《采购管理办法》； ·参与修订财务报销办法、结算办法； ·负责集团增值税汇总申报计算，并操作增值税管理系统； ·指导各省税务申报管理工作； ·对各省邮政公司的税收政策咨询进行解答； ·对财务、业务、采购人员进行增值税的相关培训； ·研究分析邮政行业税务筹划； ·与主管税务机关进行沟通	×	×	√	√	√

续表

管理层级	主要职责范围	税务岗位设置					
		开票岗位	认证岗位	申报岗位	管理岗位	筹划岗位
省公司	·制定增值税申报管理办法相关细则； ·参与修订财务报销办法、结算办法； ·负责全省增值税汇总申报计算，并操作增值税管理系统； ·指导全省税务申报管理工作； ·对全省各地市（州）、区县邮政局的税收政策咨询进行解答； ·配合实施集团总部的税务管理工作； ·研究分析税务筹划； ·与主管税务机关进行沟通	×	×	√	√	×
集团本部、省本部、地市（州）公司	·按照集团、省公司发布的相关发票管理办法，实施本级发票管理，按规定开具增值税发票； ·按照集团、省公司发布的相关增值税申报管理办法，负责本级增值税进项发票认证、增值税预缴和配合全省汇总增值税申报工作，并操作增值税管理系统； ·配合实施集团总部和省公司的税务管理工作； ·与主管税务机关进行沟通	√	√	√	√	×

3.2.2 组织方面

3.2.2.1 "营改增"对组织设置的影响

分析"营改增"对组织设置的影响时，可以从两个方面去考虑：第一个是企业当前的组织结构能不能适应"增值税"的环境；第二个是"营改增"的工作由谁负责。

在分析企业当前的组织结构能不能适应"增值税"的环境时，可以从企业的业务类型和组织结构两个角度去考虑。业务类型角度，主要分析企业目前的业务类型是否导致企业税负增加。例如钢结构生产制造并安装的企业，就属于混业经营及兼营的情况，税负可能会从高征收，是否可以考虑将钢结构制造独立出来？还有些企业有自己的劳务队伍，既为企业自己提供劳务服务，也为其他公司提供劳务服务，这也属于业务兼营的情况，这时候是否考虑将劳务队伍独立出来，成为一个独立的法人单位？组织结构角度，就需要考虑企业的结构类型如事业部制、总分公司、集团母子公司结构等。事业部制的组织结构单就考虑增值税而言没有必要再作调整。总分公司结构要考虑的是分公司是不是一个注册机构，如果不是一个注册机构，不需要作调整；如果是一个注册机构，按照当前的税法政策，这类型的分公司是增值税和企业所得税的纳税主体。但建筑企业是依据资质来承接工程签合同的，分公司不是法人，没有资质，分公司不能签工程合同，工程合同只能由企业法人（总公司）来签订，为了获取能抵扣的采购进项，采购合同也应该由总公司来签订。这就会导致分公司既没有收入（不考虑其他销售收入），也没有成本（不考虑人工、固定资产折旧成本）。出现这种情况时，分公司即便是纳税主体，但是增值税是零税额，所得税也是零税额，这就需要跟当地的税务机构做好沟通工作。实行母子公司结构的集团公司一般都是多层级的结构，多层级的结构会增加管理的难度，管控风险加大，为了减少多层级结构在增值税下的风险，企业可以考虑减少组织层级，压缩管理链条。

在分析"营改增"的工作由谁负责时，主要考虑企业管理的复杂性以及"营改增"的难易程度。管理越复杂的企业，"营改增"对企业影响越大的企业，就越应该加强力量来应对"营改增"。企业管理难度大、"营改增"工作难度大的企业可以考虑设立"营改增"专项工作组来开展"营改增"的相关工作。专项工作组的组长应该由公司领导担任，成员由各关联部门组成。设置专项工作组的好处就是能够集中力量、专心地处理一件事，效率比较高，能够解决重大问题。企业规模不大，"营改增"工作难度不大的企业可以由企业领导人带队来完成"营改增"工作。另外，考虑到公司的发票及纳税工作量在短时间内加大，可以设置一个税务管理部门，专门负责发票及税务的管理。部门负责人可以从已经实施增值税的企业聘请过来，借助他的经验，为企业尽快建立一套应对"营改增"的相关制度。

3.2.2.2 组织设置优化方法

不同企业面临的环境不同，"营改增"对其影响的广度、深度也不同，因而没有一个统一的优化方案,但可以从组织设置优化的一般方法入手。

(1) 环境调查

环境调查主要是为了弄清楚组织优化的目的,并梳理在组织优化过程中需要考虑的因素。调查的内容包括原有的组织结构运行情况、"营改增"对组织结构的影响以及标杆企业的组织结构的设置等多个方面。

(2) 组织优化

"营改增"的组织优化主要考虑以下几点:

☆ 优化后组织的运作是不是满足"四流"合一的要求;

☆ 优化后组织的项目管理的销项主体和进项主体是不是同一个纳税人;

☆ 优化后的组织是不是比优化前的组织能更好地管控增值税的风险;

☆ 优化后的组织是不是在增值税管理上更简单、管理效率更高;

☆ 优化后的组织在满足增值税的管理要求的条件下是不是支撑战略落地的最优结构。

(3) 组织定位

组织优化后,需要考虑组织各部门的功能定位,特别是"营改增"工作在各部门的定位。表 3-7 所示是某企业的"营改增"工作在各部门的定位。

"营改增"各组织定位　　　　表 3-7

序号	组织	功能定位	备注
1	"营改增"工作小组	"营改增"工作的领导与指挥机构,负责"营改增"的全面策划、重大方案决策和推进"营改增"改革	
2	税务部门	"营改增"工作的牵头部门和税务管理部门,负责政策的解读,牵头组织"营改增"工作,总负责税务筹划、发票管理与税务交纳	
3	财务部门	会计核算与资金管理部门,负责"营改增"中涉及的会计与资金的工作	
4	经营部	经营与报价管理部门,负责报价的修改及与客户沟通由政策引起的价格、结算方式、合同等内容的变化	

续表

序号	组织	功能定位	备注
5	合同法律部	合同归口管理部门,负责合同范本的修改及合同条款中涉及"营改增"法律风险的审核	
6	采购部	采购实施部门,负责供应商的梳理、采购平衡点的测算,与供应商的沟通工作	
7	项目部	做好项目的收款与发票接收工作	

3.2.3 职责方面

3.2.3.1 "营改增"对组织职责影响

"营改增"对组织职责的影响,不仅表现在会计核算环节和税务管理环节,还表现在报价、合同、采购等税务生产的环节,可能还影响到人力资源、行政管理等领域。"营改增"对组织职责的影响方面见图3-12。

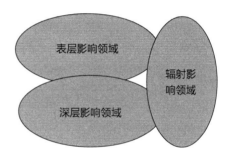

图3-12 "营改增"对组织职责的影响

表层影响领域,也可以说是直接影响领域,主要是对公司的会计管理职责、发票管理职责以及报税管理职责的影响。"营改增"之前,施工企业的会计管理比较简单,不涉及价外税的核算。而"营改增"后,涉及增值税的会计核算就比较复杂了,需要把平时所取得的进项税单列为应交税金的减项,或者叫备抵项,会增加一些应交税金——进项税、应交税费——应交增值税等科目。在发票管理方面,公司需要增加人员对公司发票实行集中管理,包括发票的取票、发票的开具、发票的核对与保管等工作。在报税方面,组织会改变以前的报税流程和工作,需要工作人员学习增值税报税的流程、表单和相关知识,并熟悉发票的认证及抵扣等工作。

深层影响领域,主要是对公司的报价、合同、采购等领域职责的影响。在报价方面,由于增值税是价外税,以后工程报价时,应该采取"价税分离"的原则,调整现行建设工程计价规则，即将营业税下建筑安装工程税前造价各项费用包含可抵扣增值税进项税额的"含增值税税金"的计价规则，调整为税前造价各项费用不包括可抵扣增值税进项税额的"不含增值税税金"的计价规则。调整的内容包括人工单价、材料价格、施工机具台班单价、管理费等内容。在合同法务方面，公司应该组织人员修改《合同范本》及合同管理办法，并明确签订合同时应该注意的事项，加强对工程总承包、专业分包、劳务分包、物资、设备采购等合同中涉及影响增值税的条款内容的审核；在采购管理领域，公司需要对供应商身份进行梳理，重新确定采购比价原则。首先应当依据增值税一般纳税人和小规模纳税人对供应商身份进行确认，然后对小规模纳税人的供应商进一步分为企业、个体工商户和其他个人。对于小规模纳税人的企业和个体供应商，通过与其沟通，确认其能否请主管国税机关代开增值税专用发票，以及代开增值税专用发票的难易程度。对于小规模纳税人的其他个人，则需要确认对方未来是否可以办理工商税务登记，转变为个体工商户。其次要采取正确的比价策略，模拟测算采购平衡点，确定向哪种纳税人采购更划算。

辐射影响领域：主要指对公司行政、人事等部门职责的影响。"营改增"影响到企业的管理经营模式，需要进行组织结构优化、缩短管理链条、降低税务风险等多方面的工作，因此，行政等部门要积极地开展相关知识的培训。

3.2.3.2 组织职责优化方法

"营改增"对组织职责的影响是方方面面的，企业可以从职责调研、职责梳理及系统化、职责分解三个方面来优化组织职责。

（1）职责调研

从"营改增"对职责影响、企业对标调研等角度来分析需要调整哪些职责、增加或减少哪些职责。职责调研方法包括资料分析法、访谈法、问卷调研法。职责调研的内容包括：

①职责分工现状调查。包括各部门和各岗位职责，可以从岗位说明书、现有的制度文件中梳理出来，也可以通过访问部门负责人来获取。

②"营改增"对各部门的工作影响分析。主要分析有哪些影响,影响的程度是怎样的,应当采取哪些措施,采取这些措施的收益与成本是怎样的。

③对标分析。选取有相似影响的已经实施过"营改增"的企业作为对标对象,看看这样企业在职责优化方面做过哪些调整,运行效果怎样,还需要对哪些方面进行改进。

（2）职责梳理及系统化

职责调研出来的内容是零散的、不成系统的,可能存在漏项、重复等情况,因此需要进行职责梳理及系统化。职责梳理及系统化可以从税务全流程即税务生产环节、税务核算、税费缴纳等环节来梳理"营改增"后组织职责的变化。表3-8是某大型建筑企业在"营改增"后职责梳理及系统化的结果。

"营改增"的职责梳理及系统化　　　　表3-8

一级职责		二级职责
税收产生环节	签订合同前	组织研究税务筹划方案
		梳理业主身份和信息、子、分公司资质和设备、劳务分包供应商资格
		修订成本定价原则和方法、成本预算考核制度和管理办法
		修订设备租赁合同、采购合同和劳务招标合同原则和模板
		修订招投标、采购、分供商相关管理制度
		修订工程合同模板,对合同样本条款中价格标准（含税价或不含税价）、发票取得、付款方式及时间等涉税重要事项进行修订
		按"价税分离"原则调整工程报价,做好承包合同的价格谈判区间
	签订合同时	根据不同类型的业主制定不同的定价原则和谈判策略
		根据不同采购商制定不同的谈判原则和策略
	合同执行中	调整资金管理方式和支付方式,并负责修订资金集中管理相关办法
		修订发票管理制度、流程,对增值税专用发票重点管理

续表

一级职责	二级职责
税收核算环节	清理营业税历史欠税
	维护税务信息系统，保障增值税票的开具审核和认证
	建立销项税和进项税管理，及时调整税务筹划
	对过渡期新老项目进行不同核算
税收交纳环节	根据"营改增"要求，修订缴纳增值税的流程，尤其对缴纳地点出现变化的事项
其他	优化企业组织架构
	调整岗位设置，如配置专职税务员、专用发票等
	调整岗位职责，设置增值税相关职责
	调整项目业务组织模式
	建立增值税管理体系
	制定增值税管理相关制度、流程
	根据"营改增"要求，改造信息化系统
	调整组织、岗位考核指标
	组织"营改增"培训，尤其是对合同管理、经营管理等非财务类员工

(3) 职责分工

职责分工是指将梳理及系统化的各项职责分解到各部门及岗位。在职责分工时，需要注意到分工是为了落实，便于完成工作任务，但职责分工的缺点是人为地隔断了任务的完整性。因此，在职责分工时，需要加强部门与部门之前的联系，部门与部门之前的沟通工作，并注明某一个工作的主责部门及配合部门。表3-9是某一大型建筑企业职责分工的结果。

"营改增"的职责分工 表 3-9

序号	牵头部门	工作内容	配合部门
1	企划信息部	调整工程项目的业务组织模式	财务部、市场客户部、投融资部、基础设施部、合约法务部
		优化企业的组织架构	
		审批财务部部门机构设置变化	
		负责调整预算考核指标	
		做好税务信息系统的维护和技术支持工作,保障增值税票的开具审核和认证	
2	人力资源部	根据"营改增"实施管理工作需要,配置专职税务人员、专用发票管理人员等	财务部
		开展"营改增"相关知识的培训	
3	财务部	负责"营改增"的财税管理	企划信息部、市场客户部、基础设施部、工程管理部、企划信息部、商务合约部、人力资源部、投融资部
		建立增值税管理体系	
		制定增值税管理相关制度、办法	
		设置增值税相关岗位及职责	
		协调相关业务部门实施"营改增"管理工作	
		清理营业税历史欠税	
		组织研究税务筹划实施方案	
		提出信息化系统改造要求	
		组织"营改增"税务培训	
4	市场客户部	梳理子、分公司资质	财务部、投融资部、企划信息部、合约法务部、基础设施部
		协助修订成本合同模板、投标相关管理办法	
		负责业主身份梳理和业主信息管理	
		协助做好承包合同报价测算,按"价税分离"原则调整工程报价,做好承包合同的价格谈判区间	
		根据不同类型的业主制定不同的定价原则和谈判策略	

续表

序号	牵头部门	工作内容	配合部门
5	合约法务部	负责分析"营改增"对公司招投标、集中采购、甲方指定分包、甲供材等工作的影响	财务部、市场客户部、投融资部、基础设施部、工程管理部
		对现有分包、分供商资格进行梳理，共同建立分包、分供、设备等资源库，修订"营改增"后相关招投标、集中采购及分供商等管理制度	
		根据"营改增"对合同样本条款中价格标准（含税价或不含税价）、发票取得、付款方式及时间等涉税重要事项进行修订	
		制定成本定价原则和方法	
		负责修订成本预算考核制度及管理办法	
		负责调整工程项目的成本预算编制	
		负责审核合同管理制度办法，审核其他相关业务线条的合同修订	
		负责与供应商做好模拟谈判	
6	工程管理部	负责修订设备租赁、采购合同和劳务招标合同	财务部、合约法务部、市场客户部、基础设施部
		梳理设备与劳务分包供应商，建立相关供应商信息库，及供应商的选择	
		制度成本定价原则和方法	
		负责与供应商做好模拟谈判	
7	投融资部	负责调整BT、BOT、房地产业务模式和业务流程，研究投资项目增值税业务处理方案	市场客户部、合约法务部、基础设施部、财务部
		协助修订BT、BOT、房地产业务相关合同模板	
		负责调整"营改增"后，资金集中管理的资金支付方式，并负责修订资金集中管理相关办法。	
8	基础设施部	做好基础设施业务的"营改增"难点分析，研究增值税业务处理方案	市场客户部、合约法务部、财务部
		协助修订基础设施业务相关合同模板	

3.3 运营层面如何应对

企业应对"营改增",最终还是需要落实到各个岗位上,落实到日常工作中去,这牵涉到集团公司总部、二级公司、三级公司、项目部等各个层级,牵涉到经营部门、采购部门、合同部门、财务部门等多个部门。涉及的组织层级越多,涉及的部门越多,存在的风险就越大,影响企业效益的点就越多,管理的难度就越大。因此需要运用系统论的观点,完善企业的管理体系,从全局的角度来看待、应对"营改增"。优化企业管理体系是企业应对"营改增"最好的抓手,能够系统地控制"营改增"的风险和提升企业管理效益,避免片面化的对待"营改增"。

3.3.1 "营改增"管理体系

这里讨论的管理体系指应对"营业增"企业需要构建的管理体系,或者优化的管理体系,且仅限于能指导企业开展管理工作的共同遵守和重复使用的一种规范性文件体系,姑且称之为"营改增"管理体系。这里的重点有两个:一是共同遵守、重复使用,二是要讲究完整性、系统性。所谓共同遵守,是说制度类的规范性文件大家都必须遵守、执行,而且每个人每次做事都必须遵守。今天你开发票遵守这个文件要求,明天开票不遵守这个文件要求,这不叫做重复使用。所谓完整性和系统性,指若干有关事物或某些意识相互联系而构成的一个有机整体,即这套规范性文件体系有其内在的逻辑性,覆盖全面。内在逻辑性是指文件体系的内在逻辑满足一般管理的原则和要求,满足"增值税"管理的内在逻辑。覆盖全面表示这套体系覆盖增值税的生产环节、核算环节和交纳环节,横向到边;覆盖组织的各个层级,纵向到底。

构建管理体系是一项综合性的活动,它的顺利开展需要有一定的基础,而业务标准化和组织标准化就是构建管理体系的前提。

构建"营业增"管理体系的业务标准化主要指企业在构建管理体系之前,需要梳理业务类型、增值税纳税类型，以及各类业务类型与增值税纳税类型之间的关系。

业务类型的标准化主要指企业集中力量经营一类或一种产品或服务。业务类型标准化的优点是企业专注于某一种或一类产品的生产，有利于形成和发展生产技术的优势，在该领域树立形象。建筑行业的产品虽然都是建筑物，却由于有专业的划分，使得其产品具有不同的要求和特征，也使得建筑产品的专业化成为可能。建筑施工企业实现产品专业化可以对下属单位的专业进行调整，避免一个子分公司做多种业务的"小而全"，做的业务看似很多，却没有核心能力。在无法避免多业务并存的情况下，也要尽可能把企业层面的重心放在管理和资源控制等环节，不宜深入到作业层面。

增值税纳税类型的标准化主要指企业应当梳理经营的业务需要交纳的增值税税率，例如某建筑企业的有建筑施工和钢结构加工、安装等业务，那么该企业适应的增值税率大概为11%、17%和3%（某些业务可以采取简易征收方式）三种类型。建筑企业应尽量减少增值税纳税类型，避免多类型带来管理的复杂化。

各业务类型以及增值税纳税类型之间的关系是指企业应当梳理每种业务类型下的销项税的情况，每种业务类型适应的销项税税率，每种业务类型有哪些进项税类型，每种进项税类型适应的进项税税率为多少。梳理方法参见表3-10所示。

某企业业务类型与增值税类型的对应关系　　　　　表3-10

业务类型	增值税销项税类型	进项税类型及税率		备注
钢结构加工	17%	钢材	17%	
		生产设备	17%	
		生产辅料	17%	

续表

业务类型	增值税销项税类型	进项税类型及税率		备注
钢结构安装	11%	钢结构	17%	
		安装设备	17%	
		辅材	17% 或 0%	
		安装劳务	3% 或 6% 或 0%	
	3%（甲供材料）	安装设备	0%	进项税不能抵扣
		辅材	0%	进项税不能抵扣
		安装劳务	0%	进项税不能抵扣
钢结构加工与安装（混合销售）	11%	钢材	17%	
		生产设备	17%	
		生产辅料	17%	
		安装设备	17%	
		辅材	17% 或 0%	
		安装劳务	3% 或 6% 或 0%	

组织标准化，是指企业要设计和建立一套清晰的组织机构和职位系统并确定职权关系和信息系统，把各层次、各部门结合成为一个有机的整体。组织结构直接影响着企业内部组织行为的效果和效率，从而影响着企业宗旨的实现。按照职能划分，可以将"营改增"的组织结构大致分为三块：销项税端的管理职能，如经营管理职能和合同管理职能；进项税端的管理职能，如供应商管理、采购管理职能；综合管理职能，如核算管理、发票管理、税负管理职能，管理职能和行政职能。对于一个比较大型的控股集团而言，"营改增"的组织职能如何在各个组织层次定位，是需要着重思考的问题，如图 3-13 所示。

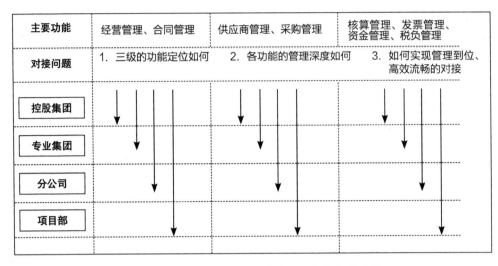

图 3-13 "营改增"相关职能在不同组织间的定位

3.3.2 "营改增"管理体系的作用

（1）提高管控能力

"营改增"对建筑企业一个最大的挑战就是需要提升公司总部的管控能力，特别是一些三级管理、四级管理或五级管理等多层级的集团公司，更需要提升其总部的管控能力。"营改增"后，需要做到业务的"四流"合一，如果将这些工作放在项目部、放在分公司层面去管理，极有可能导致"四流"不一致，出现虚开虚收增值税专用发票的现象，公司的法人代表及相关责任人需要承担虚开虚收增值税专用发票的风险。因此公司总部、集团公司总部需要加强管控，特别需要加强合同的集中管理、供应商的集中管理、发票的集中管理、资金的集中管理等。通过构建"营改增"的管理体系，界定公司总部的组织定位，工作职责，以及怎样去完成这些工作，例如规定如何构建集中采购的框架、集中采购的内容、集中采购的职责、集中采购的方法等，以及规定员工怎么去提升谈判、沟通等能力，从而提升公司的管控能力。

（2）提升工作效率

与增值税相关的工作涉及公司经营、合同、采购、财务等多个部门，每个部门又有很多人在完成着同样的工作,如何提高这些人的工作效率?"营改增"后,增值税专用发票的管理工作量会大大增加,特别是装修装饰企业因为采购的种类繁多、单次采购量较少,导致发票量很大。假设某施工企业年产值1000亿元,每年的进项税发票金额600亿元,每张发票的金额约1万元,每年的进项税发票数量就达到约600万张,大约需要50个人来处理这些发票,这对企业而言不仅增加相应的管理成本而且面临巨大的工作量,因此,提升员工的工作效率,成为企业需要思考的问题。而工作管理体系化,能够控制多样化和复杂化,简化工作,从而提高单位时间每个人发票处理数量,提升工作效率,降低成本,增加企业的经营效益。

(3) 控制风险

"营改增"后,企业面临着较大的虚开虚收增值税发票的风险以及管理不善导致的税负增加的风险。而风险具有不确定性,正是这种不确定性,加上企业生产与经营过程的复杂性以及企业资源有限、能力有限,可能会导致企业的失败。通过构建管理体系,能够对"营改增"可能产生的各种风险进行识别和衡量,并采取有效的措施进行防范和控制,进而有效地减少各种风险。建筑企业按照"风险识别-风险评价-风险控制"的标准流程,应用确定的评价准则,对风险进行识别,通过管理制度化加强对风险的管理。其中,风险评价是核心,因为只有明确了是何种风险,属于什么性质,才能对症下药。而对风险进行评价时,应考虑相关的标准和要求,对风险进行定位,然后对风险发生的可能性以及可能产生的后果进行评价,最后采取措施进行风险控制。预防和规避风险需要可靠的技术保证和服务,需要企业有规范的管理做后盾,一旦通过制度化工作建立起管理和服务的标准轨道,对风险的管理就会变得更加容易。

3.3.3 "营改增"管理体系的构建组织

"营改增"导致企业管理难度的增加,需要通过构建或优化管理体系来规范管理,那么由谁来开展管理体系的构建工作呢?财务部门?如果由财务部门主导

"营改增"管理体系的构建,可能会平添这项工作的难度。因为构建管理体系是一个专业的系统工作,不仅仅是编制一些制度、文件,再说"营改增"牵涉到的不仅仅是财务部门,还涉及经营部门、合同部门、采购部门,而且对税负影响最大的部门恐怕也是经营部门、合同部门、采购部门,由财务部门牵头完成这项艰巨的工作无疑难度极大。

有鉴于此,对于大型的建筑公司,建议高度重视"营改增"的管理体系构建工作,可以考虑组织专门的委员会来统筹规划管理体系的构建,该委员会由公司主要负责人挂帅,各部门负责人参与,还要制订出该委员会的议事规则。对于小型的建筑公司,虽然构建管理体系相对简单些,但也应引起重视,至少有一名主要领导来主抓"营改增"管理体系建设。

3.3.4 "营改增"管理体系的构建方法

3.3.4.1 管理体系构建的方式

"营改增"管理体系构建方式可以归纳为"五化":理念统一化、管理制度化、制度流程化、流程表单化、表单信息化。

(1) 理念统一化

理念是指企业的基本价值观或核心价值观,也是企业从事生产经营活动的最高宗旨和终极目的。理念是企业文化的一个组成部分,而且是核心部分。企业理念包含企业的长远理想和为之奋斗所遵循的准则,是一种向全体员工和公众展示企业愿景和目标的具体的设想,是建立一个信仰认同体系和作为团队贯彻共同目标和战略计划的工具,理念在一个企业中,具有统一性和权威性,是企业所有部门、子公司、分公司、事业部及全体员工都必须共同遵守的。统一理念,不仅在于企业上下达成共识,更在于内化成为企业全体员工的行为准则、价值观的组成部分,需要不断地进行深入宣贯。

"营改增"管理体系是一项系统的工作,需要在提炼实践经验的基础上进行。系统工作需要协调,需要形成合力,同时,它又不可避免地受企业文化的影响。

所以，进行"营改增"管理体系的设计，首先需要企业上下达成共识，提高认识，确立明确的目标和工作推进思路，加大宣传，沟通和交流的力度。

理念统一最直接的表现就是形成"营改增"的管理原则、目标及管理策略，这有助于企业员工明确方向，找准道路，形成合力。

延伸阅读 3-11：某建筑企业推行"营改增"的管理目标及管理策略

（1）工作目标

企业开展"营改增"应对工作的总目标：实现平稳过渡，适应增值税管理，减少对财务业绩的负面影响，同时防范税务风险。

①营业税到增值税的平稳过渡：指增值税政策出台后，企业能够平稳、顺利地实现增值税发票管理、纳税申报，能够准确进行涉税会计核算和编制财务报告；

②高水平的增值税管理：指企业保持较高的增值税管理水平，降低税务负担，节约税收成本，防范税务风险，创造价值。

（2）工作策略

为实现上述总体目标，针对"营改增"对企业各方面的影响，应研究工作对策，确定应对工作主要开展方向：

①税负转嫁

在通过详细财务分析确定定价临界点的基础上，尽可能向业务链下游转嫁增值税税负，同时尽可能避免业务链上游因"营改增"而转嫁税负。

②销项端避免增值税不利处理

梳理组织模式，审阅并调整现行投标报价标准、审阅销项端合同，梳理业务流程，针对可能涉及不同增值税税率及税务处理的业务环节和管理环节，通过合理调整进行税务筹划，以避免对企业不利的税务处理。

③争取进项应抵尽抵

实施供应商分类和甄选、进项端合同审阅、进项端流程梳理，加强发票管理，尽可能就可抵扣的成本费用取得增值税专用发票，实现进项抵扣。

④匹配进销项时间

通过加强收付款管理，合理调节结算和收付款进度，合理匹配销项与进项税的发生时间，避免因进销项不匹配而造成的特定期间增值税税负上升，避免额外现金流占用。

⑤完善增值税管理体系

全面梳理各环节业务流程，识别、防控增值税风险，重新审视业务安排，优化内控管理流程，将增值税管理扩展到各业务岗位，实施有效控制。

（2）管理制度化

成功的企业在管理方面，都有一个明显的共同点，那就是最终形成了一系列规范的制度，这些制度的编制、创新和实施都和企业的管理过程相联系，是企业管理理念、方法的体现。

将管理落地到制度化，是规范的体现。管理制度的建立，都要按照编制目的、编制依据、适用范围、实施程序的思路来进行，可以涵盖企业价值链的全过程，不仅涉及战略、组织结构等宏观控制，也涉及诸如工作或者流程、表单等微观层面，这些系统性、专业性的统一的规定，是企业生存和发展所必需的。通过制度把管理理念形成具体的制度文件，做到有章可循，有"法"可依。如果把企业比喻成行进的火车的话，制度就是火车行驶的铁轨，通过对企业现有管理制度进行系统的梳理，将管理规定逐条细化，考核的指标数据化，进而形成标准、规范和科学的制度体系，用以指导企业"营改增"的管理工作，达到降低风险，提升效率的目的。

（3）制度流程化

制度化，是告诉员工"要做什么"，制度更多的是针对局部出现执行力问题而采取的奖惩措施，包括对执行人主观态度以及客观过失造成公司损失的处理；流程化是更加细化，告诉员工"怎么做"，流程化就是要明确"先做什么，再做什么，最后做什么"，以完成工作步骤、顺序作为核心，结合组织结构、人员素质及其他资源，站在公司的角度来设定流程，提高组织及个人工作效率。

流程是一组能够一起为实现某个目标相互关联的活动进程。流程化的目标就是要"理顺关系、明确职责、提高效率、控制风险",许多制度是规范"活动"的,"活动"必然有输入和输出,输入即活动的依据,输出即活动的结果。作为一项活动,其执行者必须知道由谁、以及何时向他下达活动的指令,还必须知道开展该项活动应当执行什么标准或文件,活动之后得到的成果干什么用或提交给谁。活动的这个过程就要有个规范的流程,以供活动执行者遵循。如果制度的执行没有流程来规范,制度的执行极易走偏。"营改增"工作的流程化能够较为轻松地帮助相关岗位上的员工解决如何操作的问题。

延伸阅读 3-12:某企业开具增值税专用发票流程介绍

开具增值税专用发票流程

1. 防伪税控开票系统 → 插入 IC 卡 → 录入操作员密码 → 进入系统 → 发票管理下发票读入 → 提示是否读入专用发票 ******** 号起共 ** 张 → 确定;

2. 系统设置下设置客户资料(一定要是购买方传给你的正确资料)录入相应资料 → 保存;

3. 系统设置下设置你们公司所销售的货物名称等信息 → 录入 → 保存;

4. 发票管理下专用发票填开 → 提示你要开票的号码核对 → 确认 → 显示专用发票模块 → 购货单位名称处点下拉键选定你要开具的单位双击 → 显示你要开具发票单位的所有信息 → 货物或劳务名称处和购货单位处的操作相同 → 录入你所开发票货物的数量 → 单价 → 金额自动计算 →下拉键选择收款人,复核人,开票人自动生成 → 再次核对整张发票无误后 → 点击左上角的打印保存并提示是否打印(显示打印边距上下调整数)如不确认是否与发票对应就先放入 A4 纸打印一张对比一下,边距不对再调整 → 此张发票打印后提示是否开下一张,还开就如上述接着开,不开就退出;

5. 发票管理下发票查询选择本月所开这张发票点击打印放入发票打印此发票(发票号码一定不能放错);

6. 这张发票开具完成，加盖财务章或发票专用章后就可以寄出了。

（4）流程表单化

管理大师德鲁克说："管理是一种实践，其本质不在于'知'而在于'行'；其验证不在于逻辑，而在于成果。"因此，对于流程，我们必须找到有效执行的形式，证明到过流程的这个节点或那个节点。既然流程就是做事的程序，那么，流程中的一个个节点（步骤）就是相应岗位上的员工应承担的责任。在流程中，每个节点由哪个岗位的员工、在什么时间内、按照什么样的标准去完成，完成后，他的成果（阶段产品）向谁交付等，都应当有固定的规范。岗位是固定的，应当做的事和规定的时间限制也是固定的，然而，由于种种原因，从事该岗位工作的员工却可能随时会发生变化，正所谓"铁打的营盘流水的兵"。如何让众多"流水的兵"在"铁打的营盘"中做事不发生偏差，该做的都能完成，完成的质量也大体相当呢？这时就想到了表单。如果在流程的行进过程中，伴随着一张表单，上面明确规定着一项工作必须先后由哪些岗位的员工经手，工作中应执行什么标准，那么，即使是刚上岗的新员工，只要按表单规定去做，就不会发生意外。这时，表单就相当于一份作业指导书，上面明明白白地规定着做一项工作应当完成的活动和这些活动的顺序。同时，表单还要求每一个岗位上的员工在完成所从事的流程节点上的活动后记录下完成的情况，包括所花费的资源、完成的时间、达到的质量水准等，这时的表单又成为了完成活动的证据。

看来，表单本身是就一种很好的作业载体，它的特点表现为：

①适用性广。由于表单有明朗的项目与明确的目的，让使用它的人不必花费太多的时间去阅读；填写方便，能吸引更多的受众参与。现在很多的调查表、客户回馈表就是其中的代表作。

②信息集中。一张经过精心设计的表单包含的内容就好比古诗词，几个字展开可以有好多的意思。只是它不是体现在意思的多与少上，而是信息的整合，省去了很多重复的信息。

③飞速传播。既然它比较容易被受众所接受,那么去传递的主观能动性就要相对的提升,在各种渠道的传递也要快很多。

延伸阅读3-13:某企业增值税管理明细表介绍

某企业为了更好地管理增值税,使得增值税管理规范,税务筹划合理,减少差错率,设计了表3-11。表单内容包括发票号、开票时期、出票或受票户名、增值税号、开票总金额、进项税额、出税额、本月税务状况等信息。通过此表的使用能够清晰获得增值税的缴纳情况、进项税额抵扣情况,可以帮助企业进行有效的税务筹划,规范税务管理。

增值税管理明细表 表3-11

发票号	日期	出票或受票户名	增值税号	开票总金额	进税额	出税额	本月税务状况		说明
统 计				0.00	0.00	0.00	应交国税	0.00	
						0.00	应交地税	0.00	
						0.00	成建税	0.00	
						0.00	规费	0.00	
						0.00			
						0.00			
						0.00			
销售额				0.00					
						0.00	注:		
						0.00	国税=增值税		
						0.00	地税=销售收入1.74%		
						0.00	成建税=国税9%		
						0.00	规费=销售总值1.0%		
						0.00			
进材料额				0.00			应交总税合计	0.00	

(5)操作手册化

"营改增"后,将涉及增值税的操作程序及操作细则制作成适合各不同岗位操作的手册,手册中配以图、表,会更加直观,让人更加容易理解,相应的,工作的效果会大大提升。"营改增"的操作手册应包括《报价操作手册》、《采购操作手册》、《发票管理操作手册》、《增值税缴纳操作手册》。

延伸阅读 3-14：发票操作手册节选（发票作废及红字专用发票）

（1）发票作废

开具时发现有误的，可即时作废。作废专用发票须在防伪税控系统中将相应的数据电文按"作废"处理，在纸质专用发票（含未打印的专用发票）各联次上注明"作废"字样，全联次留存。

开具专用发票当月，发生销货退回、开票有误等情形，收到退回的发票联、抵扣联符合作废条件的，按作废处理。

发票作废条件包括：

①收到退回的发票联、抵扣联时间未超过销售方开票当月；

②销售方未抄税（即未在防伪税控系统，进行IC卡或者IC卡和软盘抄取开票数据）并且未记账；

③购买方未认证或者认证结果为"纳税人识别号认证不符"、"专用发票代码、号码认证不符"。

（2）开具红字专用发票

退费不符合发票直接作废条件的，应取得客户当地税务机关出具的《开具红字增值税专用发票通知单》原件，开具红字专用发票，视不同情况分别按以下办法处理：

①因专用发票抵扣联、发票联均无法认证的，或所购货物不属于增值税扣税项目范围且取得的专用发票未经认证的，由购买方填报《开具红字增值税专用发票申请单》，并在申请单上填写具体原因以及相对应蓝字专用发票的信息，主管税务机关审核后出具《开具红字增值税专用发票通知单》。

②因开票有误购买方拒收专用发票的，销售方须在专用发票认证期限内向主管税务机关填报申请单，并在申请单上填写具体原因以及相对应蓝字专用发票的信息，同时提供由购买方出具的写明拒收理由、错误具体项目以及正确内容的书面材料，主管税务机关审核确认后出具通知单。销售方凭通知单开具红字专用发票。

③因开票有误等原因尚未将专用发票交付购买方的，销售方须在开具有误专用发票的次月内向主管税务机关填报申请单，并在申请单上填写具体原因以及相对应蓝字专用发票的信息，同时提供由销售方出具的写明具体理由、错误具体项目以及正确内容的书面材料，主管税务机关审核确认后出具通知单。销售方凭通知单开具红字专用发票。

3.3.4.2 管理体系构建过程

（1）系统规划

①现状调查

"营改增"管理体系的工作人员首先要弄明白构建管理体系或优化管理体系的输入有哪些。可以从以下几个方面来考虑：

☆ 公司目前的管理体系的运行现状，包括管理体系架构、管理制度、执行情况等信息。

☆ "营改增"对公司目前管理体系主要影响在哪些方面，有怎样的影响，影响程度如何，企业是否需要作出应对措施，如果需要应对，应该怎样应对。

☆ 对标分析。调查那些已经执行了"营改增"的行业,例如运输业、制造业，看看有哪些经验我们可以借鉴的，哪些风险是我们需要注意的。

②体系设计

在明确构建管理体系输入之后，接着需要设计管理体系文件。设计管理体系文件的成果为管理体系文件表。管理体系文件表是编制体系文件的重要依据之一。

设计管理体系表应注意以下要求：

☆ 目标明确

"营改增"管理体系表的目的是促进公司更好地应对"营改增"对企业的影响，规范管理，减少"营改增"的涉税风险，提高企业盈利水平，不能脱离企业的实际需要。

☆ 全面成套

"营改增"管理体系表的全面成套是指应围绕着管理体系的目标展开，体现在体系的系统整体性，即体系的子体系及子体系的全面成套和管理文件明细表所列文件的全面成套，为了达成这种全面成套，企业可以利用价值链等模型来系统管理体系表。

☆ 层次恰当

列入管理体系明细表内的每一项管理体系都应安排在恰当的层次上，从一定范围内的若干个管理体系中，提取共性特征并制定成共性属性的文件，然后将此共性文件安排在管理体系内的被提取的若干文件之上，这种提取出来的共性文件构成标准体系中的一个层次。应注意同一管理文件不要同时列入两个以上体系或子体系内，以避免同一管理文件由两个或以上部门重复制修订，也可以做到体系组成的尽量合理简化。

☆ 关注重点环节

"营改增"管理体系的内容重点在"营改增"对企业影响较大的职能领域，比如报价方面、合同管理方面、会计核算方面、报税方面。当然不同的企业由于其经营模式不同、管理模式不同，这种不同导致企业风险产生点不同，各种风险的影响大小不同。不同类型的企业可以参照表3-12来确定构建管理体系的重点内容。

设计"营改增"管理体系的重点　　　　表3-12

企业类型		各环节优化的重要性							备注
经营模式	管理模式	报价管理环节	合同管理环节	项目管理环节	采购环节	发票管理环节	会计核算环节	税务缴纳环节	
总包自营模式/总分包模式	法人管项目	★	★		★	★★	★	★	

续表

企业类型		各环节优化的重要性							备注
经营模式	管理模式	报价管理环节	合同管理环节	项目管理环节	采购环节	发票管理环节	会计核算环节	税务缴纳环节	
总包自营模式/总分包模式	项目经理承包制	★	★	★★★	★★★★★	★★★	★	★	采购环节(主要指采购管理的调整)、项目管理(调整管理费的策略)
	总分公司模式	★	★		★★★	★★	★	★	采购环节(主要指采购方式的调整)、发票管理环节
	母子公司模式	★	★	★★★	★★★	★★	★	★	项目管理环节(母公司签订合同、子公司实施的问题)、采购环节(母公司集中采购问题)、发票管理环节
资质共享模式	项目联营/分公司联营	★	★	★★★	★★★★★	★★★	★	★	采购环节(主要指采购管理的调整)、项目管理(调整管理费的策略)、发票环节

说明：★数量越多表示其优化的重要性越大。

"营改增"管理体系表的设计主要包括两个步骤：第一步设计管理体系；第二步列出管理体系表。

第一步 设计管理体系表

为了保障管理体系表覆盖全面、层次恰当，可以借用一定的模型来设计管理体系表。这里介绍两个"营改增"设计管理体系表的模型。

模型一：税务管理全过程模型

税务管理全过程模型见图3-14。税务管理全过程模型指从税务产生的地点开始，构建到税务管理结束的全过程，通过全过程分析，来设计"营改增"管理体系表。税务管理全过程包括税收产生环节、税收核算环节、税收缴纳环节。为了更好地构建税务管理全过程，保障管理体系的层级性，可以设置税务管理的层级，包括一级过程、二级过程、三级过程，二级过程是一级过程的分解、三级过程是二级过程的分解，从而保证了管理体系的层级性。通过上述的层层分解，根据分解的要素设置管理体系表，从而保证了"营改增"管理体系的全覆盖，内在结构合理。

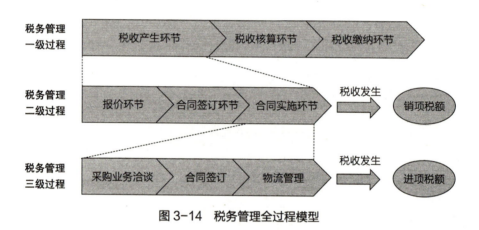

图3-14 税务管理全过程模型

模型二：借用风险管理模型

风险管理模型见图3-15。

把"营改增"对建设施工企业的影响当作风险来管理，是一个较好的办法。当然这里的风险指的是不确定，不一定是损害。利用这个模型，首先应该系统地识别出"营改增"对建设企业会产生哪些风险,从公司的方方面面来识别"营改增"的风险，例如市场影响方面的"营改增"风险、项目实施方面的"营改增"风险，职能管理方面的"营改增"风险，等等。然后对这些识别出来的风险进行分析和

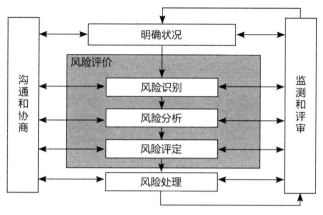

图 3-15　风险管理模型

评定,主要从风险发生概率和风险发生的影响来评定,评定出哪些风险是高风险,哪些风险是低风险,最后根据评估出的风险制定相应的风险控制方案,可参见图 3-16。风险控制主要采取相应的措施,将风险降低到企业可以容忍的程度内。

最后将这些风险控制措施系统化成"营改增"管理体系表。

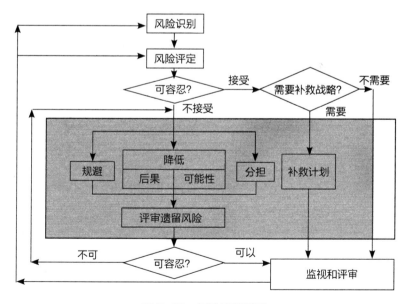

图 3-16　风险控制模型

在设计管理体系时,我们应注意到"营改增"管理文件是企业管理文件的一部分,因此应该将"营改增"管理体系与企业的质量管理体系、安全管理体系等其他管理体系融合,避免"多张皮"的情况。

第二步 列出管理体系表

"营改增"管理体系设计出来后,就可以列出管理体系文件明细表了,其形式见表3-13。

管理文件明细表　　　　　　　　　　表3-13

序号	体系文件代号和编码	文件名称	文件层级	备注

在填写管理文件明细表时,应注意以下几点:

☆ 文件应一一列出,不能几个文件合成一项;

☆ 排列应有序;

☆ 管理体系文件应有层级,建议一级管理文件叫作"规定",二级管理文件叫作"管理办法",三级管理文件叫作"实施细则";

☆ 管理文件名称应填写完整;

☆ 宜用 Excel 表编排,便于建立标准的数据库和今后的统计。

③制定管理文件编制计划

管理体系表列出的管理文件很多,企业应结合实际需求并考虑管理文件的重要性和迫切性提出"营改增"管理文件制定的规划和计划。

(2)文件编制

编制"营改增"管理文件主要程序如下:

①调查研究、收集资料

这些资料包括"营改增"的政策文件、标杆企业的管理文件等,并编制"编制说明"。编制说明应包括以下内容:

☆ 工作简况、主要工作过程、主要起草人及其所做的工作;

☆ 编制原则和主要内容的论据;

☆ 重大分歧意见的处理经过和依据。

②起草管理文件草案

对收集到的资料进行整理、分析、对比、选优,必要时应进行试验对比和验证,然后编写管理文件草案。

③形成管理文件送审稿

将标准草案连同"编制说明"发至企业内有关部门,征求意见,对返回意见分析研究,编写出标准送审稿。

④审查管理文件

采取会审或函审。标明审查重点:

☆ 管理文件送审稿是否符合或达到预定的目的和要求;

☆ 与"营改增"相关法律法规的要求是否一致;

☆ 与已经发布的管理文件是否冲突;

☆ 管理文件的格式是否符合有关规定。

⑤编制管理文件报批稿

经审查通过的文件送审稿,起草单位应根据审查意见修改,编写"文件报批稿"及相关文件"文件编制说明"、"审查会议纪要"、"意见汇总处理表"。

(3) 文件发布

"营改增"的管理文件应由企业的管理体系委员会批准发布,也可以由企业法定代表人或其授权的管理者批准、发布,由企业标准化或行政综合机构编号、公布。

文件发布最好是在一个正式的场合,以某种仪式进行,以便于引起大家的重视。

发布的文件应有合订本和单行本两种形式。合订本一般发到相关领导者和项目经理手中,便于他们掌握全面的情况和要求;单行本一般发到相应文件的执行者手中,因为他们只需了解自己所承担工作的要求。

文件不论以什么形式成文、发布，都是公司的正式文件，发放应当作好记录。

延伸阅读 3-15：某公司管理体系文件发布的通知

关于发布公司管理文件《（管理文件名称）》的通知

各部门：

以下管理体系文件经过公司企业标准管理委员会会议评审，批准为×××管理标准。

批准发布的文件如下：

《（文件名称）》（Q/DB 2-××××-×××），自××××年××月××日起实施。

《（文件名称）》（Q/DB 2-××××-×××），自××××年××月××日起实施。

……

注：本文件为代替文件时，应增加被代替文件"《（文件名称）》（Q/DB 2-××××-×××）同时废止"的内容。

管理体系委员会
××××年××月××日

（4）文件运行与改进

管理体系文件运行与改进过程是一个 PDCA 循环，其中管理文件的培训可以贯穿于运行的全过程，只是在不同的阶段，培训的重点和深度不一样。

P——Plan（计划）阶段和 D——Do（做）阶段，管理文件的执行有个循序渐进的过程，对于新编制的管理文件大家可能对其要求不熟悉、不适应，这就应进行相关的培训。管理体系工作人员要明确，哪些管理文件要让公司的哪些人员了解和掌握，制定好管理文件下发的组织层次和时间表，并做好准备，为不同层次的员工进行相关的管理体系文件的介绍和基础培训。

管理文件的执行是贯穿于"营改增"管理实践中的，管理体系工作人员应采取试点的方式,将管理文件在某一两个项目中进行试点,试点过程中,管理体系工作人员应深入试点过程,总结问题、取得经验后,再全面推开。

C——Check(检查)阶段,"营改增"管理文件执行效果如何,员工反映如何,管理体系工作人员要做好记录,并且对相关情况进行分析,确定现有的和潜在的问题根源,提出处理方案。各层管理人员不仅要在运行过程的全阶段率先垂范,将实施管理文件贯穿在日常管理工作中,也要带领所有员工监督管理文件的实施。监督检查时,应注意全面性,要加强重点和薄弱环节的监督检查,对监督检查过程中发现的问题,要配合专职机构及时分析原因。

A——Action(改进)阶段,管理文件执行过程中要不断地发现问题、总结经验,对存在的问题制定整改措施,保证文件体系更加顺畅、有效地落实,管理体系工作人员要注重做好跟踪及验证工作。

3.4 信息化层面如何应对

3.4.1 "营改增"信息化方案介绍

信息化实施方案架构见图 3-17。

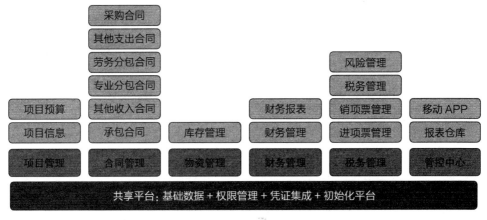

图 3-17 信息化实施方案架构图

建筑企业"营改增"信息化解决方案以资金、税务管理为重点，合同、物资管理为突破口，涵盖了项目管理、合同管理、物资管理、资金管理、税务管理、财务管理以及综合管控中心。方案能帮助建筑企业打造企业级多项目一体化管控平台，支持企业快速部署、轻松应用，帮助企业优化资源配置、提高运营效率、降低整体运营成本，协助企业从容应对建筑业"营改增"税制改革，提升企业核心竞争力。

3.4.2 "营改增"信息化方案的作用

（1）企业管控能力的提升、制度执行力的提高

"营改增"后增值税影响企业税负高低中非常重要的一项内容就是进项税额抵扣。按国家"营改增"实施办法中的规定"建筑服务发生地主管税务机关预缴、向机构所在地主管税务机关申报缴纳"。总公司进行进项税额的认证抵扣，进项税额抵扣要求法人单位对分公司和项目部的分包、租赁、采购等支出类合同，计量结算及出入库等物流信息，增值税专用发票，针对分包商、供应商的应收应付及资金支付信息进行集中管理，这就需要总部提升对下属分公司和项目部的管理能力。但由于建筑企业总部、项目部异地经营、产值规模引起的涉税数据量大、项目部实际经营过程中与总部的权责关系复杂等因素，使得传统的手工管理或者基于制造业设计的传统管理信息系统都无法有效应对，因此需要基于工程项目为主线设计的采用"互联网＋"技术的管理信息化来帮助企业应对"营改增"。

（2）合同、入库单、发票、资金相关信息的及时传递和共享

建筑业市场准入制度是对进入建筑市场提供产品和服务的主体资格进行限制和管理的制度。资质持有者一般是公司总部，工程投标也是以资质持有者的名义进行的，承包合同也是以公司总部名义签订，但实际执行者却是分公司或者项目部。"营改增"后要符合增值税稽查四流合一的要求，同时不违反《建筑法》第二十八条禁止违法转包或分包的规定，只能采用法人集中管理模式，税务和财务

管理全部集中在持有资质的法人单位。

增值税税务稽查、合同流、货物流、发票流、资金流合一，相应数据之间的关联性很强，单财务部门无法处理，需要项目部、分公司及其他职能部门之间协同处理。

涉及增值税管理的数据，包括合同、货物、发票、资金等信息，信息数据量大，采用传统手工管理将是一个无法处理的问题。

建筑企业异地经营的特点，增值税管控涉及的很多数据都在项目部或分公司，意味着涉税信息地域分散、存在空间上的距离，涉税信息按纳税人集中难度大，需要基于互联网和信息化解决此问题。

增值税按月申报，相对于企业所得税"按季预缴、按年汇算清缴"时效性将更强。涉税信息特别是进项发票信息的采集及"四流合一"验证的时效性要求大大提高，需要互联网及信息化提高管理效率。

（3）加强建筑企业"虚开虚抵"风险控制，确保四流合一

"营改增"将使建筑企业经营管理风险的重点产生重大的变化，建筑企业因为其经营模式和管控能力将使其面临非常大的增值税发票"虚开虚抵"风险。

首先，增值税是否存在虚开虚抵，稽查依据是"合同流、货物流、发票流、资金流"四流合一。对于企业来讲，未来税务风险控制主要是建立基于"四流合一"风险控制系统。以工程项目管理为主线，至少具备收入类合同、支出类合同、计量结算、物资出入库、增值税发票、项目应收应付等相应功能，基于互联网技术，及时把项目部、分公司的相关业务数据采集到数据库中，建立相应的匹配关系，将符合"四流合一"的增值税专用发票纳入增值税税务管理进行抵扣，对不符合的发票建立预警机制进行风险预控，防止"虚开虚抵"，减少企业经营风险。

其次，鉴于税务管理部门有可能利用工程项目预算、决算数据，测算工程的材料耗用量，以测算的材料耗用量和实际企业抵扣的进项发票材料数量进行对比

扫描，如超过测算数量就可能对形成的"虚开虚抵"稽查疑点进行稽查。为了提前防止税务稽查风险，同时也防止舞弊行为而产生税务风险，企业应该建立税务风险内部稽查扫描系统，基于投标预算或者最终决算，由系统自动测算材料计划耗用量，并同实际合同发生数、发票发生数进行动态扫描比对，智能扫描，发现稽核风险并自动风险预警。

（4）精确区分进项转出与抵扣、新老项目、简易计税与一般计税

项目注册时就明确新老项目、简易计税与一般计税；根据设置自动区分进项转出与抵扣。

（5）提高企业税务筹划与纳税申报能力

建立增值税进项抵扣凭证管理系统，规范增值税纳税管理，防止增值税专用发票使用时舞弊行为的发生。增值税发票不同于普通的发票，其开具、保管、缴销和认证都有严格的规定。由于建筑施工企业点多面广的特点，对发票的电子化保管和传递显得尤为重要，通过信息化可以防止发票保管不善或在传递过程中出现丢失、毁损现象，避免因此给企业带来的严重的损失。

采用互联网云平台技术和OCR扫描识别技术相结合的方式进行发票管理系统的建设，非常适用于建筑企业的发票管理，可以针对性地满足"营改增"后建筑企业发票异地采集、多点管理、远距离信息传递、及时信息交换的需要。而且可以大大节约建企的管理成本和人员工作强度，有利于管控方案的推广，减少管控系统推行阻力。发票信息化管理系统建设主要包括以下几个方面：

①通过扫描仪扫描、高拍仪和手机拍照方式采集发票，并由系统自动进行发票真实性检查。

②通过OCR识别技术自动对采集的发票数据进行识别，代替手工完成发票录入。

③识别后的发票电子数据与合同、入库匹配核对完成三流合一。

④税务风险预警机制进行异常风险辨析，形成预警。

⑤发票数据业税财一体生成财务凭证,完成核算。

⑥发票信息与税务免认证抵扣平台进行集成完成抵扣。

(6)构建企业财税共享中心、建设企业虚拟税务局

"营改增"后,建筑企业作为一个增值税纳税主体进行汇总申报。对于建筑企业特别是产值规模较大而且经营上主要以资质共享、项目经理承包经营机制为主的施工总承包企业,其在企业税务管理中更要体现增值税分级管理、分级统筹的管理特色,建筑企业根据其经营特点,多存在总部、分公司、区域、项目部等多级管理,而这几级管理机构存在比较复杂的权利义务关系,管理考核也多是基于承包人或者项目经理进行的。而"营改增"后企业应充分掌握每个项目的销项和进项,核算清楚每个项目的实际税负,充分考虑"单项目税负核算"。企业总部也需要根据自身的多级管理,分层级建立增值税税负核算,包括销项、进项、承包人和项目经理内部统筹、内部留存备抵、预缴税金、内部实缴、内部欠缴等多级虚拟纳税主体的税务账本,算清楚不同利益主体的实际税负情况,从而在理清内部税负关系的前提下有效发挥企业增值税统筹收益,实现总承包企业资金流出最优化及相应资金收益。

(7)提升供应商及采购价格管理能力

"营改增"后,供应商身份直接决定物资设备进项税额抵扣情况,通过信息化建立全企业共享的统一供应商管理体系,为"营改增"后供应商选择提供参考。通过供应商的入库管控和后续评审,防范因供应商原因带来的恶意虚开或善意虚开等税收风险。

在上游供应商信誉、货物质量相同的情况下,运用现金流入最大化模型,综合判断选择对企业最有利的采购价格。

(8)完善增值税"价税分离"架构

营业税属于价内税,根据发票金额全额入成本,故在实际信息化管理中只需要体现数量、含税单价、金额三个要素,对应成本和应付账款。增值税属于价外税,在实际信息化管理中要价税分离,需要体现数量、不含税单价、税率、

不含税金额、税额、价税合计等要素，这些要素对应不同含义：不含税金额对应成本、税额对应进项税额、价税合计对应应付账款。故信息系统建设需基于增值税架构，并且业务管理和财务管理需要同时支持价税分离，如合同、物资、成本等应用要实现价税分离管理，否则就会出现因业务与财务不能匹配导致数据混乱的问题。

（9）提高项目税负预测与跟踪分析能力

根据企业管理基础以及项目预测税负情况，在项目实施过程中快速汇算实际税务，提高分析与调整能力，降低风险。

（10）构建业务税务一体化协同管理平台

"营改增"后，建筑企业在工程决算完毕且工程决算价款全部收到前，很有可能出现财务部门收入的确认时间和计量金额，与工程款收到的时间和金额及增值税销项税额的时间和金额的明显差异。加强业务部门与财务部门的一体化协同，减少财务营业收入与验工计价的差异，掌握合适的纳税时点，关系到企业资金是否提前流出，流出多少的问题。

"营改增"后，企业缴纳增值税的多少，与可抵扣进项税额的多少有密切关系，而且可抵扣进项税额与项目成本之间存在配比关系，企业本期入账的项目成本相关数据如物资出入库、分包结算等要与可抵扣进项税额存在合理的配比。这就要求实际财务入账数据能与合同管理、物资管理等主要成本业务系统数据保持一致，防止两者差异太大导致稽查风险。

财务部门与业务部门的信息应通过一个平台进行有效协同，核算数据直接来自于业务和税务管理系统，防止数据不一致导致税务稽查风险发生。

3.4.3 "营改增"信息化方案的内容

（1）信息管理

信息化实现业务解决方案将项目预算、销项管理、项目管理、发票信息采集、发票审核等多个环节集成在一起，使各抵扣环节的链条更清晰，便于企业实现税务管理和税务风险预警，提高税务管理的工作效率，具体流程见图 3-18。

图 3-18　项目信息解决方案流程图

一般由经营部负责项目信息的维护，在进行项目信息维护时需要根据项目的实际情况选择合适的征收方式，分为简易征收和一般征收，见图 3-19。

老项目选择简易征收、新项目选择一般征收，同时项目信息与发票管理实现了业务关联，简易征收发票可以转出，一般征收可以抵扣；简易征收发票不能认证；实现发票区分，避免先认证再转出不能抵扣的发票。

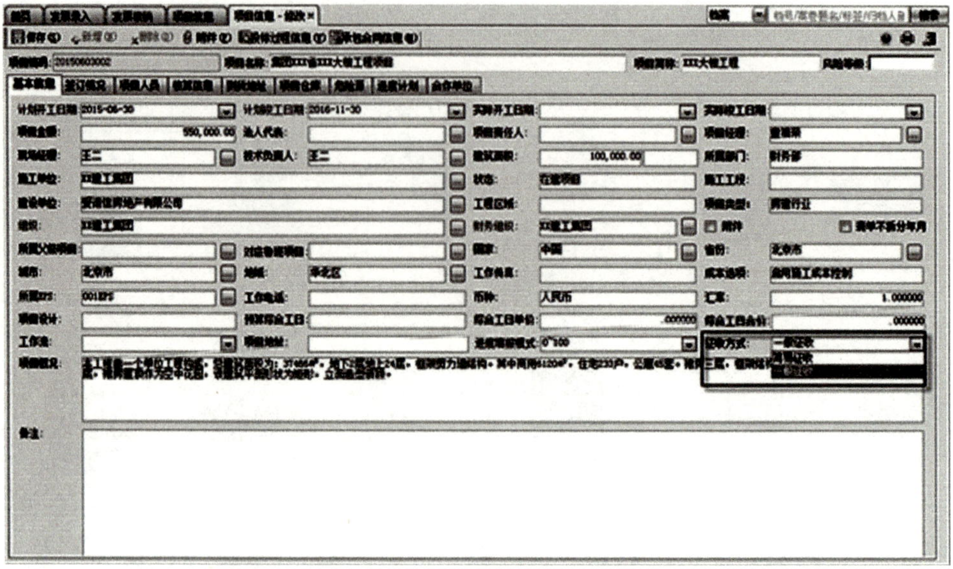

◇ 建筑企业如何应对"营改增"

图 3-19　项目信息维护

（2）合同管理

①承包合同管理

合同管理作为项目管理的重要环节，影响着进度、成本、质量等。承包合同管理方案主要包括合同管理、发票管理和查询分析三个模块。其中合同管理中的开票申请环节是合同管理和发票管理模块连接的纽带，发票管理模块所提供的销项发票台账是进销税抵扣的重要依据。具体内容见图 3-20。

②劳务分包合同管理

劳务分包合同管理包括预算、执行、发票税务和报表四个模块。"营改增"对成本预算体系带来了一定的影响，企业应当对此做出积极的响应，及时制订适应"营改增"条件下的预算体系，同时要加强对发票税务模块的管控，降低税务风险。认真分析报表，及时掌握合同付款情况、采购进度等。劳务分包合同管理方案见图 3-21。

3 建筑企业如何应对"营改增"

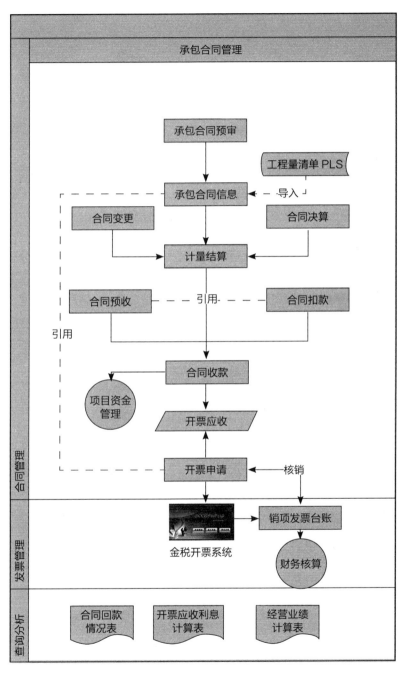

图 3-20 承包合同管理

◇ 建筑企业如何应对"营改增"

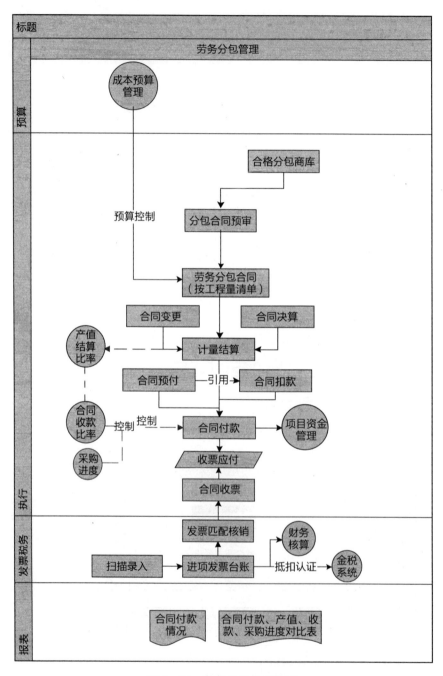

图 3-21 劳务分包合同管理

3 建筑企业如何应对"营改增"

（3）入库管理

物资管理主要包括采购管理、库存管理、发票管理和分析报表四大模块。"营改增"后企业在采购模式、供应商管理、采购招标比价等方面都要做好相应的分析和应对策略，尤其要重视收票登记环节，因为这关系到企业进销项税费的抵扣。具体方案见图3-22。

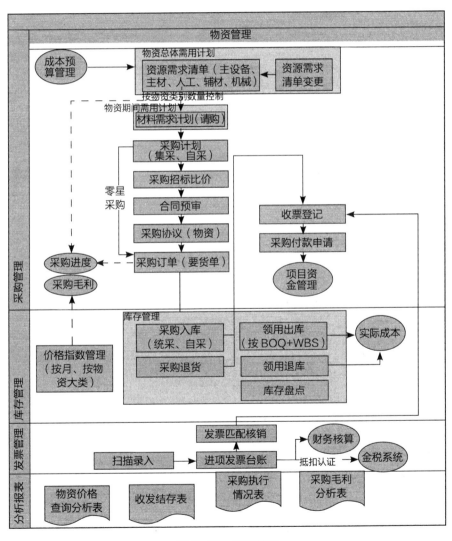

图3-22　物资管理

（4）发票管理

通过手机、扫描仪等设备实现增值税发票、销货清单的电子化，并导入信息化管理系统中（图3-23），实现票据的集中管控，提升税票的统筹能力，同时提高增值税发票的处理效率，节约税务管理成本，降低税控风险。

图3-23 智能信息采集

（5）资金管理

建筑企业在实施项目管理过程中，发生频率最高的业务是资金的进出，包括项目合同收入、项目外其他收入、材料的付款等。资金管理解决方案主要是对企业收入、支出以及资金内部流动等环节进行梳理，确保企业管理者对资金实现精细化管理。具体方案见图3-24。

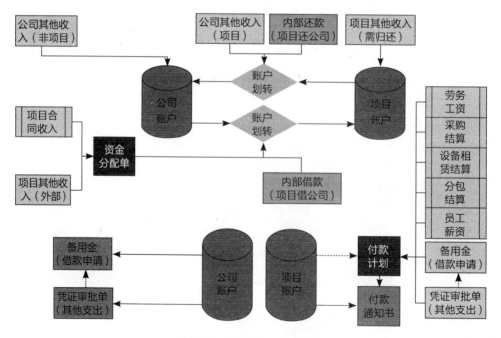

图3-24 资金管理解决方案

（6）税务管理

税务管理主要实现税务筹划、税金管理、税务预警和税务分析（图3-25）。通过对事前、事中、事后涉税事项精细化过程管控，降低税收风险。借助信息化管理系统，提升税务管理的工作效率。

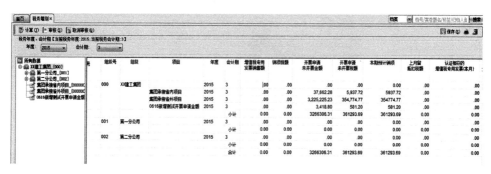

（a）

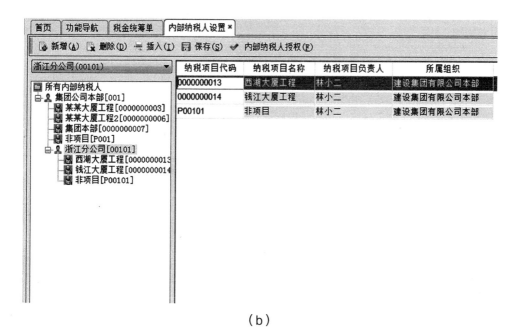

（b）

图3-25 税务管理解决方案（一）

◇ 建筑企业如何应对"营改增"

进项发票来源项目	预计发生额	适用税率(%)	增值税进项税额	备注
1. 成本费用类支出	60,000.00	.00	10,200.00	
1.1 外购材料支出	60,000.00	.00	10,200.00	
1.1.1 适用税率17%部分	60,000.00	17.00	10,200.00	
1.1.2 适用税率13%部分	.00	.00	.00	
1.1.3 适用税率6%部分	.00	.00	.00	
1.1.4 适用3%征收率部分	.00	.00	.00	
1.1.5 适用免税政策的部分	.00	.00	.00	
1.2 分包支出	.00	.00	.00	
1.2.1 工程分包支出	.00	.00	.00	
1.2.2 劳务分包支出	.00	.00	.00	
1.2.3 工程分包支出中涉及的混合销售	.00	.00	.00	
1.3 外购燃料支出	.00	.00	.00	
1.3.1 适用税率17%部分	.00	.00	.00	
1.3.2 适用税率13%部分	.00	.00	.00	
1.4 加工、修理、修配劳务支出	.00	.00	.00	
1.4.1 适用税率17%部分	.00	.00	.00	

（c）

图 3-25 税务管理解决方案（二）

（7）移动 APP

移动 APP 的应用，使业务处理可随时随地进行，提高了工作效率，而且便于电子信息的留存，应用示例见图 3-26。

3 建筑企业如何应对"营改增"

图 3-26　移动 APP 应用示例

04

相关岗位人员如何操作

- 4.1 经营岗位
- 4.2 采购与分包岗位
- 4.3 工程/项目管理岗位
- 4.4 法务合约管理岗位
- 4.5 税务管理岗
- 4.6 财会岗位
- 4.7 其他职能部门

"营改增"后,建筑企业内部相关部门、岗位和人员的工作职责、工作方法需要作出相应调整,相关岗位对人员在知识、技能等方面的要求也会随之发生变化。本章从部门、岗位和人员的角度,分析"营改增"给建筑企业带来的影响以及相关岗位人员应如何应对。

其中,所涉及主要部门和岗位包括经营岗位、采购与分包岗位、税务管理岗位、财会岗位、法务合约管理岗位、采购岗位、物资设备管理岗位、分包管理岗位,以及人力资源部、企业管理部、信息化管理部门。

4.1 经营岗位

4.1.1 投标报价管理

"营改增"后,经营岗位人员首先应该做好报价调整工作。

营业税与增值税计算应纳税金的基础不同。营业税应纳税金的计算以营业额(工程造价)为基础,现行计价规则的营业额包括增值税进项税额。增值税税制要求进项税额不进成本,不是销售额(税前造价)的组成部分,销项税额计算基础是不含进项税额的"税前造价"。而现行工程计价规则中"税前造价"已包括增值税进项税额,不是计算销项税额的基础。

根据增值税税制要求,采用"价税分离"的原则,调整现行建设工程计价规则。即将营业税下建筑安装工程税前造价各项费用包含可抵扣增值税进项税额的"含增值税税金"计算的计价规则,调整为税前造价各项费用不包含可抵扣增值税进项税额的"不含增值税税金"的计算规则。调整的内容包括:要素价格;费用定额;指标指数。

(1)要素价格

①人工单价

人工单价的组成内容是工资,一般没有进项税额,不需要调整。

②材料价格

材料价格组成内容包括材料原价、运杂费、运输损耗费、采购及保管费等,

材料单价 =[（材料原价 + 运杂费）×〔1+ 运输损耗率（%）〕]×[1+ 采购保管费率（%）]。材料单价各项组成调整方法见表 4-1。

材料单价调整方法及适用税率　　　　　　表 4-1

序号	材料单价组成内容	调整方法及适用税率
1	"两票制"材料	材料原价、运杂费及运输损耗费按以下方法分别扣减
1.1	材料原价	以购进货物适用的税率(17%、13%)或征收率(3%)扣减
1.2	运杂费	以接受交通运输业服务适用税率 11% 扣减
1.3	运输损耗费	运输过程所发生损耗增加费，以运输损耗率计算，随材料原价和运杂费扣减而扣减
2	"一票制"材料	材料原价和运杂费、运输损耗费按以下方法分别扣减
2.1	材料原价 + 运杂费	以购进货物适用的税率(17%、13%)或征收率(3%)扣减
2.2	运输损耗费	运输过程所发生损耗增加费，以运输损耗率计算，随材料原价和运杂费扣减而扣减
3	采购及保管费	主要包括材料的采购、供应和保管部门工作人员工资、办公费、差旅交通费、固定资产使用费、工具用具使用费及材料仓库存储损耗费等。以费用水平（发生额）"营改增"前后无变化为前提，参照本方案现行企业管理费调整分析测定可扣除费用比例和扣减系数调整采购及保管费，调整后费率一般适当调增

表中："两票制"材料，指材料供应商就收取的货物销售价款和运杂费向建筑业企业分别提供货物销售和交通运输两张发票的材料；"一票制"的材料，指材料供应商就收取的货物销售价款和运杂费合计金额向建筑业企业仅提供一张货物销售发票的材料。

③施工机具价格

施工机具包括施工机械和仪器仪表。施工机械台班单价 = 台班折旧费 + 台班大修费 + 台班经常修理费 + 台班安拆费及场外运费 + 台班人工费 + 台班燃料动力费 + 台班车船税费；仪器仪表单价 = 工程使用的仪器仪表摊销费 + 维修费。施工机具台班单价的具体调整方法见表 4-2。

施工机具台班单价调整方法及适用税率　　　　表4-2

序号	施工机具台班单价	调整方法及适用税率
1	机械台班单价	各组成内容按以下方法分别扣减,扣减平均税率小于租赁有形动产适用税率17%
1.1	台班折旧费	以购进货物适用的税率17%扣减
1.2	台班大修费	以接受修理修配劳务适用的税率17%扣减
1.3	台班经常修理费	考虑部分外修和购买零配件费用,以接受修理修配劳务和购进货物适用的税率17%扣减
1.4	台班安拆费	按自行安拆考虑,一般不予扣减
1.5	台班场外运输费	以接受交通运输业服务适用税率11%扣减
1.6	台班人工费	组成内容为工资总额,不予扣减
1.7	台班燃料动力费	以购进货物适用的相应税率或征收率扣减,其中自来水税率13%或征收率3%,县级及县级以下小型水力发电单位生产的电力征收率3%,其他燃料动力的适用税率一般为17%

注:调整公式同材料价格的调整

④其他

定额中以金额"元"表示的其他材料费(或零星材料费)、小型机具使用费(或其他机具使用费),应以增值税适用税率扣减其进项税额;以百分比"%"表示的,鉴于其扣除率与计算基础——材料费、施工机具使用基本相当,一般不作调整。

(2)费用定额

①企业管理费

企业管理费包括14项。其中办公费、固定资产使用费、工具用具使用费、检验试验费4项内容所包含的进项税额应予扣除,其他项内容不作调整。管理费中可扣减费用内容见表4-3。

企业管理费调整方法及适用税率　　　　　　　表4-3

序号	可扣减费用内容	调整方法及适用税率
1	办公费：是指企业管理办公用的文具、纸张、账表、印刷、邮电、书报、办公软件、现场监控、会议、水电、烧水和集体取暖降温（包括现场临时宿舍取暖降温）等费用	以购进货物适用的相应税率扣减，其中购进图书、报纸、杂志适用的税率13%，接受邮政和基础电信服务适用税率11%，接受增值电信服务适用的税率6%，其他一般为17%
2	固定资产使用费：是指管理和试验部门及附属生产单位使用的属于固定资产的房屋、设备、仪器等的折旧、大修、维修或租赁费	除房屋的折旧、大修、维修或租赁费不予扣减外，设备、仪器的折旧、大修、维修或租赁费以购进货物或接受修理修配劳务和租赁有形动产服务适用的税率扣减，均为17%
3	工具用具使用费：是指企业施工生产和管理使用的不属于固定资产的工具、器具、家具、交通工具和检验、试验、测绘、消防用具等的购置、维修和摊销费	以购进货物或接受修理修配劳务适用的税率扣减，均为17%
4	检验试验费	以接受试点"营改增"的部分现代服务业适用的税率6%扣减

②利润及规费

规费和利润均不包含进项税额。

③措施费

安全文明施工费、夜间施工增加费、二次搬运费、冬雨期施工增加费、已完工程及设备保护费等措施费，应在分析各措施费的组成内容的基础上，参照现行企业管理费费率的调整方法调整。

（3）指标指数

①指标

工程造价指标中消耗量指标不需要调整。人工费、规费、利润等不含进项税额的费用指标也不调整。材料费、施工机具使用费、企业管理费、税金等费用指标"营改增"前后将产生较大变化，指标不具备纵向可比性。营业税下的指标不作调整，"营改增"后发布的指标按调整后的发布。

②指数

指数均以报告期价格除以基期价格计算。"营改增"后,基期价格与报告期价格调整同口径,基期价格扣除进项税。

延伸阅读 4-1:某企业梳理出的进项税额抵扣明细表

某企业梳理出的进项税额抵扣明细表　　　　表 4-4

成本费用项目明细	取得发票类型	是否可以抵扣	抵扣率	备注
一、建筑用材料物资				
1. 管材、线材				
1.1 桥梁、支座、锚杆、锚具	专用发票	是	17%	
1.2 机制砖、井盖、污水管、螺旋管、铸铁管、彩砖、栏杆、路缘石	专用发票	是	17%	
1.3 伸缩缝、钢管、钢绞线、波纹管、钢纤维、挤压套	专用发票	是	17%	
1.4 铸铁管道、钢管、阀门	专用发票	是	17%	
1.5 给水排水设备、消防设施	专用发票	是	17%	
1.6 小型机具、电料、五金材料	专用发票	是	17%	
1.7 空调、电梯、电气设备	专用发票	是	17%	
1.8 电气开关、电线电缆、照明设备	专用发票	是	17%	
2. 木材及竹木制品				
2.1 原木和原竹(农业生产者自产)	农产品收购发票或销售发票	是	13%	
2.2 原木和原竹(供应商外购的)	专用发票	是	13%	
2.3 板材及竹木制品(方木、木板、竹胶板、木胶板等)	专用发票	是	17%	
3. 混凝土				
3.1 一般商品混凝土	专用发票	是	17%	

续表

成本费用项目明细	取得发票类型	是否可以抵扣	抵扣率	备注
3.2 以水泥为原料生产的水泥混凝土（供应商采用简易征收）	专用发票	是	3%	
3.3 以水泥为原料生产的水泥混凝土（供应商采用一般征收）	专用发票	是	17%	
3.4 水泥	专用发票	是	17%	
3.5 沥青	专用发票	是	17%	
4. 砂、土、石料				
4.1 砂、土、石料（供应商采用简易征收）	专用发票	是	3%	
4.2 砂、土、石料（供应商采用一般处理）	专用发票	是	17%	
5. 砖、瓦、石灰				
5.1 砖、瓦、石灰［供应商以其采掘的砂、土、石料或其他矿物连续生产的砖、瓦、石灰（不含黏土实心砖、瓦），且供应商采用简易征收］	专用发票	是	3%	
5.2 砖、瓦、石灰（除5.1外）	专用发票	是	17%	
5.3 瓷砖、大理石、火烧石、水泥预制件	专用发票	是	17%	
6. 其他				
6.1 火工产品	专用发票	是	17%	
6.2 玻璃幕墙、铝塑板、外墙装饰材料	专用发票	是	17%	
6.3 木门、防盗门、防火门、防盗网、塑钢窗等	专用发票	是	17%	
6.4 卫生间洁具、食堂用具	专用发票	是	17%	
6.5 PVC 管材、塑料管材、塑料板材	专用发票	是	17%	
6.6 压浆剂、灌浆料、粉煤灰、减水剂、速凝剂、石粉	专用发票	是	17%	
6.7 电费（一般企业）	专用发票	是	17%	
6.8 电费（县级及县级以下小型水力发电单位生产的电力，且供应商采用简易征收）	专用发票	是	3%	

4 相关岗位人员如何操作

续表

成本费用项目明细	取得发票类型	是否可以抵扣	抵扣率	备注
6.9 电费（县级及县级以下小型水力发电单位生产的电力，且供应商采用一般处理）	专用发票	是	17%	
6.10 水费（供应商采用简易征收）	专用发票	是	3%	
6.11 水费（供应商采用一般处理）	专用发票	是	13%	
6.12 安全生产用品	专用发票	是	17%	
7. 材料运费	货物运输业专用发票	是	11%	
8. 材料加工费	专用发票	是	17%	
9. 周转材料租赁费（钢管、扣件、模板、钢模等）	专用发票	是	17%	
二、机械设备及相关费用				
1. 外购机械设备（包括吊车、挖掘机、装载机、塔吊、扶墙电梯、运输车辆等）	专用发票	是	17%	
2. 外租机械设备（只租设备，且出租方为租赁公司）	专用发票	是	17%	
3. 外租设备（只租设备，且出租方为个人）		否		
4. 外租机械设备（租设备＋操作人员，且出租方为租赁公司）	专用发票	是	11%	
5. 外租机械设备（租设备＋操作人员，且出租方为个人）		否		
6. 燃料（汽油、柴油）	专用发票	是	17%	
7. 设备维修费	专用发票	是	17%	
三、分包成本				
1. 专业分包	专用发票	是	11%	
2. 劳务分包（分包方为有建筑业劳务资质的公司）	专用发票	是	11%	
3. 劳务分包（分包方为没有建筑劳务资质的公司）		否		

续表

成本费用项目明细	取得发票类型	是否可以抵扣	抵扣率	备注
4. 劳务分包（分包方为工程队或个人）		否		
5. 劳务派遣费用	专用发票	是	6%	
6. 协作队伍劳务费	专用发票	是	6%	
7. 零星用工		否		
四、其他费用				
1. 检验试验费	专用发票	是	6%	
2. 二次搬运费	货物运输业专用发票	是	6%	
3. 采购活动板房	专用发票	是	17%	
4. 采购拌合站	专用发票	是	17%	
5. 场地租赁费	专用发票	是	11%	
6. 场地清理费	专用发票	是	11%	
7. 租赁活动板房	专用发票	是	17%	

4.1.2 营销合同管理

（1）合同范本管理

经营人员应在法务合约人员的组织下，参与工程营销合同范本的修订工作。经营人员参与合同范本管理工作，可以起到以下作用：

☆ 提供公司客户的类型、特点等资料与信息。

☆ 提供在增值税下，与客户交易中容易出现的风险及其影响程度等信息。

☆ 参与合同范本的修订与审批工作，特别应该对合同中的结算方式、结算时间、发票类型、资金支付等信息给予重点关注。

（2）合同签订管理

经营岗位人员签订合同时，应该考虑影响增值税的因素：

①甲供工程的商谈

若建筑企业选择一般计税方法,则需按 11% 的税率缴纳增值税,同时可以进行进项税额抵扣;若选择简易计税方法,则需按 3% 的征收率缴纳增值税,不可以进行进项税额抵扣。两种计税方法的对比见表 4-5。

建筑企业选择一般计税方法和简易计税方法时的税负对比　　表 4-5

	收入(不含税价)	成本	销项税	进项税
一般计税方法	A	实际支付的成本费用 $-C$	$A\times 11\%$	C
简易计税方法	B	实际支付的成本费用	$B\times 3\%$	—

税务管理岗位人员可根据上表计算不同选择下企业的收入和成本,再将企业所得税和城建税、教育费等企业附加税费纳入考虑后,即可作出权衡。此外,为达到知己知彼,通过了解甲方的情况以便在与甲方谈判、博弈时有所准备,还需计算建筑企业的不同选择对甲方的影响,见表 4-6。

建筑企业不同选择下甲方所受影响对比　　表 4-6

	甲方向建筑企业付款额	甲方计入成本额	甲方获得进项税
建筑企业选择一般计税方法	$A+A\times 11\%$	A	$A\times 11\%$
建筑企业选择简易计税方法	$B+B\times 3\%$	B	$B\times 3\%$

根据上表可知,在不含税合同总价一定的情况下($A=B$ 时),建筑企业选择计税方法对甲方成本没有影响,但在选择一般计税方法时,会使甲方先期支付款额较大,对甲方现金流造成一定负面影响。而在含税合同总价一定的情况下($A+A\times 11\%=B+B\times 3\%$),建筑企业选择简易计税方法会显著降低甲方可获得的进项税,增加甲方成本,势必会遭到甲方的强烈反对,要求建筑企业选择一般计税方法或降低合同价。

综上，建筑企业选择何种计税方法是一个与甲方博弈的动态过程，税务管理岗位员工应保持与经营人员的时时有效沟通，根据实际情况选择对企业有利的计税方法。

②EPC 等混合业务合同商谈

目前税务的法律法规对 EPC 等混合业务合同怎么交税尚不清楚，比如之前的一个 EPC 合同，可能面临按最高税率17%（采购物资增值税率）缴纳增值税的风险。因此，经营人员应该与税务人员到税务机关进行相关的沟通后，再与业主商谈怎样签订这类合同，避免税负增加。

③结算价格是否是含税价格

增值税下合同不注明税的价格就是不含税价格，这点与营业税下合同价格不同，在签订合同时，应做好与客户的沟通工作，并落实到合同条款中去。

④结算、付款时间与发票的管理

在合同中应明确在收到对方开具的增值税发票后再付款。

（3）合同执行记录管理

经营人员应保管好物资采购合同及分包合同，并保管好合同执行过程中的结算、资金支付和发票等记录，便于内部核查以及税务机关稽查。

4.1.3 履约管理

在营销合同履约中，经营人员需要做好工程款的催收与发票管理工作，或支持项目部做好工程款与发票的管理工作。这里需要注意两点：

（1）处理好工程结算、发票开具和回款的时间点

若工程结算书中未标明收款时间，则增值税纳税义务发生时间为工程结算书签订之日，企业将面临未收款即需缴税的风险；若工程结算书中标明了未来收款时间，则增值税纳税义务时间为工程结算书中所标明的时间。因此，在工程结算书中应明确规定收款时间。

此外，经营人员需要做好发票开具与回款时间的一致，避免当期多缴纳增值税，加重企业现金流负担。

（2）做好发票的核对与传递工作

经营人员收到业主开具的增值税发票后，第一时间应该核对发票的信息与合同上的信息是否一致，并及时传递给税务或财务人员。

4.1.4 其他要求

（1）需要补充的知识和技能

①了解的知识和技能

☆ "营改增"的历程；

☆ "营改增"的意义；

☆ "营改增"对建筑行业及下游的影响；

☆ "营改增"对建筑企业的影响；

☆ 增值税的概念及涉税原理；

☆ 虚开虚收增值税专用发票的法律风险、预防原理及处理措施；

☆ 增值税的抵扣凭证。

②掌握的知识和技能

☆ 工程各类成本的增值税税率以及对工程造价影响；

☆ 甲供工程的认定标准、对企业税负的影响和处理措施；

☆ EPC 等特殊形态的业务对企业税负的影响及处理措施。

（2）加强工作联系和沟通

经营人员应就"营改增"事项加强与税务管理岗位、法务合约管理岗位人员的合作交流，交流的主要内容包括经营过程中涉及的税务筹划和风险规避，以达到合理控制成本、降低税负、规避风险的目的。

另外，经营人员应加强同业主的沟通，争取获取业主的理解，使得双方获得一个公平的税负负担。

4.2 采购与分包岗位

4.2.1 采购与分包战略管理

采购与分包的战略管理主要指采购与分包策略的调整，例如原来是分散采购的现在变为集中采购，原来是集中采购的现在变成分散采购。

（1）集中采购与分包管理模式的改变

在跨法人进行集中采购时，如集团母公司对其分子公司采取集中采购的管理模式，应采取"统谈分签"的管理模式，即在母公司进行统一采购招标后，由下属子公司分别与供应商签署采购合同。否则，如由母公司与供应商签署合同，在向子公司调拨时需视为销售处理，需由母公司向子公司开具增值税专用发票，加大了企业的管理成本，同时，由于集团内各机构间增值税缴纳和抵扣时间不一，企业整体的资金情况将受到负面影响。

（2）采购与分包的集中管理

"营改增"后，一个较好策略是采购与分包的集中管理。集中管理的要点就是采购及分包的相关信息都集中到公司总部，便于公司掌握，有利于控制税负风险，提高增值税管理效率。采购与分包的集中管理在不同企业管理的内容也不同，对于一级法人单位的企业，重点是采购与分包供应商信息的集中管理、合同谈判的集中管理、采购与分包信息的集中管理，发票的集中管理、支付的集中管理；对于多级法人单位的企业，重点是采购与分包供应商信息的集中管理、合同谈判的集中管理、采购与分包信息的集中管理。

4.2.2 供应商、分包商管理

为帮助企业顺利应对"营改增"，采购与分包管理岗位员工应对原有供应商、分包商资源库进行重新梳理，分析"营改增"对各类供应商、分包商的影响，重点关注其纳税人的身份，并在梳理的基础上完善合格供应商、分包商资源库。

合格供应商、分包商梳理与完善的方法和步骤如下：

（1）盘点资源库中的供应商、分包商

建筑企业的供应商、分包商种类繁多，有钢筋、水泥等大宗主材的供应商，有提供沙石等地材的供应商，有商用混凝土供应商，有周转材料与小型机具供应商，有专业工程分包商，还有劳务分包供应商，还有提供企业固定资产的供应商、提供企业低耗品的供应商，还有提供审计、咨询服务的供应商，甚至有些企业还有设计分包商。因此应分门别类地梳理、盘点供应商与分包商。可以是按照采购的货物或者服务来分类，表4-7是建筑企业采购的一般类型。

建筑施工企业采购分类　　　　　　　　　　　　　　　　　表4-7

项目采购	购买	建筑材料	主材的采购	各种建筑材料可以按 ABC 分类法分为三类：以房建为例 A 类材料为钢材、商用混凝土等，量大，价值也较高； B 类材料为地材和水电安装管材、线材等，特点是或量大而价值相对较低，或价值较高但量相对较少； C 类为小五金、化杂等零星材料
			辅材的采购	
			零星材料采购	
			半成品的采购	即预制构件，钢结构工程的钢构件等，有时也将其归入 A 类材料
		施工设备	大型设备采购	一般由公司采购，对项目部下拨或租赁使用
			中小型设备采购	大多由公司采购，对项目部下拨或租赁使用
			小型工具采购	有时可将这部分费用纳入劳务分包费用，即所谓"扩大的劳务分包"
		周转材料	钢管、扣件	这部分绝对不可纳入"扩大的劳务分包"，但可以使用专业的脚手架劳务公司
			木枋、模板	这部分可以纳入"扩大的劳务分包"
			跳板	
		办公用品	固定资产采购	例如，复印机、照相机、电脑等
			低值易耗品采购	如纸张、文具等
		其他	安全防护用品	包括安全帽、安全网、灭火器等
			生活用品	工地食堂的炊具和米、面、油、蔬菜等、饮用水、招待水果等

续表

租赁	施工设备	单纯的租赁		内部租赁：或公司组建设备公司，集中全公司大型设备向项目部提供租赁服务；或公司各下属单位之间相互租赁，互通有无
				外部租赁：向公司之外的企业租赁
		融资租赁		
	周转材料	内部租赁		公司组建周转材料公司，向项目部提供钢管扣件的租赁服务
		外部租赁		向公司之外的专业公司租赁，或向其他建筑公司租赁
	办公用房	固定民房		
		可拆卸板房		
项目采购	外包	工程分包	专业分包	一般以专业的分部分项工程由具备资质的专业公司分包
			劳务分包	全包：是一种包工包料的方式，分包者必须具备相应资质（劳务资质）
				包清工：包工不包料
				扩大的劳务分包：包工并包一部分周转材料或小型工具的方式
				架子队方式：铁路施工使用较多，由"自有"员工组成劳务队的管理架构，招用农民工为操作工人，工程结束后解散
		服务外包	检验试验	进场材料的复试：如钢材、水泥等都需在材料进场后按一定比例抽取样本送权威的第三方检验机构作物理试验或化学检验
			检验测量器具的检定或校准	一般也可分为 ABC 三类，A 类必须送专门机构检定： A 类：根据国家《计量法》规定需强制检定的器具； B 类：除 A 类外需周期校准的器具； C 类：一次性检定校准的器具（一般为低值易耗品）
			运输外包	主要是场外运输，包括材料和构配件运输、工人上下班客运等
			信息化外包	网络维护、程序培训、硬件维修等
			设备监造	由具备资质的监理机构对所采购的重要设备在供应商制造厂进行制造进度、质量等方面的监督，
			其他	包括餐饮、垃圾清运、环境监测、体检

对应采购分类，也可以将供应商进行上述分类盘点，采取大类套小类，形成金字塔形的供应商、分包商类别结构图。

延伸阅读 4-2：某企业供应商分类

某大型企业的供应商分类结构如图 4-1 所示。

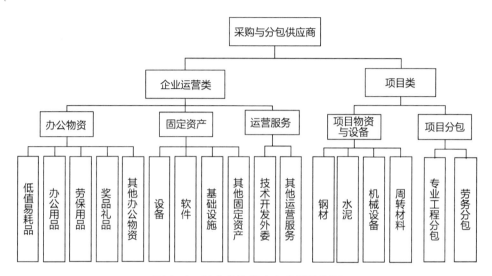

图 4-1 某企业的供应商分类结构图

办公物资包括办公用品、奖品和其他办公物资（如低值易耗品、劳保用品等）。具体内容见表 4-8。

某企业的办公物资的明细表　　　　　　　表 4-8

类别		明细
办公用品	办公文具用品	1. 文件档案管理类：有孔文件夹（两孔、三孔文件夹）、无孔文件夹（单强力夹、双强力夹等）、报告夹、板夹、分类文件夹、挂劳夹、电脑夹、票据夹、档案盒、资料册、档案袋、文件套、名片盒/册、CD 包/册、公事包、拉链袋、卡片袋、文件柜、资料架、文件篮、书立、相册、图纸夹等
		2. 桌面用品：订书机、起钉器、打孔器、剪刀、美工刀、切纸刀、票夹、钉针系列、削笔刀、胶棒、胶水、胶带、胶带座、计算器、仪尺、笔筒、笔袋、台历架等
		3. 办公本簿：无线装订本、螺旋本、皮面本、活页本、拍纸本、便利贴、便笺纸/盒、会议记录本等

续表

类别		明细
办公用品	办公文具用品	4. 书写修正用品：中性笔（签字笔）、圆珠笔、铅笔、台笔、白板笔、荧光笔、钢笔、记号笔、水彩笔、POP 笔、橡皮、修正液、修正带、墨水笔芯、软笔、蜡笔、毛笔等
	财务用品	1. 账本（总账、明细账、日记账等等）
		2. 凭证（收入凭证、支出凭证、转账凭证）
		3. 报表（利润表、资产负债表等等）
		4. 钢笔（最好是财务专用的那种）
		5. 墨水（蓝、黑、红色）
		6. 计算器
		7. 尺、回形针、大头针
		8. 科目章、自己姓名图章、印泥
		9. 出纳需要各类银行结算凭证（贷记凭证、电汇凭证、支票等等，可去银行购买），有条件的可以为出纳配置点钞机等
		10. 其他
奖品		签名册、荣誉证书、党旗、绶带、红包
其他办公物资	低值易耗品	1. 打印耗材：硒鼓、墨盒、色带
		2. 装订耗材：装订夹条、装订胶圈、装订透片、皮纹纸
		3. 办公用纸：复印纸、传真纸、电脑打印纸、彩色复印纸、相片纸、喷墨打印纸、绘图纸、不干胶打印纸、其他纸张
		4.IT 耗材：网线、水晶头、网线转换接头、视频线、电源线
		日用品：生活用纸、一次性用品、清洁用品、劳保用品、五金工具、碳酸饮料、办公茶、咖啡、纯净水、方便食品
		地图、国旗
	劳保用品	劳保服、劳保鞋……
	办公设备	1. 事务设备：碎纸机、装订机、支票打印机、考勤机、点钞机、过塑机、名片扫描仪、电话机

续表

类别		明细
其他办公物资	办公设备	2. IT 设备：路由器
		3. 办公电器：加湿器、饮水机、电风扇、吸尘器
	办公家具	更衣柜、多屉柜、杂柜、办公椅
	其他	辅助用品：报刊架、杂志架、白板系列、证件卡、包装用品、台座系列、证书系列、钥匙管理
		电脑周边用品：光盘、U盘、键盘、鼠标、移动硬盘、录音笔、插线板、电池、耳麦、光驱、读卡器、存储卡
		电子电器用品：排插

固定资产包括设备、软件、基础设施和其他固定资产。其中，设备包括车辆、信息化设备、生产设备、文艺体育设备等；软件包括公用软件和专业软件；基础设施包括土地、房屋与构建物等。固定资产的维修维保和车辆的购油归为固定资产采购。

运营服务包括技术开发外委、商业保险、租车服务、会议室采购、培训外委、劳务派遣采购、资料、法律服务、审计服务、IT服务、绿化服务、保洁服务、保安服务、会议服务、租赁服务、咨询服务等。

项目物资和设备，包括钢筋、水泥、机械设备租赁、周转材料购买或租赁等。

项目分包包括专业工程分包和劳务分包。劳务分包可以分为全包、清包工、扩大的劳务分包。

（2）确认供应商、分包商的资质和纳税人的身份

企业资质主要指企业是否有与其提供服务相关的资质，如房建一级资质等。建筑业是一个执行资质管理的行业，资质不仅是进入建筑市场的凭证，还与企业的税负相关。如个人分包，难以取得增值税发票；又如清包服务，按照税法规定，提供清包工的劳务采取简易计税方式征收增值税即为3%，但如果清包工没有建

筑资质的话，则应按生活服务业增值税率6%，交纳增值税。

延伸阅读4-3：劳务分包的类型

（1）全包

全包指的是一种包工包料的分包方式。从工程利润的获取方法来看，全包的分包形式对总包来说是最不盈利的。因材料、机械都由分包自备，利润大部分都流进了分包商的腰包里，作为总包只能收取几个点的管理费。采取全包的分包形式主要是因为建筑市场运作的不规范，导致大部分工程需要垫资，寻找合作方来转移垫资的风险和压力，就出现了全包的分包形式。此种方式，分包单位必须具备与承担工程相应的专业劳务资质。

（2）包清工

即只包工、不包料。采用包清工的方式，能最大限度地对物资进行控制同时节约成本，从利润的获取方法来看，三种分包模式中纯劳务的包清工模式应该是最能盈利的。然而，采用包清工的方式，由于材料都是总包单位自行采购和管理，需要投入相当的时间和精力，也不利于模板、木枋之类周材的控制。同时，由于劳务工资的稳定性、确定性，一般应以政府造价管理部门制定的指导价作为交易双方的参考，因此，在以竞争性招标的办法进行劳务分包时，很难以报价作为重要评标标准。所以这种方法一般只适用于不需要太多技术的体力活。

（3）扩大的劳务分包

这种方式综合了以上两种方式的优点，避免了上述两种方式的弊端。扩大的劳务分包指劳务分包单位在项目中除"包工"、即包人工费外，总包单位还将部分易耗品，如模板、木枋等周材、部分小型工具等一同包给劳务分包方。这种方式，一方面总包方能够有效地控制模板、木枋等易耗品的消耗，同时作为劳务分包的一方，也有了通过控制消耗获取较好效益的渠道。

（4）架子队

所谓架子队，是以施工企业管理、技术人员和生产骨干为施工作业管理与监控层,以劳务企业的劳务人员和与施工企业签订劳动合同的其他社会劳动者(统称劳务作业人员)为主要作业人员的工程队。架子队是一种经实践证明较好的施工生产组织方式,在当前大规模、高标准铁路建设全面推进的形势下,采用架子队管理模式组织施工,有利于铁路工程建设质量、安全、工期等目标的顺利实现,是直接、有效的施工生产方式;同时有利于施工企业强化对作业层的管理和控制,确保施工现场的质量、安全保证体系有效运行。

延伸阅读4-4:建筑业劳务分包企业资质

施工劳务序列不分类别和等级。

(1)资质标准

企业资产:

☆ 净资产200万元以上;

☆ 具有固定的经营场所。

企业主要人员:

☆ 技术负责人具有工程序列中级以上职称或高级工以上资格;

☆ 持有岗位证书的施工现场管理人员不少于5人,且施工员、质量员、安全员、劳务员等人员齐全;

☆ 经考核或培训合格的技术工人不少于50人。

(2)承包业务范围

可承担各类施工劳务作业。

纳税人身份是指确定其是一般纳税人身份还是小规模纳税人身份,对确认为小规模纳税人的供应商还应该进一步区分企业、个人供应商和其他个人。对属于小规模纳税人的企业、个人和个体工商户,要与其沟通是否可以申请成为增值税一般纳税人;如果不能转变为增值税一般纳税人,则询问其能否由主管国税机关代开增值税专用发票,对于小规模纳税人的其他个人,则需要确认对方未来是否可以办理工商税务登记，转变为个人工商户。

采购与分包管理岗位员工需对供应商、分包商的纳税人身份进行梳理。一般纳税人身份的供应商可提供增值税专用发票；小规模纳税人身份的分包商需要由税务机关代开增值税专用发票，税率为3%，可作为进项税进行抵扣。但在实际操作中，小规模纳税人由税务机关代开增值税专用发票存在一定难度，难以得到有效保证。

即便是一般纳税人，因为纳税人所处的行业不同，其增值税税率也不同。根据增值税有关规定，一般纳税人身份的分包商可提供税率为11%的增值税专用发票，一般纳税人身份的分包商以清包工方式提供建筑服务或为甲供工程提供建筑服务时，可选择以简易计税方法计税，税率为3%，可作为进项税抵扣。提供设备或物资的一般纳税人供应商可提供增值税率为17%的增值税专用发票，提供现代服务和一般生活服务的一般纳税人供应商可提供税率额为6%的增值税专用发票。

供应商、分包商资质梳理及纳税人梳理可以采用表4-9。

纳税人身份梳理表　　　　　　　　　　　　表4-9

序号	供应商名称	提供服务	企业资质	纳税人身份	增值税税率	备注

（3）调查合格供应商、分包商的管理水平

供应商、分包商的管理水平影响到供应商增值税发票及资金的管理。高管理水平的供应商不仅业务能力强，而且管理规范，增值税专用发票出现的差错率较小。调研合格供应商、分包商的管理水平可以从以下几个方面入手：

①梳理供应商或分包商以前提供的发票及供货记录。主要梳理分析发票的开具方、收款方与合同签订方是否一致；发票罗列货物或服务内容是否与实际业务或者双方合同约定事项相一致；供货或服务的质量情况以及缺货情况。

②工程现场人员反馈信息。通过与工程现场人员来了解供应商的现场供货以及供货过程中的管理情况；了解分包队伍现场管理情况。

③访谈和实地调查。对于重要的供应商或分包商还可以进行更加深入仔细的现场考察活动。对供应商这种调查是深入到供应商企业的生产线、各个生产工艺、质量检验环节甚至管理部门，对现有的设备工艺、生产技术、管理技术等进行考察，真实地感受其企业管理水平，并填写"供应商考察评估表"（见表4-10）；对分包商深入调查时深入到其工程一线，考察其工程现场的管理方法和水平。

供应商考察评估表 表4-10

供应商名称		考察时间	
资质文件确认			
营业执照	□有　□无　□过期	税务登记证	□有　□无　□过期
其他许可证	□物资安全许可证；□生产经营许可证；□环境许可证；□其他		
备注说明			
管理体系评估			
现有体系及通过时间	□ISO9001，初次认证通过时间　　年　月　日；（以证书为准） □ISO14001，初次认证通过时间　　年　月　日；（以证书为准） □OHSAS18001，初次认证通过时间　年　月　日；（以证书为准） □其他，通过时间　　　　　　　　年　月　日；（以证书为准） □无/尚未通过		
文件及质量记录	标准作业指导书：□完好　□基本具备　□缺少　□无 质量记录：□齐全　□基本齐全　□缺少　□无		
质量检验人员人数		过程控制人数	
试验室	□标准及作业指导书　□检测仪器设备，缺		
生产现场	□整齐卫生有序　□一般　□较差　□差　□其他：		
采购资料信息确认			
配送能力	单次配送：最小批量　　　　　　标准批量		

续表

订单满足能力	订单最小批量：		日订单最大批量：	
生产设备	□符合要求　□基本符合要求　□不符合			
供货周期		运输距离		公里
承兑	□接受　□不接受	付款账期		□按客户要求　□___
采购部意见： 1. 否决　　　　　　　　　　　　　□ 2. 申请开发，进行样品确认　　　　□ 3. 进入供应商名录备用　　　　　　□ 4. 限期改善，需进行在再次评估　　□ 5. 其他： 经办人签名：		品保科意见： 1. 严重不符合要求，否决　　　　　□ 2. 符合要求，可进行样品确认　　　□ 3. 基本符合要求　　　　　　　　　□ 4. 限期改善，需进行在再次评估　　□ 5. 其他： 经办人签名：		
采购部门经理		签名：　　　　　日期：		
采购总监		签名：　　　　　日期：		

（4）优化合格供应商、分包商库

最后根据盘点调查的结果优化补充合格供应商、分包商。优化供应商的原则建议如下：

①减少小规模纳税人身份的供应商和分包商数量。小规模纳税人供应商虽然在价格上更加优惠，服务更为灵活，但是小规模纳税人一般规模较小，管理不太规范，会增加企业对其管理的难度，同时增加增值税专用发票的管理风险。

②减少无资质供应商和分包商数量。无资质的个人分包队伍或者架子队难以提供规范的增值税专用发票，且无法保证建筑企业与分包商间的合同流、票据流、资金流相一致。对于这类分包商，分包管理岗位员工应将其从企业分包商资源库

中清除出去,以降低企业在分包中面临的税务和法务风险。

通过盘点优化后,如果发现优化后的供应商不能够满足企业的生产需要,企业应该补充供应商。补充供应商同样需要考察供应商或分包商的纳税人身份,确认其为一般纳税人,还是小规模纳税人,当然在补充合格供应商时,除了考察供应商或分包商的纳税人身份外,还应该考虑供应商的服务能力。

延伸阅读 4-5:供应商评估方法

可以从 S1 履约质量和 S2 价格两个主要方面来对供应商进行评估。其中 S1 受到七个指标的影响,S2 受到两个指标的影响,见图 4-2。

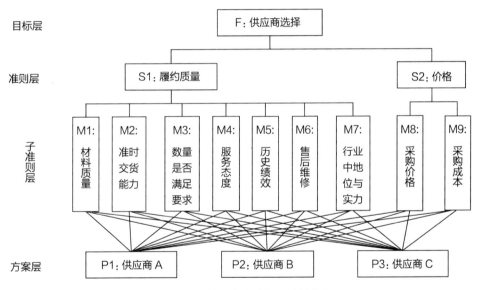

图 4-2　材料供应商选择层次结构图

在供应商选择中,目标层受到两个因素的影响,而这两个因素又分别受到其相关因素的影响,通过对上一层次某因素与本层次相关因素之间相对重要性的比较并结合层次结构图,可以构造判断矩阵。承包商在选择供应商时,综合考虑这些因素,可以相对准确地选定合格的供应商。

4.2.3 采购与分包合同管理

（1）合同范本管理

采购与分包岗位人员应在法务合约人员的组织下，参与采购与分包合同范本的修订工作。采购与分包人员参与修订合同范本修订工作，可以起到以下作用：

☆ 提供公司供应商与分包商的类型、特点等资料与信息。

☆ 提供在增值税下，与供应商交易中容易出现的风险及其影响程度等信息。

☆ 参与合同范本的修订与审批工作，特别应该对合同中的结算方式、结算时间、发票类型、资金支付等信息给予重点关注。

（2）合同签订管理

采购与分包岗位人员签订合同时，应该与供应商或分包商确定影响增值税的因素：

☆ 结算价格是否是含税价格。增值税下合同不注明税的价格就是不含税价格，这点与营业税下合同价格不同，在签订合同时，应做好与供应商或分包商的沟通工作，并落实到合同条款中去。

☆ 服务或货物是否有混业的情况。比如说分包商既提供钢结构加工又提供钢结构安装业务，若各业务分别计价，则服务部分按 11% 税率征税，货物部分按 17% 税率征税，若不分开计价，则按 17% 的税率计税，在合同总价保持不变的情况下，后者可以使企业获得更多进项税额抵扣。但要求按高税率开具发票可能会导致供应商加价反应。采购与分包岗位人员应该综合分析哪种方式对企业更有利，且具有可行性。

☆ 结算、付款时间与发票的管理。在合同中应明确在收到对方开具的增值税发票后再付款。

（3）合同执行记录管理

采购与分包人员应保管好物资采购合同及分包合同，并保管好合同执行过程中的结算、资金支付和发票等记录，便于内部核查以及税务机关稽查。

4.2.4 采购与分包过程管理

（1）供应商与分包商的选择

①采购供应商的选择

供应商和分包商的纳税人身份和计税方式会对建筑企业实际的采购成本产生影响，采购与分包管理岗位员工可参考表4-11的思路计算不同类型供应商对企业造成的实际成本，明确哪些供应商的报价对企业最为有利，然后进行选择，或以此作为价格谈判依据。

不同类型分包商对企业造成的实际成本测算 表4-11

分包商类别	计税方式	不含税价格	含税价格	企业支付额(M)	可做进项税抵扣额(P)	可计入成本额	抵扣企业所得税(Q)	实际成本 $M-P-Q$
一般纳税人	开具增值税专票，税率17%	A	$A+A\times17\%$	$A+A\times17\%$	$A\times17\%$	A	$A\times25\%$	$A\times75\%$
小规模纳税人	未代开增值税专票，征收率3%	B	$B+B\times3\%$	$B+B\times3\%$	0	$B+B\times3\%$	$(B+B\times3\%)\times25\%$	$(B+B\times3\%)\times75\%$
小规模纳税人	代开增值税专票，征收率3%	C	$C+C\times3\%$	$C+C\times3\%$	$C\times3\%$	C	$C\times25\%$	$C\times75\%$
无发票（代发工资的劳务分包等）		D	—	D	0	0	0	D

在上表的测算中，只考虑了企业应缴纳的增值税和企业所得税，在实际测算中，应根据具体情况将城市建设税、教育费等企业附加税费纳入测算，测算思路不变。

此外，需要注意的是，除了考虑实际成本的因素外，也要对企业现金流进行综合考虑。例如，在均能开具增值税专用发票的一般纳税人和小规模纳税人之间选择时，若两者所报不含税价格一样，则两者导致的实际的采购成本一样。但选择一般纳税人时会在向供应商付款时多支付不含税报价 14% 的费用，这部分费用会在缴纳增值税时作为进项税抵扣，付款与增值税抵扣间通常会存在一个时间差，从而对企业现金流造成不利影响。这种情况下，小规模纳税人是更好的选择。当然，实际操作情况会更加复杂，相关人员在进行选择时需进行通盘考虑。

②分包商的选择

分包商的纳税人身份和计税方式会对建筑企业实际的分包成本产生影响，税务管理岗位员工可参考表 4-12 的思路计算不同类型分包商对企业造成的实际成本，明确哪些分包商的报价对企业最为有利，然后进行选择，或以此作为价格谈判依据。

不同类型分包商对企业造成的实际成本测算　　　　表 4-12

分包商类别	计税方式	不含税价格	含税价格	企业支付额(M)	可做进项税抵扣额(P)	可计入成本额	抵扣企业所得税(Q)	实际成本 $M-P-Q$
一般纳税人	开具增值税专票，税率11%	A	$A+A×11\%$	$A+A×11\%$	$A×11\%$	A	$A×25\%$	$A×75\%$
一般纳税人（清包工、甲供等）	选择简易计税，征收率3%	B	$B+B×3\%$	$B+B×3\%$	$B×3\%$	B	$B×25\%$	$B×75\%$
小规模纳税人	代开增值税专票，征收率3%	C	$C+C×3\%$	$C+C×3\%$	$C×3\%$	C	$C×25\%$	$C×75\%$
小规模纳税人	无增值税专票，征收率3%	D	$D+D×3\%$	$D+D×3\%$	0	$D+D×3\%$	$(D+D×3\%)×25\%$	$(D+D×3\%)×75\%$

续表

分包商类别	计税方式	不含税价格	含税价格	企业支付额（M）	可做进项税抵扣额（P）	可计入成本额	抵扣企业所得税（Q）	实际成本 M-P-Q
无发票（代发工资的劳务分包等）		E	—	E	0	0	0	E

在上表的测算中，只考虑了企业应缴纳的增值税和企业所得税，在实际测算中，应根据具体情况将城市建设税、教育费等企业附加税费纳入测算，测算思路不变。

此外，需要注意的是，除了考虑实际成本的因素外，也要对企业现金流进行综合考虑。例如，在均能开具增值税专用发票的一般纳税人和小规模纳税人之间选择时，若两者所报不含税价格一样，则两者导致的实际的采购成本一样。但选择一般纳税人时会在向分包商付款时多支付不含税报价8%的费用，这部分费用会在缴纳增值税时作为进项税抵扣，付款与增值税抵扣间通常会存在一个时间差，从而对企业现金流造成不利影响。这种情况下，小规模纳税人是更好的选择。当然，实际操作情况会更加复杂，相关人员在进行选择时需进行通盘考虑。

（2）采购内容管理

①分包模式管理

"营改增"后，建筑企业的分包模式主要有以下四种，见表4-13。

建筑企业的分包模式和成本构成　　　　表4-13

分包模式	成本构成
全部设备、材料、动力由分包商自行采购，分包商采取一般计税方法计税，税率通常为11%，可作为进项税抵扣	分包成本
清包工或甲供材，设备、材料、动力由发包方建筑企业采购，分包商选择一般计税方法计税，税率11%，可作为进项税抵扣	分包成本+采购成本
清包工或甲供材，设备、材料、动力由发包方建筑企业采购，分包商选择简易计税方法计税，征收率3%，可作为进项税抵扣	分包成本+采购成本
清包工或甲供材，设备、材料、动力由发包方建筑企业采购，分包商以简易计税方法计税，征收率3%，不可作为进项税抵扣	分包成本+采购成本

在分包中，建筑企业可以选择让分包商自主采购所需的材料、设备，或选择由自身采购全部或部分材料、设备，即以甲供材或清包工的模式与分包商合作。在甲供材或清包工的模式下，分包商可选择以简易计税方法计税，税率为3%，可用作进项税抵扣；而建筑企业在自行采购过程中，可取得抵扣率较高（17%）的主材增值税专用发票。在考虑分包模式时，分包管理岗位员工应与税务管理岗位员工积极合作，共同完成不同分包模式的涉税分析，从而做出对企业最有利的选择。

②混业采购管理

物资销售适用于17%的增值税税率，物资运输适用于11%的增值税税率。若两者分别核算，建筑企业可获得的进项税额为[物资价款÷（1+17%）×17%+运输费÷（1+11%）×11%]；若两者统一核算并统一开具增值税专用发票，则建筑企业可获得的进项税额为[物资价款÷（1+17%）×17%+运输费÷（1+17%）×17%]，在建筑企业实际支付采购总价不变的情况下，可获得更多的进项税额，换言之，企业的采购成本降低。

为实现这一降税目的，税务管理岗位员工应与采购管理岗位员工密切沟通，进行充分交底，共同探讨采购谈判策略，拟定有利于企业的合同条款。同时，法务合约管理岗位员工应一同参与进来，对合同条款的可行性和合法性做出评估，保证所策划出的条款能够有效执行，真正为企业带来利益。

此外，需要注意的是，在采购总价不变的情况下，将物资价款与运输费统一按17%的税率核算增值税会对供应商造成损害，使其收入降低，因此，建筑企业对供应商提出此类要求时可能会面临供应商的加价反应。对此，相关岗位员工需要有所准备。

（3）付款与发票管理

由于自身资金压力较大，建筑企业对分包商通常采取先计价、后付款的方式，而分包商通常在收到工程款后方开具发票，使发票的提供具有一定的滞后性。"营改增"后，不能及时取得分包商发票会使建筑企业无法对当期销项税进行有效抵扣，增加了企业的资金压力。为缓解这种情况，分包管理岗位员工在与分包商谈判时，应尽量争取与分包商约定较早的发票开具时间，并在合同中予以明确。

由于在《营业税改征增值税试点实施办法》中规定了对于先开具发票的纳税人，增值税纳税义务、扣缴义务发生时间为开具发票的当天，故分包商通常不愿提早开具发票。分包管理岗位员工应充分考虑这一点，在与分包商谈判前做足准备。

采购与分包人员取得增值税专用发票等抵扣凭证，应核对信息是否正确，并及时传递给财务部或税务部门。

（4）其他

当与分包商签署的合同中包含甲方提供材料的金额时，建筑企业向分包商调拨材料将被视为销售行为，需要由建筑企业向分包商开具增值税专用发票并缴纳增值税。为避免这部分税负，建筑企业应与分包商签署将甲供材料金额排除在外的合同。

4.2.5 其他要求

（1）需要补充的知识和技能

①了解的知识和技能

☆ "营改增"的历程；

☆ "营改增"的意义；

☆ "营改增"对建筑行业及上游的影响；

☆ "营改增"对建筑企业的影响；

☆ 增值税的概念及涉税原理。

②掌握的知识和技能

☆ 小规模纳税人与一般纳税人的标准及对企业税负的影响及处理措施；

☆ 虚开虚收增值税专用发票的法律风险、预防原理及处理措施；

☆ 不同业务类型（清包、专业分包等）对企业税负的影响及处理措施；

☆ 混合采购对企业税负的影响及处理措施；

☆ 增值税的抵扣凭证。

（2）加强工作联系和沟通

采购岗位员工应就"营改增"过程中企业可能在采购管理和供应商管理等方面面临的诸多问题与税务管理岗位、法务合约管理岗位员工加强合作交流。交流的主要内容包括采购过程中涉及的税务筹划和风险规避，以达到合理控制成本、降低税负、规避风险的目的。

4.3 工程/项目管理岗位

4.3.1 物资设备管理

（1）项目部使用甲供材料的管理

当甲供材料包含在工程承包合同总价中时，甲方向建筑企业调拨材料属于销售行为，应缴纳增值税，这部分增值税由甲方缴纳，但税金实际上随价格转嫁到了建筑企业头上，实际的税负承担者是建筑企业，当这部分税额无法作为进项税进行抵扣时，建筑企业将不得不承担这部分税负。当甲供材料不包含在工程承包合同总价中时，建筑企业仅参与材料的验收和使用环节，材料调拨环节不需要缴纳增值税。

为避免使用甲供材料产生的额外增值税，建筑企业应尽量与甲方签订不含"甲供材"金额的工程承包合同。当建筑企业与甲方签订的合同总价中包含"甲供材"金额，且建筑企业选择以一般计税方法计税时，建筑企业应要求甲方对所提供材料及时开具合规的增值税专用发票，以供建筑企业进行进项税抵扣。工业设备安装类的建筑企业应特别注意这一点。

（2）项目部使用从公司其他分支机构调拨材料管理

若项目部与材料调出的其他分支机构分处两地，则材料调拨需要视作销售处理。材料调出分支机构按材料销售开具增值税专用发票，并在其所在地缴纳增值税；

材料调入机构取得发票后按购进材料进行账务处理，并可将发票用作进项税抵扣。

在可行的情况下，企业应选择在当地存在留抵税额的分支机构进行材料转出调拨，使所需缴纳增值税可全部或部分用留抵税额抵消，减小企业的资金压力。

（3）项目部自行加工材料、商用混凝土并自用的管理

《国家税务总局关于印发〈增值税若干具体问题的规定〉的通知》（国税发[1993]154号）规定：基本建设单位和从事建筑安装业务的企业附设的工厂、车间生产的水泥预制构件、其他构件或建筑材料，用于本单位或本企业的建筑工程的，应在移送使用时征收增值税。但对其在建筑现场制造的预制构件，凡直接用于本单位或本企业建筑工程的，不征收增值税。

此情况下不需缴纳增值税。

（4）项目部将材料分发给分包商使用管理

项目部将材料分发给分包商使用，不进行计价，只是提供使用，则在该环节不需要作销售处理，不需要缴纳增值税。如果与分包商计价中包含此部分材料，则需作销售处理，需要缴纳增值税。因此，在与分包商签署合同时，应将此部分材料金额排除在外，或直接与分包商签署清包工合同，以避免缴纳增值税。

（5）工程剩余物资的管理

项目清场时，回收劳务队进场设备和剩余材料时需要考虑到：很多情况下劳务分包商难以开具增值税专用发票给建筑企业，因此，在对这些劳务分包商的设备和剩余材料进行回收时需做一定的压价处理，避免给企业增加不必要的税负。

（6）物资出入库的管理

物资管理岗位员工在物资出入库时应对物资的金额和税额进行分离，以不含税价格进行核算，以保证与财务部门的核算情况相一致。

4.3.2 回款与发票管理

（1）处理好工程结算、发票开具和回款的时间点

若工程结算书中未标明收款时间，则增值税纳税义务发生时间为工程结算书

签订之日，企业将面临未收款即需缴税的风险；若工程结算书中标明了未来收款时间，则增值税纳税义务时间为工程结算书中所标明时间。因此，在工程结算书中应明确规定收款时间。

此外，工程/项目管理人员需要做好发票开具与回款时间上一致，避免当期多缴纳增值税，加重企业现金流负担。

（2）做好发票的核对与传递工作

工程/项目管理人员收到业主开具的增值税发票后，第一时间应该核对发票的信息与合同上的信息是否一致，并及时传递给税务人员或财务人员。

4.3.3 业主奖惩管理

业主对项目部实施奖励时，业主可能会向项目部索要增值税专用发票，工程/项目管理人员需与公司税务及财务人员积极沟通，向业主开具增值税专用发票。

业主对项目部实施罚款时，工程或项目管理人员应就罚款金额向业主开具红字发票，或在后期工程计价中作为扣减项。

4.3.4 对分包商奖惩管理

对分包商奖励时，工程或项目管理人员应将对分包商的奖励款计入直接人工成本，并向分包商索取发票。

对分包商罚款时，工程或项目管理人员应将罚款红字计入直接人工成本并向分包商索取红字发票，或在下期对分包商的计价中扣减相应罚款并按扣减后的金额索取发票。

4.3.5 其他要求

（1）需要补充的知识和技能

①了解的知识和技能

☆"营改增"的历程；

☆ "营改增"的意义；

☆ "营改增"对建筑行业及上下游的影响；

☆ "营改增"对建筑企业的影响；

☆ 增值税的概念及涉税原理；

☆ 增值税的抵扣凭证。

②掌握的知识和技能

☆ 虚开虚收增值税专用发票的法律风险、预防原理及处理措施；

☆ 小规模纳税人与一般纳税人的标准，对企业税负的影响及处理措施；

☆ 物资设备调拨与回收对企业税负的影响及处理措施。

（2）加强工作联系和沟通

工程/项目管理人员应就"营改增"事项加强与税务管理岗位、法务合约管理岗位员工、经营人员、采购与分包人员的合作交流，交流的主要内容包括采购过程中涉及的税务筹划和风险规避，以达到合理控制成本、降低税负、规避风险的目的。

4.4 法务合约管理岗位

4.4.1 合同法务管理

（1）合同范本管理

①法务合约人员应组织对合同范本进行修订，修订的内容包括：

☆ 合同付款条款；

☆ 增值税发票条款；

☆ 虚开增值税风险条款；

☆ 其他"营改增"影响到的条款。

②合同范本修订好后，法务合同人员还应该编制《合同签订说明》，内容包括：

☆ 合同价格中不含增值税额；

☆ 合同主体信息一定要真实有效；

☆ 其他需要说明的事项。

（2）合同审核

审核工程承包合同、采购及专业分包合同中涉及到增值税的条款内容。

4.4.2 其他

（1）需要补充的知识和技能

①了解的知识和技能

☆ "营改增"的历程；

☆ "营改增"的意义；

☆ "营改增"对建筑行业及上下游的影响；

☆ "营改增"对建筑企业的影响；

☆ 增值税的概念及涉税原理；

☆ 增值税的抵扣凭证。

②掌握的知识和技能

☆ 虚开虚收增值税专用发票的法律风险、预防原理及处理措施；

☆ 小规模纳税人与一般纳税人的标准，对企业税负的影响及处理措施；

☆ 物资设备调拨与回收对企业税负的影响及处理措施；

☆ 不同业务类型（清包、专业分包等）对企业税负的影响及处理措施；

☆ 混合采购对企业税负的影响及处理措施；

☆ 甲供工程的认定标准，对企业税负的影响及处理措施；

☆ EPC等特殊形态的业务对企业税负的影响及处理措施。

（2）加强工作联系和沟通

法务合约人员在应就"营改增"事项加强与税务管理岗位、经营人员、采购与分包人员的合作交流，交流的主要内容包括采购过程中涉及的税务筹划和风险规避，以达到合理控制成本、降低税负、规避风险的目的。

4.5 税务管理岗

4.5.1 税务政策解读与税务筹划

"营改增"期间，新的税务政策比较多，税务人员应做好税务政策的解读与传达工作，并支持公司领导做好宣贯。

同时税务人员需要对公司的业务进行整体的筹划，合理减少公司的税负，同时将税务筹划的操作方法编制成各类制度、手册，供企业相关人员执行。

4.5.2 合同管理

税务人员需要审核公司的工程合同、采购合同及分包合同，关注合同中是否存在涉及增值税的风险。

4.5.3 增值税管理

税务岗位负责公司增值税的管理，包括编制增值税的缴纳计划及办理增值税缴纳。在增值税管理时，税务岗位需要注意以下几个方面：

（1）建筑企业增值税的缴纳时间

《营业税改征增值税试点实施办法》中第四十五条规定：增值税纳税义务、扣缴义务发生时间为：

①纳税人发生应税行为并收讫销售款项或者取得索取销售款项凭据的当天；先开具发票的，为开具发票的当天。

收讫销售款项，是指纳税人销售服务、无形资产、不动产过程中或者完成后收到款项。

取得索取销售款项凭据的当天，是指书面合同确定的付款日期；未签订书面合同或者书面合同未确定付款日期的，为服务、无形资产转让完成的当天或者不动产权属变更的当天。

②纳税人提供建筑服务、租赁服务采取预收款方式的，其纳税义务发生时间为收到预收款的当天。

③纳税人从事金融商品转让的，为金融商品所有权转移的当天。

④增值税扣缴义务发生时间为纳税人增值税纳税义务发生的当天。

(2)建筑企业跨县(市)提供建筑服务的增值税缴纳方式

①跨县(市、区)提供建筑服务定义

《国家税务总局关于发布〈纳税人跨县(市、区)提供建筑服务增值税征收管理暂行办法〉的公告》(国家税务总局公告2016年第17号)第二条规定：跨县(市、区)提供建筑服务，是指单位和个体工商户(以下简称纳税人)在其机构所在地以外的县(市、区)提供建筑服务。

纳税人在同一直辖市、计划单列市范围内跨县(市、区)提供建筑服务的，由直辖市、计划单列市国家税务局决定是否适用本办法。

②缴纳方式

纳税人跨县(市、区)提供建筑服务，应按照财税[2016]36号文件规定的纳税义务发生时间和计税方法，向建筑服务发生地主管国税机关预缴税款，向机构所在地主管国税机关申报纳税。

按照以下公式计算应预缴税款：

☆ 适用一般计税方法计税的，应预缴税款 =(全部价款和价外费用 - 支付的分包款)÷(1+11%)×2%。

☆ 适用简易计税方法计税的，应预缴税款 =(全部价款和价外费用 - 支付的分包款)÷(1+3%)×3%。

☆ 纳税人取得的全部价款和价外费用扣除支付的分包款后的余额为负数的，可结转下次预缴税款时继续扣除。

☆ 纳税人应按照工程项目分别计算应预缴税款，分别预缴。

其中，上述规定从取得的全部价款和价外费用中扣除支付的分包款，应当取得符合法律、行政法规和国家税务总局规定的合法有效凭证，否则不得扣除。

上述凭证是指：

☆ 从分包方取得的 2016 年 4 月 30 日前开具的建筑业营业税发票。上述建筑业营业税发票在 2016 年 6 月 30 日前可作为预缴税款的扣除凭证。

☆ 从分包方取得的 2016 年 5 月 1 日后开具的，备注栏注明建筑服务发生地所在县（市、区）、项目名称的增值税发票。

☆ 国家税务总局规定的其他凭证。

纳税人跨县（市、区）提供建筑服务，在向建筑服务发生地主管国税机关预缴税款时，需提交以下资料：

☆《增值税预缴税款表》；

☆ 与发包方签订的建筑合同原件及复印件；

☆ 与分包方签订的分包合同原件及复印件；

☆ 从分包方取得的发票原件及复印件。

（3）建筑企业老项目的增值税缴纳方式

《营业税改征增值税试点有关事项的规定》规定：一般纳税人为建筑工程老项目提供的建筑服务，可以选择适用简易计税方法计税。

建筑工程老项目，是指：《建筑工程施工许可证》注明的合同开工日期在 2016 年 4 月 30 日前的建筑工程项目；未取得《建筑工程施工许可证》的，建筑工程承包合同注明的开工日期在 2016 年 4 月 30 日前的建筑工程项目。

（4）若集团母公司采取资金集中管理，母公司与子公司间资金往来的增值税缴纳

在集团母公司资金集中管理模式下，向母公司存入资金的子公司可按一定利率获得利息收入，从母公司支取资金的子公司需要按一定利率支付利息，这一行为构成了企业拆借行为。

《营业税改征增值税试点实施办法》第九条规定：应税行为的具体范围，按照本办法所附的《销售服务、无形资产、不动产注释》执行。其附件《销售服务、

无形资产、不动产注释》规定：销售服务，是指提供交通运输服务、邮政服务、电信服务、建筑服务、金融服务、现代服务、生活服务。金融服务，是指经营金融保险的业务活动。包括贷款服务、直接收费金融服务、保险服务和金融商品转让。贷款，是指将资金贷与他人使用而取得利息收入的业务活动。各种占用、拆借资金取得的收入，包括金融商品持有期间（含到期）利息（保本收益、报酬、资金占用费、补偿金等）收入、信用卡透支利息收入、买入返售金融商品利息收入、融资融券收取的利息收入，以及融资性售后回租、押汇、罚息、票据贴现、转贷等业务取得的利息及利息性质的收入，按照贷款服务缴纳增值税。融资性售后回租，是指承租方以融资为目的，将资产出售给从事融资性售后回租业务的企业后，从事融资性售后回租业务的企业将该资产出租给承租方的业务活动。以货币资金投资收取的固定利润或者保底利润，按照贷款服务缴纳增值税。

因此，母子公司资金往来中产生的利息收入需要按规缴纳增值税，相关单位需按规开具增值税专用发票。

此外，需要注意的是，《营业税改征增值税试点过渡政策的规定》中规定的免征增值税项目包括统借统还业务中的利息收入：企业集团或企业集团中的核心企业以及集团所属财务公司按不高于支付给金融机构的借款利率水平或者支付的债券票面利率水平，向企业集团或者集团内下属单位收取的利息。

统借方向资金使用单位收取的利息，高于支付给金融机构借款利率水平或者支付的债券票面利率水平的，应全额缴纳增值税。

统借统还业务，是指：

①企业集团或者企业集团中的核心企业向金融机构借款或对外发行债券取得资金后，将所借资金分拨给下属单位（包括独立核算单位和非独立核算单位，下同），并向下属单位收取用于归还金融机构或债券购买方本息的业务。

②企业集团向金融机构借款或对外发行债券取得资金后，由集团所属财务公司与企业集团或者集团内下属单位签订统借统还贷款合同并分拨资金，并向企业集团或者集团内下属单位收取本息，再转付企业集团，由企业集团统一归还金融

机构或债券购买方的业务。

（5）预收款的增值税缴纳

《营业税改征增值税试点实施办法》第四十五条第二点规定：纳税人提供建筑服务、租赁服务采取预收款方式的，其纳税义务发生时间为收到预收款的当天。

（6）工程承包合同中包含的征地拆迁费的增值税缴纳

《增值税暂行条例》第六条规定：销售额为纳税人销售货物或者应税劳务向购买方收取的全部价款和价外费用。

《增值税暂行条例实施细则》第十二条规定：条例第六条第一款所称价外费用，包括价外向购买方收取的手续费、补贴、基金、集资费、返还利润、奖励费、违约金、滞纳金、延期付款利息、赔偿金、代收款项、代垫款项、包装费、包装物租金、储备费、优质费、运输装卸费以及其他各种性质的价外收费。但下列项目不包括在内：

①受托加工应征消费税的消费品所代收代缴的消费税。

②同时符合以下条件的代垫运输费用：

☆ 承运部门的运输费用发票开具给购买方的；

☆ 纳税人将该项发票转交给购买方的。

③同时符合以下条件代为收取的政府性基金或者行政事业性收费：

☆ 由国务院或者财政部批准设立的政府性基金，由国务院或者省级人民政府及其财政、价格主管部门批准设立的行政事业性收费；

☆ 收取时开具省级以上财政部门印制的财政票据；

☆ 所收款项全额上缴财政。

④销售货物的同时代办保险等而向购买方收取的保险费，以及向购买方收取的代购买方缴纳的车辆购置税、车辆牌照费。

《国家税务总局关于政府收回土地使用权及纳税人代垫拆迁补偿费有关营业税问题的通知》（国税函[2009]520号）第二条规定：纳税人受委托进行建筑

物拆除、平整土地并代委托方向原土地使用权人支付拆迁补偿费的过程中，其提供建筑物拆除、平整土地劳务取得的收入应按照"建筑业"税目缴纳营业税；其代委托方向原土地使用权人支付拆迁补偿费的行为属于"服务业—代理业"行为，应以提供代理劳务取得的全部收入减去其代委托方支付的拆迁补偿费后的余额为营业额计算缴纳营业税。

根据以上相关政策规定推测，建筑企业代业主支付的征地拆迁费属于施工合同总价中的一部分，应全部作为价外费用征收增值税。

（7）业主支付的质保金的增值税缴纳

如在验工计价确认销售额时已履行了这部分质保金的增值税缴纳义务，则在收到业主支付的质保金时不需要再缴纳增值税。

（8）业主验工计价时点对建筑企业增值税缴纳的影响

《营业税改征增值税试点实施办法》第四十五条规定：增值税纳税义务、扣缴义务发生时间为纳税人发生应税行为并收讫销售款项或者取得索取销售款项凭据的当天；先开具发票的，为开具发票的当天。

收讫销售款项，是指纳税人销售服务、无形资产、不动产过程中或者完成后收到的款项。

取得索取销售款项凭据的当天，是指书面合同确定的付款日期；未签订书面合同或者书面合同未确定付款日期的，为服务、无形资产转让完成的当天或者不动产权属变更的当天。

建筑企业取得的经业主批复的验工计价单可能会被税务机关认定为企业取得的销售款项凭据，并以此为依据确定企业增值税义务、扣缴义务发生时间。税务管理岗位员工应与相关税务机构充分沟通，明确企业增值税义务、扣缴义务发生时间，及时缴纳增值税。

（9）建筑企业向下属项目部收取的管理费的增值税缴纳

《增值税暂行条例》第一条规定：在中华人民共和国境内销售货物或者提供加工、修理修配劳务以及进口货物的单位和个人，为增值税的纳税人。

《营业税改征增值税试点实施办法》第一条规定：在中华人民共和国境内（以下称境内）销售服务、无形资产或者不动产（以下称应税行为）的单位和个人，为增值税纳税人，应当按照本办法缴纳增值税，不缴纳营业税。第九条规定：应税行为的具体范围，按照本办法所附的《销售服务、无形资产、不动产注释》执行。其附件《销售服务、无形资产、不动产注释》规定：销售服务，是指提供交通运输服务、邮政服务、电信服务、建筑服务、金融服务、现代服务、生活服务。销售无形资产，是指转让无形资产所有权或者使用权的业务活动。无形资产，是指不具实物形态，但能带来经济利益的资产，包括技术、商标、著作权、商誉、自然资源使用权和其他权益性无形资产。销售不动产，是指转让不动产所有权的业务活动。不动产，是指不能移动或者移动后会引起性质、形状改变的财产，包括建筑物、构筑物等。

因此，建筑企业向下属项目部收取的管理费不属于增值税的征收范围，不需要缴纳增值税。

（10）同时存在施工业务和设计业务的建筑企业的增值税缴纳

《营业税改征增值税试点实施办法》第三十九条规定：纳税人兼营销售货物、劳务、服务、无形资产或者不动产，适用不同税率或者征收率的，应当分别核算适用不同税率或者征收率的销售额；未分别核算的，从高适用税率。

因此，建筑企业应分别核算施工业务和设计业务，分别按照11%和6%的税率缴纳增值税。若不分别核算，则根据从高适用税率的规定，需要统一按11%的税率缴纳增值税，给企业增加了不必要的税负。

（11）同一法人的不同分支机构之间进行材料调拨的增值税缴纳

《增值税暂行条例实施细则》规定：设有两个以上分支机构并且进行统一核算的纳税人，将货物从一个机构移送其他机构用于销售，两个分支机构不在同一县（市）的需要视同销售。

因此，不在同一县（市）的分支机构间的材料调拨视同销售，需要开具增值税专用发票，并在货物调出分支机构的所在地缴纳增值税。具体操作流程为：材料调出分支机构按材料销售开具增值税专用发票,并在其所在地缴纳增值税;材料调入机构取得发票后按购进材料进行账务处理,并可将发票用作进项税抵扣。

(12)项目部在施工现场加工混凝土,用于本工程项目或对外出售时的增值税缴纳

项目部在施工现场加工混凝土,用于本工程项目不属于销售行为,不需就本环节缴纳增值税。

项目部对外出售自产混凝土,属于销售行为,需要缴纳增值税。

(13)进项税额不得用于销项税抵扣的项目

《营业税改征增值税试点实施办法》第二十七条规定:下列项目的进项税额不得从销项税额中抵扣:

☆ 用于简易计税方法计税项目、免征增值税项目、集体福利或者个人消费的购进货物、加工修理修配劳务、服务、无形资产和不动产。其中涉及的固定资产、无形资产、不动产,仅指专用于上述项目的固定资产、无形资产(不包括其他权益性无形资产)、不动产。

☆ 纳税人的交际应酬消费属于个人消费。

☆ 非正常损失的购进货物,以及相关的加工修理修配劳务和交通运输服务。

☆ 非正常损失的产品、产成品所耗用的购进货物(不包括固定资产)、加工修理修配劳务和交通运输服务。

☆ 非正常损失的不动产,以及该不动产所耗用的购进货物、设计服务和建筑服务。

☆ 非正常损失的不动产在建工程所耗用的购进货物、设计服务和建筑服务。

☆ 纳税人新建、改建、扩建、修缮、装饰不动产,均属于不动产在建工程。

☆ 购进的旅客运输服务、贷款服务、餐饮服务、居民日常服务和娱乐服务。

☆ 财政部和国家税务总局规定的其他情形。

(14)"营改增"后,银行贷款利息的税收可作为进项税抵扣

《营业税改征增值税试点实施办法》第九条规定:应税行为的具体范围,按

照本办法所附的《销售服务、无形资产、不动产注释》执行。其附件《销售服务、无形资产、不动产注释》规定：销售服务，是指提供交通运输服务、邮政服务、电信服务、建筑服务、金融服务、现代服务、生活服务。金融服务，是指经营金融保险的业务活动。包括贷款服务、直接收费金融服务、保险服务和金融商品转让。贷款，是指将资金贷与他人使用而取得利息收入的业务活动。各种占用、拆借资金取得的收入，包括金融商品持有期间（含到期）利息（保本收益、报酬、资金占用费、补偿金等）收入、信用卡透支利息收入、买入返售金融商品利息收入、融资融券收取的利息收入，以及融资性售后回租、押汇、罚息、票据贴现、转贷等业务取得的利息及利息性质的收入，按照贷款服务缴纳增值税。融资性售后回租，是指承租方以融资为目的，将资产出售给从事融资性售后回租业务的企业后，从事融资性售后回租业务的企业将该资产出租给承租方的业务活动。以货币资金投资收取的固定利润或者保底利润，按照贷款服务缴纳增值税。

金融业已被纳入"营改增"范围，理论上来讲银行可就利息收入开具增值税专用发票供建筑企业进行进项税抵扣。建筑企业可持续关注之后可能出台的相关政策和解读。

（15）对纳税人初次购进增值税税控专用设备和以后缴纳的技术维护费进行进项税额抵扣的方式

《财政部 国家税务总局关于增值税税控系统专用设备和技术维护费用抵减增值税税额有关政策的通知》（财税[2012]15号）规定：

☆ 增值税纳税人自2011年12月1日（含，下同）以后初次购买增值税税控系统专用设备（包括分开票机）支付的费用，可凭购买增值税税控系统专用设备取得的增值税专用发票，在增值税应纳税额中全额抵减（抵减额为价税合计额），不足抵减的可结转下期继续抵减。增值税纳税人非初次购买增值税税控系统专用设备支付的费用，由其自行负担，不得在增值税应纳税额中抵减。

☆ 增值税税控系统包括：增值税防伪税控系统、货物运输业增值税专用发票税控系统、机动车销售统一发票税控系统和公路、内河货物运输业发票税控系统。

☆ 增值税防伪税控系统的专用设备包括金税卡、IC卡、读卡器或金税盘和报税盘；货物运输业增值税专用发票税控系统专用设备包括税控盘和报税盘；机动车销售统一发票税控系统和公路、内河货物运输业发票税控系统专用设备包括税控盘和传输盘。

☆ 增值税纳税人2011年12月1日以后缴纳的技术维护费（不含补缴的2011年11月30日以前的技术维护费），可凭技术维护服务单位开具的技术维护费发票，在增值税应纳税额中全额抵减，不足抵减的可结转下期继续抵减。技术维护费按照价格主管部门核定的标准执行。

☆ 增值税一般纳税人支付的二项费用在增值税应纳税额中全额抵减的，其增值税专用发票不作为增值税抵扣凭证，其进项税额不得从销项税额中抵扣。

4.5.4 发票管理

税务人员负责增值税发票的领取、认证、抵扣等工作。在工作中应注意以下几个方面：

（1）增值税进项税抵扣的凭证

《营业税改征增值税试点实施办法》第二十五条规定：下列进项税额准予从销项税额中抵扣：

☆ 从销售方取得的增值税专用发票（含税控机动车销售统一发票，下同）上注明的增值税额。

☆ 从海关取得的海关进口增值税专用缴款书上注明的增值税额。

☆ 购进农产品，除取得增值税专用发票或者海关进口增值税专用缴款书外，按照农产品收购发票或者销售发票上注明的农产品买价和13%的扣除率计算的进项税额。计算公式为：进项税额 = 买价 × 扣除率。其中买价，是指纳税人购进农产品在农产品收购发票或者销售发票上注明的价款和按照规定缴纳的烟叶税。

☆ 从境外单位或者个人购进服务、无形资产或者不动产，自税务机关或者扣缴义务人取得的解缴税款的完税凭证上注明的增值税额。

（2）增值税专用发票认证申报抵扣的期限和逾期处理方法

《国家税务总局关于调整增值税扣税凭证抵扣期限有关问题的通知》（国税函[2009]617号）规定：

☆ 增值税一般纳税人取得2010年1月1日以后开具的增值税专用发票、公路内河货物运输业统一发票和机动车销售统一发票，应在开具之日起180日内到税务机关办理认证，并在认证通过的次月申报期内，向主管税务机关申报抵扣进项税额。

☆ 实行海关进口增值税专用缴款书（以下简称海关缴款书）"先比对后抵扣"管理办法的增值税一般纳税人取得2010年1月1日以后开具的海关缴款书，应在开具之日起180日内向主管税务机关报送《海关完税凭证抵扣清单》（包括纸质资料和电子数据）申请稽核比对。

未实行海关缴款书"先比对后抵扣"管理办法的增值税一般纳税人取得2010年1月1日以后开具的海关缴款书，应在开具之日起180日后的第一个纳税申报期结束以前，向主管税务机关申报抵扣进项税额。

☆ 增值税一般纳税人取得2010年1月1日以后开具的增值税专用发票、公路内河货物运输业统一发票、机动车销售统一发票以及海关缴款书，未在规定期限内到税务机关办理认证、申报抵扣或者申请稽核比对的，不得作为合法的增值税扣税凭证，不得计算进项税额抵扣。

（3）增值税专用发票逾期未认证处理方法

关于增值税发票逾期未认证申报抵扣的情况，《国家税务总局关于逾期增值税扣税凭证抵扣问题的公告》（国家税务总局公告2011年第50号）规定：

对增值税一般纳税人发生真实交易但由于客观原因造成增值税扣税凭证逾期

的，经主管税务机关审核、逐级上报，由国家税务总局认证、稽核比对后，对比对相符的增值税扣税凭证，允许纳税人继续抵扣其进项税额。

增值税一般纳税人由于除本公告第二条规定以外的其他原因造成增值税扣税凭证逾期的，仍应按照增值税扣税凭证抵扣期限有关规定执行。

本公告所称增值税扣税凭证，包括增值税专用发票、海关进口增值税专用缴款书和公路内河货物运输业统一发票。

客观原因包括如下类型：

☆ 因自然灾害、社会突发事件等不可抗力因素造成增值税扣税凭证逾期；

☆ 增值税扣税凭证被盗、抢，或者因邮寄丢失、误递导致逾期；

☆ 有关司法、行政机关在办理业务或者检查中，扣押增值税扣税凭证，纳税人不能正常履行申报义务，或者税务机关信息系统、网络故障，未能及时处理纳税人网上认证数据等导致增值税扣税凭证逾期；

☆ 买卖双方因经济纠纷，未能及时传递增值税扣税凭证，或者纳税人变更纳税地点，注销旧户和重新办理税务登记的时间过长，导致增值税扣税凭证逾期；

☆ 由于企业办税人员伤亡、突发危重疾病或者擅自离职，未能办理交接手续，导致增值税扣税凭证逾期；

☆ 国家税务总局规定的其他情形。

（4）**不能开具增值税专用发票的情形**

《营业税改征增值税试点实施办法》第五十三条规定：属于下列情形之一的，不得开具增值税专用发票：

☆ 向消费者个人销售服务、无形资产或者不动产。

☆ 适用免征增值税规定的应税行为。

（5）**对无法认证的增值税专用发票的处理方法**

《国家税务总局关于全面推行增值税发票系统升级版有关问题的公告》（国家税务总局公告[2015]第19号）规定：

①一般纳税人开具增值税专用发票或货物运输业增值税专用发票（以下统称专用发票）后，发生销货退回、开票有误、应税服务中止以及发票抵扣联、发票联均无法认证等情形但不符合作废条件，或者因销货部分退回及发生销售折让，需要开具红字专用发票的，暂按以下方法处理：

☆ 专用发票已交付购买方的，购买方可在增值税发票系统升级版中填开并上传《开具红字增值税专用发票信息表》或《开具红字货物运输业增值税专用发票信息表》（以下统称《信息表》）。《信息表》所对应的蓝字专用发票应经税务机关认证（所购货物或服务不属于增值税扣税项目范围的除外）。经认证结果为"认证相符"并且已经抵扣增值税进项税额的，购买方在填开《信息表》时不填写相对应的蓝字专用发票信息，应暂依《信息表》所列增值税税额从当期进项税额中转出，未抵扣增值税进项税额的可列入当期进项税额，待取得销售方开具的红字专用发票后，与《信息表》一并作为记账凭证；经认证结果为"无法认证"、"纳税人识别号认证不符"、"专用发票代码、号码认证不符"，以及所购货物或服务不属于增值税扣税项目范围的，购买方不列入进项税额，不作进项税额转出，填开《信息表》时应填写相对应的蓝字专用发票信息。专用发票尚未交付购买方或者购买方拒收的，销售方应于专用发票认证期限内在增值税发票系统升级版中填开并上传《信息表》。

☆ 主管税务机关通过网络接收纳税人上传的《信息表》，系统自动校验通过后，生成带有"红字发票信息表编号"的《信息表》，并将信息同步至纳税人端系统中。

☆ 销售方凭税务机关系统校验通过的《信息表》开具红字专用发票，在增值税发票系统升级版中以销项负数开具。红字专用发票应与《信息表》一一对应。

☆ 纳税人也可凭《信息表》电子信息或纸质资料到税务机关对《信息表》内容进行系统校验。

☆ 已使用增值税税控系统的一般纳税人，在纳入升级版之前暂可继续使用《开具红字增值税专用发票申请单》。

②税务机关为小规模纳税人代开专用发票需要开具红字专用发票的，按照一般纳税人开具红字专用发票的方法处理。

③纳税人需要开具红字增值税普通发票的，可以在所对应的蓝字发票金额范围内开具多份红字发票。红字机动车销售统一发票需与原蓝字机动车销售统一发票一一对应。

（6）丢失增值税专用发票的处理方法

《国家税务总局关于简化增值税发票领用和使用程序有关问题的公告》（国家税务总局公告[2014]第19号）第三条规定：一般纳税人丢失已开具专用发票的发票联和抵扣联，如果丢失前已认证相符的，购买方可凭销售方提供的相应专用发票记账联复印件及销售方主管税务机关出具的《丢失增值税专用发票已报税证明单》或《丢失货物运输业增值税专用发票已报税证明单》（以下统称《证明单》），作为增值税进项税额的抵扣凭证；如果丢失前未认证的，购买方凭销售方提供的相应专用发票记账联复印件进行认证，认证相符的可凭专用发票记账联复印件及销售方主管税务机关出具的《证明单》，作为增值税进项税额的抵扣凭证。专用发票记账联复印件和《证明单》留存备查。

一般纳税人丢失已开具专用发票的抵扣联，如果丢失前已认证相符的，可使用专用发票发票联复印件留存备查；如果丢失前未认证的，可使用专用发票发票联认证，专用发票发票联复印件留存备查。

一般纳税人丢失已开具专用发票的发票联，可将专用发票抵扣联作为记账凭证，专用发票抵扣联复印件留存备查。

《国家税务总局关于全面推行增值税发票系统升级版有关问题的公告》（国家税务总局公告[2015]第19号）规定：增值税一般纳税人丢失海关缴款书，应在本通知第二条规定期限内，凭报关地海关出具的相关已完税证明，向主管税务机关提出抵扣申请。主管税务机关受理申请后，应当进行审核，并将纳税人提供的海关缴款书电子数据纳入稽核系统进行比对。稽核比对无误后,方可允许计算进项税额抵扣。

(7)杜绝"虚开增值税专用发票"

《最高人民法院关于适用〈全国人民代表大会常务委员会关于惩治虚开、伪造和非法出售增值税专用发票犯罪的决定〉的若干问题的解释》规定:具有下列行为之一的,属于"虚开增值税专用发票":①没有货物购销或者没有提供或接受应税劳务而为他人、为自己、让他人为自己、介绍他人开具增值税专用发票;②有货物购销或者提供或接受了应税劳务但为他人、为自己、让他人为自己、介绍他人开具数量或者金额不实的增值税专用发票;③进行了实际经营活动,但让他人为自己代开增值税专用发票。

延伸阅读4-6:虚开增值税发票的法律责任

(1)企业"虚开增值税专用发票"的法律责任

根据《全国人民代表大会常务委员会关于惩治虚开、伪造和非法出售增值税专用发票犯罪的决定》:

一、虚开增值税专用发票的,处三年以下有期徒刑或者拘役,并处二万元以上二十万元以下罚金;虚开的税款数额巨大或者有其他严重情节的,处三年以上十年以下有期徒刑,并处五万元以上五十万元以下罚金;虚开的税款数额特别巨大或者有其他特别严重情节的,处十年以上有期徒刑或者无期徒刑,并处没收财产。

有前款行为骗取国家税款,数额特别巨大、情节特别严重、给国家利益造成特别重大损失的,处无期徒刑或者死刑,并处没收财产。

虚开增值税专用发票的犯罪集团的首要分子,分别依照前两款的规定从重处罚。

虚开增值税专用发票是指有为他人虚开、为自己虚开、让他人为自己虚开、介绍他人虚开增值税专用发票行为之一的。

二、伪造或者出售伪造的增值税专用发票的,处三年以下有期徒刑或者拘役,并处二万元以上二十万元以下罚金;数量较大或者有其他严重情节的,处三年以上十年以下有期徒刑,并处五万元以上五十万元以下罚金;数量巨大或者有其他特别严重情节的,处十年以上有期徒刑或者无期徒刑,并处没收财产。

伪造并出售伪造的增值税专用发票,数量特别巨大、情节特别严重、严重破坏经济秩序的,处无期徒刑或者死刑,并处没收财产。

伪造、出售伪造的增值税专用发票的犯罪集团的首要分子,分别依照前两款的规定从重处罚。

三、非法出售增值税专用发票的,处三年以下有期徒刑或者拘役,并处二万元以上二十万元以下罚金;数量较大的,处三年以上十年以下有期徒刑,并处五万元以上五十万元以下罚金;数量巨大的,处十年以上有期徒刑或者无期徒刑,并处没收财产。

四、非法购买增值税专用发票或者伪造的增值税专用发票的,处五年以下有期徒刑、拘役,并处或者单处二万元以上二十万元以下罚金。

购买增值税专用发票或者伪造的增值税专用发票又虚开或者出售的,分别依照第一条、第二条、第三条的规定处罚。

五、虚开用于骗取出口退税、抵扣税款的其他发票的,依照本决定第一条的规定处罚。

虚开用于骗取出口退税、抵扣税款的其他发票是指有为他人虚开、为自己虚开、让他人为自己虚开、介绍他人虚开用于骗取出口退税、抵扣税款的其他发票行为之一的。

六、伪造、擅自制造或者出售伪造、擅自制造的可以用于骗取出口退税、抵扣税款的其他发票的,处三年以下有期徒刑或者拘役,并处二万元以上二十万元以下罚金;数量巨大的,处三年以上七年以下有期徒刑,并处五万元以上五十万元以下罚金;数量特别巨大的,处七年以上有期徒刑,并处没收财产。

伪造、擅自制造或者出售伪造、擅自制造的前款规定以外的其他发票的,比照刑法以第一百二十四条的规定处罚。

非法出售可以用于骗取出口退税、抵扣税款的其他发票的,依照第一款的规定处罚。

非法出售前款规定以外的其他发票的，比照刑法第一百二十四条的规定处罚。

七、盗窃增值税专用发票或者其他发票的，依照刑法关于盗窃罪的规定处罚。

使用欺骗手段骗取增值税专用发票或者其他发票的，依照刑法关于诈骗罪的规定处罚。

八、税务机关或者其他国家机关的工作人员有下列情形之一的，依照本决定的有关规定从重处罚。

（一）与犯罪分子相勾结，实施本决定规定的犯罪的；

（二）明知是虚开的发票，予以退税或者抵扣税款的；

（三）明知犯罪分子实施本决定规定的犯罪，而提供其他帮助的。

九、税务机关的工作人员违反法律、行政法规的规定，在发售发票、抵扣税款、出口退税工作中玩忽职守，致使国家利益遭受重大损失的，处五年以下有期徒刑或者拘役；致使国家利益遭受特别重大损失的，处五年以上有期徒刑。

十、单位犯本决定第一条、第二条、第三条、第四条、第五条、第六条、第七条第二款规定之罪的，对单位判处罚金，并对直接负责的主管人员和其他直接责任人员依照各该条的规定追究刑事责任。

十一、有本决定第二条、第三条、第四条第一款、第六条规定的行为，情节显著轻微，尚不构成犯罪的，由公安机关处十五日以下拘留、五千元以下罚款。

十二、对追缴犯本决定规定之罪的犯罪分子的非法抵扣和骗取的税款，由税务机关上缴国库，其他的违法所得和供犯罪使用的财物一律没收。

对于《全国人民代表大会常务委员会关于惩治虚开、伪造和非法出售增值税专用发票犯罪的决定》中相关问题的具体理解和解读，可参见《最高人民法院关于适用〈全国人民代表大会常务委员会关于惩治虚开、伪造和非法出售增值税专用发票犯罪的决定〉的若干问题的解释》。

（2）接受"虚开增值税专用发票"的法律责任

《国家税务总局关于纳税人取得虚开的增值税专用发票处理问题的通知》（国

税发〔1997〕134号）规定：

一、受票方利用他人虚开的专用发票，向税务机关申报抵扣税款进行偷税的，应当依照《中华人民共和国税收征收管理法》及有关法规追缴税款，处以偷税数额五倍以下的罚款；进项税金大于销项税金的，还应当调减其留抵的进项税额。利用虚开的专用发票进行骗取出口退税的，应当依法追缴税款，处以骗税数额五倍以下的罚款。

二、在货物交易中，购货方从销售方取得第三方开具的专用发票，或者从销货地以外的地区取得专用发票，向税务机关申报抵扣税款或者申请出口退税的，应当按偷税、骗取出口退税处理，依照《中华人民共和国税收征收管理法》及有关法规追缴税款，处以偷税、骗税数额五倍以下的罚款。

三、纳税人以上述第一条、第二条所列的方式取得专用发票未申报抵扣税款，或者未申请出口退税的，应当依照《中华人民共和国发票管理办法》及有关法规，按所取得专用发票的份数，分别处以一万元以下的罚款；但知道或者应当知道取得的是虚开的专用发票，或者让他人为自己提供虚开的专用发票的，应当从重处罚。

四、利用虚开的专用发票进行偷税、骗税，构成犯罪的，税务机关依法进行追缴税款等行政处理，并移送司法机关追究刑事责任。

《国家税务总局关于〈国家税务总局关于纳税人取得虚开的增值税专用发票处理问题的通知〉的补充通知》（国税发〔2000〕182号）规定：有下列情形之一的，无论购货方（受票方）与销售方是否进行了实际的交易，增值税专用发票所注明的数量、金额与实际交易是否相符，购货方向税务机关申请抵扣进项税款或者出口退税的，对其均应按偷税或者骗取出口退税处理。

一、购货方取得的增值税专用发票所注明的销售方名称、印章与其进行实际交易的销售方不符的，即134号文件第二条法规的"购货方从销售方取得第三方开具的专用发票"的情况。

二、购货方取得的增值税专用发票为销售方所在省（自治区、直辖市和计划单列市）以外地区的，即134号文件第二条法规的"从销货地以外的地区取得专用发票"的情况。

三、其他有证据表明购货方明知取得的增值税专用发票系销售方以非法手段获得的,即134号文件第一条法规的"受票方利用他人虚开的专用发票,向税务机关申报抵扣税款进行偷税"的情况。

《国家税务总局关于纳税人善意取得虚开的增值税专用发票处理问题的通知》(国税发[2000]187号)规定:

购货方与销售方存在真实的交易,销售方使用的是其所在省(自治区、直辖市和计划单列市)的专用发票,专用发票注明的销售方名称、印章、货物数量、金额及税额等全部内容与实际相符,且没有证据表明购货方知道销售方提供的专用发票是以非法手段获得的,对购货方不以偷税或者骗取出口退税论处。但应按有关规定不予抵扣进项税款或者不予出口退税;购货方已经抵扣的进项税款或者取得的出口退税,应依法追缴。

购货方能够重新从销售方取得防伪税控系统开出的合法、有效专用发票的,或者取得手工开出的合法、有效专用发票且取得了销售方所在地税务机关已经或者正在依法对销售方虚开专用发票行为进行查处证明的,购货方所在地税务机关应依法准予抵扣进项税款或者出口退税。

如有证据表明购货方在进项税款得到抵扣,或者获得出口退税前知道该专用发票是销售方以非法手段获得的,对购货方应按《国家税务总局关于纳税人取得虚开的增值税专用发票处理问题的通知》(国税发[1997]134号)和《国家税务总局关于〈国家税务总局关于纳税人取得虚开的增值税专用发票处理问题的通知〉的补充通知》(国税发[2000]182号)的规定处理。

4.5.5 其他要求

(1)需要补充的知识和技能

①了解的知识和技能

☆"营改增"的历程;

☆ "营改增"的意义;

☆ "营改增"对建筑行业及上下游的影响;

☆ "营改增"对建筑企业的影响。

②掌握的知识和技能

☆ 增值税的概念及涉税原理;

☆ 增值税的抵扣凭证;

☆ 虚开虚收增值税专用发票的法律风险、预防原理及处理措施;

☆ 小规模纳税人与一般纳税人的标准,对企业税负的影响及处理措施;

☆ 物资设备调拨与回收对企业税负的影响及处理措施;

☆ 不同业务类型(清包、专业分包等)对企业税负的影响及处理措施;

☆ 混合采购对企业税负的影响及处理措施;

☆ 甲供工程的认定标准及对企业税负的影响及处理措施;

☆ EPC等特殊形态的业务对企业税负的影响及处理措施。

(2)加强工作联系和沟通

税务人员应加强与当地地税局和国税局的沟通。税务人员还应加强与经营人员、采购与分包人员、法律法务人员的沟通交流。

4.6 财会岗位

4.6.1 账务处理

财会人员在"营改增"后应做好相关账务的处理。

(1)对于多次交易汇总统一开票确认进项税的方法

我国增值税进项税额的抵扣采用凭票抵扣原则,其中"票"指增值税专用发票、机动车销售统一发票、海关进口增值税专用缴款书、货物运输业增值税专用发票、农产品收购发票和中华人民共和国税收通用缴款书。凭票抵扣原则决定了"票"是进项税抵扣的唯一依据。即使实际的成本和费用已产生,在没取得相关抵扣凭证时也不得进行抵扣。

因此,对于多次交易汇总统一开票的情况,在尚未取得抵扣凭证时,即使账面计提了"进项税额"也无法在纳税申报中进行抵扣。在计提费用时未取得抵扣凭证,税务上是不认可相应进项税额的。

在会计实务中,为准确核算与供应商的往来,在计提费用时,可以将相应的进项税额计算出来,设置并计入"其他应收款"等待抵扣税金科目反映,待取得抵扣凭证后再转入"进项税额",这样能够同时保证税金核算的准确性并避免后期取得抵扣凭证后账面成本费用的调整。

(2)项目部销售废旧材料的账务处理

《企业会计准则第15号——建造合同》第十六条规定,合同完成后处置残余物资取得的收益等与合同有关的零星收益,应当冲减合同成本。

《营业税改征增值税试点有关事项的规定》中规定:一般纳税人销售自己使用过的、纳入"营改增"试点之日前取得的固定资产,按照现行旧货相关增值税政策执行。

财税[2009]9号文件规定:一般纳税人销售自己使用过的除固定资产以外的物品(如低值易耗品、下脚料等),应当按照适用税率征收增值税。

因此,项目部销售废旧材料的账务处理如下:

借:工程施工——合同成本(红字)

  现金／银行存款／应收账款

贷:应交税费——应交增值税(销项税额)

(3)项目部向分包商转供水、电、材料等的销项税额确认计量的方法

《增值税暂行条例》第一条规定:在中华人民共和国境内销售货物或者提供加工、修理修配劳务以及进口货物的单位和个人,为增值税的纳税人,应当依照本条例缴纳增值税。

财税[2009]9号规定:一般纳税人销售自己使用过的除固定资产以外的物品(如低值易耗品、下脚料等),应当按照适用税率征收增值税。

通常情况下，在分包商使用了项目部购买的水、电、材料等时，项目部会相应扣减分包商的应付劳务款或应付工程款，可视为项目部产生了与合同有关的零星收益，账务处理如下：

借：工程施工——合同成本（红字）
　　应付账款等
贷：应交税费——应交增值税（销项税额）

销项税额 = 转供水电等的金额 /（1+ 相应税率）× 相应税率。

对于一般纳税人企业，水费、电费、材料的增值税税率分别是 13%、17% 和 17%。

（4）业主奖励款的账务处理

《企业会计准则第 15 号——建造合同》第八条第二款规定：合同收入应当包括因合同变更、索赔、奖励等形成的收入。第十一条规定：奖励款，是指工程达到或超过规定的标准，客户同意支付的额外款项。奖励款同时满足下列条件的，才能构成合同收入：①根据合同目前完成情况，足以判断工程进度和工程质量能够达到或超过规定的标准；②奖励金额能够可靠地计量。

《增值税实施细则》第十二条规定：价外费用是指价外向购买方收取的手续费、补贴、基金、集资费返还利润、奖励费、违约金（延期付款利息）、包装费、包装物租金、储备费、优质费、运输装卸费、代收款项、代垫款项及其他各种性质的价外收费。

因此，业主的奖励款符合合同收入内容，在奖励款收入确认条件达到时应确认收入，开具发票，缴纳增值税，账务处理如下：

借：应收账款
贷：工程结算
　　应交税费——应交增值税（销项税额）

（5）业主罚款的账务处理

一般将业主的罚款计入"工程施工——合同成本"，项目部应就罚款金额向业主开具红字发票，或在后期工程计价中作为扣减项，以扣减后的余额开具蓝字发票。

（6）项目部对分包商的奖励款的账务处理

项目部应将对分包商的奖励款计入直接人工成本，并向分包商索取发票。账务处理如下：

借：工程施工——合同成本——直接人工
　　应交税费——应交增值税（进项税额）
贷：应付账款/银行存款

（7）项目部对分包商的罚款的账务处理

项目部应将罚款红字计入直接人工成本并向分包商索取红字发票，或在下期对分包商的计价中扣减相应罚款并按扣减后的金额索取发票。账务处理如下：

借：工程施工——合同成本——直接人工（红字）
　　应交税费——应交增值税（进项税额）（红字）
　　借：应付账款/银行存款

或

借：工程施工——合同成本——直接人工（蓝字，计量当期计价）
　　工程施工——合同成本——直接人工（红字，计量当期罚款）
　　应交税费－应交增值税（进项税额）
贷：应付账款

（8）总分支机构汇总纳税模式下，分支机构进项税额和销项税额向总部机构的结转不能向相关会计科目作负数冲销

《财政部关于印发企业执行新税收条例有关会计处理规定的通知》（财会字[1993]第83号）规定："进项税额"专栏，记录企业购入货物或接受应税劳务而支付的、准予从销项税额中抵扣的增值税额。退回所购货物应冲销的进项税额，用红字登记。"销项税额"专栏，记录企业销售货物或提供应税劳务应收取的增值税额。退回销售货物应冲销销项税，用红字登记。

因此，在增值税的会计核算中，红字登记为专门用途。为不将税金结转和退

回的会计核算相混淆，分支机构进项税额和销项税额向总部机构结转时，不能向相关会计科目作负数冲销。

（9）确认、计量工程预收款事项的方法

《营业税改征增值税试点实施办法》第四十五条第二点规定：纳税人提供建筑服务、租赁服务采取预收款方式的，其纳税义务发生时间为收到预收款的当天。即工程预收款需要计提销项税。账务处理如下：

建筑企业收到业主支付的工程预付款时：

借：银行存款

贷：预收账款

同时：

借：其他应收款——增值税销项税额

贷：应交税费——应交增值税（销项税额）

销项税额 = 预收账款 /（1+11%）× 11%

待预收账款形成工程结算后：

借：应收账款

　　预收账款

贷：工程结算

　　应交税费——应交增值税（销项税额）

　　其他应收款——增值税销项税额

（10）"营改增"后，"预点料"的账务处理

"预点料"为原材料暂估入库，由于未取得增值税专用发票，不能申报抵扣进项税额。如暂估金额按照不含税价格暂估，应付账款科目不能准确反映实际应付金额。为保证账面能够准确反映公司的财务往来，在实际处理中可将暂估价款的增值税金额暂估在应付账款内，或按含税价暂估入账并将暂估的增值税放在"其他应收款——暂估进项税金"中。

按照不含税价暂估入库的账务处理：

按不含税价预点料：

借：原材料

贷：应付账款

取得增值税专用发票时的账务处理：

红字冲销原预点料时的分录：

借：原材料

贷：应付账款

按发票金额及税额重新入账：

借：原材料

　　应交税费——应交增值税（进项税额）

贷：应付账款

按照含税价暂估入库的账务处理：

预点料时，应付账款按含税暂估价入账，价税分离后的不含税价格计入原材料，税金计入其他应收款：

借：原材料

　　其他应收款——暂估进项税金

贷：应付账款

取得增值税专用发票后，根据发票注明的税金，转入"进项税额"：

借：应交税费——应交增值税（进项税额）

贷：其他应收款——暂估进项税金

（11）未申报抵扣的增值税专用发票在资产负债表中的处理

可将发票所列税额暂挂"其他应收款"，同时确认其他相关资产负债。次年发票通过认证后，从"其他应收款"转入"应交税费——应交增值税（进项税额）"。

或者年末不进行任何账务处理，待次年再行处理。

（12）已完工工程，已对业主全额开具增值税专用发票，但业主扣留了一定比例质量保证金，在质保期满回款时只收回部分金额，无法收回的部分的处理方法因工程质量问题、合作关系等原因导致的豁免，作商业折扣处理，冲减当期销售收入和应收账款，可按规定开具红字专用发票。

为提前收回货款而给予的现金折扣，应计入财务费用。

由于业主方财务困难所给予的豁免，按债务重组处理，计入营业外支出，但需满足资产损失核销的相关条件。

（13）对于购买并已抵扣进项税的固定资产，改变用途用于不可抵扣进项税的项目时的账务处理

《财政部 国家税务总局关于全国实施增值税转型改革若干问题的通知》（财税[2008]170号）纳税人已抵扣进项税额的固定资产发生条例第十条(一)~(三)项所列情形的，应在当月按下列公式计算不得抵扣的进项税额：不得抵扣的进项税额＝固定资产净值×适用税率。本通知所称固定资产净值，是指纳税人按照财务会计制度计提折旧后计算的固定资产净值。根据上述规定，该情况下的账务处理为：

借：固定资产

贷：应交税费——应交增值税（进项税额转出）

固定资产改变用途可视为在新用途方面取得一项固定资产，应重新估计使用年限及残值。

（14）增值税一般纳税人初次购买增值税税控系统专用设备和以后的技术维护费用的账务处理

《财政部关于印发〈营业税改征增值税试点有关企业会计处理规定〉的通知》（财会[2012]13号）第四条中规定：

按税法有关规定，增值税一般纳税人初次购买增值税税控系统专用设备支付的费用以及缴纳的技术维护费允许在增值税应纳税额中全额抵减的，应在"应交税费——应交增值税"科目下增设"减免税款"专栏，用于记录该企业按规定抵减的增值税应纳税额。

企业购入增值税税控系统专用设备，按实际支付或应付的金额，借记"固定

资产"科目,贷记"银行存款"、"应付账款"等科目。按规定抵减的增值税应纳税额,借记"应交税费——应交增值税(减免税款)"科目,贷记"递延收益"科目。按期计提折旧,借记"管理费用"等科目,贷记"累计折旧"科目;同时,借记"递延收益"科目,贷记"管理费用"等科目。

企业发生技术维护费,按实际支付或应付的金额,借记"管理费用"等科目,贷记"银行存款"等科目。按规定抵减的增值税应纳税额,借记"应交税费——应交增值税(减免税款)"科目,贷记"管理费用"等科目。

4.6.2 资金管理

"营改增"后,财务人员应加强资金的集中管理,在工作中,应注意以下事项。

(1)"营改增"后,供应商要求建筑企业将款项打到非合同签订时所指定的账户的可行性

《国家税务总局关于加强增值税征收管理若干问题的通知》(国税发[1995]192号)规定:纳税人购进货物或应税劳务,支付运输费,所支付款项的单位,必须与开具抵扣凭证的销货单位、提供劳务的单位一致,才能够申报抵扣进项税额,否则不予抵扣。

因此,当供应商所要求的打款账户不属于供应商时,存在所支付款项单位与开具增值税专用发票单位不一致的现象,无法对进项税额进行申报抵扣。

如果供应商所要求打款账户属于其自身,则不存在所支付款项单位与开具增值税专用发票单位不一致的现象,理论上建筑企业可以凭此发票进行进项税申报抵扣。但在实际操作中,需要供应商提供相关证明确保其与所指定账户的从属关系,增加了管理成本和风险,故建议建筑企业不要轻易更改对供应商的打款账户,付款严格按照合同执行。

(2)"营改增"后,财会人员对增值税缴纳的资金准备

增值税纳税时间和营业税纳税时间有所不同。《营业税改征增值税试点实施办法》中第四十五条规定:

增值税纳税义务、扣缴义务发生时间为：

（一）纳税人发生应税行为并收讫销售款项或者取得索取销售款项凭据的当天；先开具发票的，为开具发票的当天。

收讫销售款项，是指纳税人销售服务、无形资产、不动产过程中或者完成后收到款项。

取得索取销售款项凭据的当天，是指书面合同确定的付款日期；未签订书面合同或者书面合同未确定付款日期的，为服务、无形资产转让完成的当天或者不动产权属变更的当天。

（二）纳税人提供建筑服务、租赁服务采取预收款方式的，其纳税义务发生时间为收到预收款的当天。

（三）纳税人从事金融商品转让的，为金融商品所有权转移的当天。

（四）纳税人发生本办法第十四条规定情形的，其纳税义务发生时间为服务、无形资产转让完成的当天或者不动产权属变更的当天。

（五）增值税扣缴义务发生时间为纳税人增值税纳税义务发生的当天。

第四十七条规定：

增值税的纳税期限分别为1日、3日、5日、10日、15日、1个月或者1个季度。纳税人的具体纳税期限，由主管税务机关根据纳税人应纳税额的大小分别核定。以1个季度为纳税期限的规定适用于小规模纳税人、银行、财务公司、信托投资公司、信用社，以及财政部和国家税务总局规定的其他纳税人。不能按照固定期限纳税的，可以按次纳税。

纳税人以1个月或者1个季度为1个纳税期的，自期满之日起15日内申报纳税；以1日、3日、5日、10日或者15日为1个纳税期的，自期满之日起5日内预缴税款，于次月1日起15日内申报纳税并结清上月应纳税款。

扣缴义务人解缴税款的期限，按照前两款规定执行。

按时按规缴税是纳税人的义务，《中华人民共和国税收征收管理办法》第二十五条规定：纳税人必须依照法律、行政法规规定或者税务机关依照法律、行政法规的规定确定的申报期限、申报内容如实办理纳税申报，报送纳税申报表、财务会计报表以及税务机关根据实际需要要求纳税人报送的其他纳税资料。第三十一条规定：纳税人、扣缴义务人按照法律、行政法规规定或者税务机关依照法律、行政法规的规定确定的期限，缴纳或者解缴税款。

因此，为避免法律风险，财会岗位员工应在充分理解增值税缴纳规则的基础上，提前做好资金使用计划和资金筹措工作，保证企业能够按时缴纳增值税。

4.6.3 其他要求

（1）需要补充的知识和技能

①了解的知识和技能

☆ "营改增"的历程；

☆ "营改增"的意义；

☆ "营改增"对建筑行业及上下游的影响；

☆ "营改增"对建筑企业的影响。

②掌握的知识和技能

☆ 增值税的概念及涉税原理；

☆ 增值税的抵扣凭证；

☆ 虚开虚收增值税专用发票的法律风险、预防原理及处理措施；

☆ 小规模纳税人与一般纳税人的标准，对企业税负的影响及处理措施；

☆ 物资设备调拨与回收对企业税负的影响及处理措施；

☆ 不同业务类型（清包、专业分包等）对企业税负的影响及处理措施；

☆ 混合采购对企业税负的影响及处理措施；

☆ 甲供工程的认定标准及对企业税负的影响及处理措施；

☆ EPC等特殊形态的业务对企业税负的影响及处理措施。

（2）加强工作联系和沟通

法务合约人员在应就"营改增"事项加强与税务管理岗位、经营人员、采购与分包人员的合作交流，交流的主要内容包括采购过程中涉及的税务筹划和风险规避，以达到合理控制成本、降低税负、规避风险的目的。

4.7 其他职能部门

4.7.1 人力资源部

4.7.1.1 组织调整

在建筑企业"营改增"的过程中，可能会涉及一些组织机构和人员调整工作。这部分工作需要由人力资源部主导完成。

在调整过程中，人力资源部需要根据实际情况，制定完善的组织优化方案，其中包括对相关组织设置、组织职责、岗位设置、岗位职责、岗位任职资格的调整合优化。

方案通过后需要付诸具体实施，人力资源部应及时做好相关人员配置工作，在做好人力资源规划的基础上，通过内部调岗、外部招聘等手段补充所需人员，并严格按照相关岗位任职资格将各岗位人员配置齐备，同时，做好相应的薪酬福利、绩效考核等配套调整工作。

4.7.1.2 培训管理

在"营改增"期间，企业内部将产生大量的培训需求，涉及范围涵盖公司高层到一般员工，作为培训工作的管理部门，人力资源部需要及时汇总各部门培训需求；制定合理可行的培训计划并调集所需培训资源；根据计划组织培训实施；对培训效果进行评估考核；并在整个过程中不断完善培训体系中涉及"营改增"的相关内容。

4.7.1.3 员工绩效考核

调整与"营改增"关系密切岗位员工的绩效考核指标，加入能够帮助企业顺利应对"营改增"的考核指标，对员工加以约束和激励。

4.7.2 企业管理部

4.7.2.1 组织绩效考核

调整企业经营指标，剔除增值税税额的影响。

调整对项目部的成本或利润考核指标，剔除增值税税额的影响。

调整与"营改增"关系密切部门的组织绩效考核指标，加入能够帮助企业顺利应对"营改增"的考核指标，对相关人员加以约束和激励。

4.7.2.2 体系完善

在企业"营改增"过程中，管理体系中的相关制度文件需要作出相应调整。企业管理部需要牵头各部门，对相关管理制度进行梳理；制定合理的管理体系完善计划；按计划开展管理体系优化工作；并对体系制度的执行情况进行监控。

需要注意的是，在"营改增"初期，由于员工理念不到位、既往工作惯性大、对新流程不熟悉等因素，员工对"营改增"下新制度的执行可能会存在较大问题。这时更需要企业管理部加大相关制度的宣贯和监督执行力度，以降低潜在风险，帮助企业快速完成"营改增"的过渡期和适应期。

4.7.3 信息化管理部门

在"营改增"过程中，相关工作流程需要调整，与之对应的信息化系统应随之作出调整。此外，原有信息系统中还需要添加企业在增值税税制运作下所需的新的系统模块。企业信息化管理部门应与相关部门及时沟通，提早做好信息系统优化与升级计划，并按照计划开展信息化系统升级工作，同时建立实时反馈机制，根据信息系统在运行中出现的问题不断调整。

05

"营改增"如何变革管理

- 5.1 "营改增"是一场变革
- 5.2 变革管理的概述
- 5.3 "营改增"如何进行变革

5 "营改增"如何变革管理

"营业税"改征"增值税"对建筑企业而言是一个外部环境的重大变化。这种重大变化来得如此之猛烈,如此之急促,以至企业还没有弄明白"营改增"是怎么回事,它已经悄然来得了眼前。当前,有些企业还没有意识到"营改增"意味着企业结构的重塑、流程的重塑、制度的重塑;有些企业感觉到了"营改增"带来的企业管理压力,但对于如何化解这种压力,尚缺乏系统的方法和策略。以上现象的出现主要是因为建筑企业缺乏变革的意识和变革的管理与领导。

基于此,本书从企业角度和员工角度对"营改增"为什么是一场变革,以及如何系统地应对这场变革做出分析,同时穿插介绍一些变革管理的基本概念与一些企业变革管理的具体案例。

5.1 "营改增"是一场变革

5.1.1 什么是变革

5.1.1.1 变革与变革管理

变革,是指改变事物的本质,其最早的出处来自于《礼记·大传》:"立权度量,考文章,改正朔,易服色,殊徽号,异器械,别衣服,此其所得与民变革者也。"通常,"变革"一词的应用对象是指社会制度,如中国的改革开放、英国的工业革命、日本的明治维新等。

变革管理,即为对变革进行管理。意思是指当组织成长缓慢,内部不良问题产生,无法适应环境变化,必须做出变革策略,进行必要的调整与改善管理,以达到顺利转变,应对环境的变化。

变革的核心是管理变革,而管理变革的成功来自于变革管理。变革的成功率并不是100%,有时甚至非常低,常常使人产生一种"变革是死,不变也是死"的恐惧。但是外部环境的压力和自身成长的需要,"变革可能失败,但不变肯定失败"。所以,要想成功进行变革,就必须对变革管理有深刻的理解。

5.1.1.2 变革管理的对象

人们在变革管理对象的认知方面的误区往往可以分为两类:一种是认为变革管理的对象仅仅是产品、服务和与之相关的流程,变革管理是组织中的人对如产品、服务等产出和与之相关的流程的改进型或创新型管理;另一种是认为变革管理是组织中的管理层对包括基层人员在内的如产品、服务等产出和与之相关的历程的管理,而且这种变革管理是自上而下的。这两种对于变革管理对象错误的认知导致不思进取,缺乏创新,尽管基层人员非常努力,但是也难以避免由于坏境的变化而被淘汰出局的命运。

所以,对于变革管理的对象,应该包括两方面:一方面是组织的成员,这里所指组织的成员包括两类人员,即管理层人员和基层人员;另一方面是指如产品、服务等产出和与之相关的流程。

在一个组织中,必然是管理层首先认识到变革的重要性、必要性和紧迫性,才能主动寻求变革,这样才能领导组织中的每一个成员积极参与到变革管理中来。在扁平化的组织结构中,由于管理距离的缩短,变革管理才能有效地实施落地。

5.1.1.3 变革管理的类型

变革管理的分类方式有很多,一般可以根据变革的速度进行分类,也可以根据应对变革的时间进行分类,还可以根据变革的内容进行分类。

(1)按变革的速度分类:可以分为激进式变革和渐进式变革。

激进式变革是一种能够以较快的速度达到目标状态的变革方式,这种变革模式对组织进行的调整是大幅度的、全面的,可谓是超调量大,所以变革过程就会很快,与此同时,超调量大会导致组织的平稳性差,严重的时候会导致组织崩溃,这就是许多组织变革反而加快了灭亡的原因。激进式变革的理论依据是:组织所处的环境是一个有大量相互独立且相互作用因素形成的复杂的开放系统,组织的各项行动往往受到内外部环境的干扰而偏离方向。复杂系统的常见状态就是出于有规则与无秩序之间的连续变化性,这种变化就使组织不可能对正在发生的情况进行足够的了解,并且没有办法准确地预测行动的结果,因此,组织必须以一种彻底的方式进行持续的变革,保证组织的生存和竞争力。

渐进式变革是一种通过局部的修补和调整来逐步达到目标状态的变革方式,这种变革对组织进行的调整是小幅度的、稳扎稳打的。这种变革模式要求要尽可能多地收集信息,多方论证,使组织上下对变革做好充分的准备工作,通过不断的量变实现质变,达到最终的目的。渐进式变革的理论依据是:组织所处的环境是一个简单的、稳定的封闭系统,组织所采取的行动一般都会产生预期的结果,而不会受到来自于外部环境过多的干扰,组织可以通过对所处环境的充分分析,制定详尽的、可执行的方案,组织能够对自己所采取的每个行动带来的可能结果有充分的了解,由于组织是在较稳定和可预测的环境内发展,因而对变革的需求将是较少的,并且变革状态可以看成由一个相对稳定的状态转移到另一个状态。

激进式变革和渐进式变革各有优缺点,激进式变革是一种全面的转变,在短期内改善效果明显,有助于显示变革的决心,但同时也会带来巨大的恐慌和不稳定感,会引起人们的强烈抗拒。渐进式变革可以通过事先制定的时间表、计划目标和方法,对行动的结果有一个全面的理解,使得计划容易被理解、接受和实施,但这种方式忽视了企业所处环境快速变化的特点和变革过程的复杂性以及整体关联性,解决问题的时间太长,难以适应环境的快速变化。

(2)按变革的应对时间分类:可以分为后应式变革和先进式变革。

后应式变革,是指组织在意识到自身确实存在某些重大危机时,为了寻求出路而被迫进行的变革,这种变革是在内外部环境的逼迫下不得不进行的,这种变革往往是短时间内的、紧迫的变革。

先进式变革,是指组织在对未来内外部环境发展趋势进行充分的分析和预测的基础上,意识到潜在的危机,为了应对这种潜在的危机而主动引发的变革,这种变革往往是计划充分的变革。

(3)按变革的内容分类:可以分为战略变革、结构变革、流程变革、文化变革等。

战略变革是指转变组织的长期发展战略和目标,战略的变革是所有变革的核心，会导致结构、流程、文化等相应发生根本性改变，战略变革往往具有创新性和革命性。

结构变革是指转变组织的结构，通过组织结构的转变，从工作分工、授权、管理层次等方面进行调整和设计，以应对内外部环境的变化。

流程变革是指转变组织的管理流程，组织通过管理流程的改变、重构，提高对内外部环境的适应能力，由于环境变化的持续性和灵活性，流程变革常常处于循环改进的状态。

文化变革是指转变组织的价值观、信念、习俗仪式、处事方式等特有的文化形象，文化变革的核心是价值观的变革，文化维度上的改变，需要管理层引导全员建立新的、先进的价值观，和组织的发展相辅相成。

5.1.1.4 变革的必要性

著名的管理大师彼得·德鲁克提出："我们无法左右变革，我们只能走在变革的前面。""变革是无法避免的事情。"环境是复杂多变的，必须不断变革才能保证社会、企业等不断生存、进步和发展。例如，二十世纪七八十年代，由于美国最大的汽车制造企业——通用汽车公司和联合汽车工会故步自封，放弃变革，日本汽车公司通过变革管理，将日本制造的汽车成功打入美国市场，短短的十年间，日本汽车在美国轿车市场的占有率上升至30%。另外，二十世纪九十年代，瑞士斯沃琪公司在保留原有欧米茄、浪琴等欧洲经典品牌手表的同时，在美国和亚洲新兴市场推出时尚型的斯沃琪手表，提高了瑞士手表在新兴市场的占有率。

变革的产生和环境的变化密不可分，环境的变化是变革的动因，可以归纳为以下两个方面：

（1）外部环境：外部环境的变化可能会对社会的发展、企业的经营形成制约，也有可能产生放松。

对企业而言，一般的外部环境是指企业面临的政治法律、经济、社会文化、技术等环境因素，企业的外部环境变化可能会对企业的经营活动形成制约，如加强对环保减排的要求；也有可能放松原有的制约，如新技术的发展与应用；也有可能对企业所处的具体外部环境产生影响，如管制的放松，降低行业进入壁垒，导致竞争加剧。

（2）内部环境：内部环境的变化包括两类，一类是日益积累而产生的变化，另一类是突然发生而产生的变化，两类变化有可能是有益的，也有可能是有害的。

对企业而言，企业内部环境一直处于变化中，有些变化对企业是有益的，而有些则是有害的。有些变化是日益积累的，当积累到一定程度的时候，就会成为企业发展的阻力，变革便不可避免，如日益严重的官僚主义、业务流程不顺畅、部门之间冲突加剧、组织僵化、集体利益被忽视、缺乏创新和学习等，这些情况在企业内部出现时，就必须进行变革，否则企业会面临被淘汰的风险。有些变化是突然的，不可预知的，如突发质量事故、突发安全事故等，这些变化的出现有可能给企业带来机遇，也有可能带来威胁，此时，变革的实施，既可能是在显现后实施的"后应式变革"，也有可能是在尚未显现时实施基于对未来变化趋势的预测的"先进式变革"。

5.1.2 为什么说"营改增"是一场变革

5.1.2.1 "营改增"对建筑企业挑战大

在"营改增"中，建筑企业及其员工都面临着巨大挑战。对于企业而言，面临的挑战主要有：

（1）"营改增"使行业环境更加复杂

"营改增"牵扯到多个方面的利益：政府不同层面、不同区域的利益，建筑行业上下游产业的利益，建筑企业自身的利益等。诸多利益方针对"营改增"的博弈、试探已进行多时，并且在"营改增"正式推行后仍将持续下去。虽然政府部门、税务专家、行业协会、建筑企业管理者对"营改增"已做了大量研究和准备工作，但在今后仍会出现很多不可预见的问题。"营改增"使建筑企业所处的行业环境更加复杂，企业需要小心地面对复杂环境中的各种因素。

(2) 建筑企业规模大、组织层次多、业务模式复杂

①建筑企业数量多、体量大

2015年世界财富500强，中国有107家，其中建筑企业7家，中国建筑排名37位，营业收入1300亿美金；2015年全球最大250家国际承包商，有65家中国内地企业上榜，数量居全球第一位。从绝对值看，最大建筑企业"中国建筑"，2015年营业收入接近9000亿元，施工总包业务接近7000亿元，其各级机构数量达900个；在建筑行业营业收入达到十亿百亿规模并不罕见。在如此巨量的规模之后，是大量复杂的管理流程，其中相当一部分流程会在建筑企业"营改增"后发生转变，这种程度的工作量和变革幅度将对企业造成巨大冲击。

②在组织层次多

大型建筑企业一般人数较多，拥有数量不等的分、子公司及项目部等外派机构，管理模式上呈现多个层级。从公司法律地位来看，建筑企业的组织架构主要有两种方式："母－子"架构及"总－分"架构。从各管理层级的机构职责来看主要有三类，主要执行管理职能的企业集团总部，如"集团公司"；直接管理工程项目部的企业，包括具有法人地位和非法人地位的"子（分）公司"；企业的派出施工机构，如"项目部"、"指挥部"、"经理部"等。就以上层次看，建筑企业的组织层次较其他行业而言较多。

③业务模式复杂

经营方面，可分为总包直营、总分包模式、联营模式等；在项目运行方面又可分为法人直管项目、项目经理承包制、总分公司模式、母子公司模式等。在实际情况中，同一家建筑企业内部可能会存在多种经营和项目运行模式，不同模式下所需做的"营改增"工作往往存在较大差异，无形中大幅度地增加了企业的变革难度和成本，对企业顺利应对"营改增"造成挑战。

(3) 营业税惯性大，相比制造业，建筑业与"增值税"相关的岗位多、人员多、环节复杂

建筑企业已在营业税税制下运行多年，相关岗位员工早已形成了适应于营业

税税制的工作习惯，其惯性之大，使得企业在向增值税税制运行模式的转型中面临较大阻力。同时根据国家统计局2014年的数据显示，建筑业企业利税总额合计11954.25亿元，占国内各项税收总额的10.03%，其中建筑企业主营业务税金及附加达到5325.48亿元，管理费用中的税金221.64亿元。由于建筑企业的人数规模较大，组织层次多，设置部门相应也较多，"营改增"后，建筑企业中增值税涉及的相关职能、相关部门、相关人员较多，而由于人员多、层次多，也导致了增值税中涉及的相关环节多。按照一般建筑企业的职能和部门设置来看，涉及的职能和部门主要有：

☆ 涉及职能：财务管理、采购管理、经营管理、法务管理、安全管理、工程管理、人力资源管理等。

☆ 涉及部门：财务、税务、物资、设备、经营、计划、法务合约、安全生产/工程管理、人力资源、办公室等。

（4）项目区域广

由于建筑业业务的特殊性，一般来说，建筑企业工程项目一般以某个地点为中心，覆盖周边省市，也有一些大型建筑企业集团，其工程项目已经不再局限某一区域，而是覆盖全国，更有一些行业领先的企业，已经将工程项目扩展到了海外。根据相关政策规定，跨地区的项目需要在当地预缴增值税，并在企业总部进行统一结算，这增加了企业的税务管理成本，企业不得不投入更多的资源来加以应对。

（5）采购形成的单据多，进项税来源复杂，上游单位管理水平不高

建筑企业所需采购的材料、设备、服务种类繁多复杂，采购模式多样，供应商鱼龙混杂，使得建筑业采购形成的单据数量多、种类复杂，上游单位管理水平不高，需要企业投入大量精力进行梳理。

①票据多

根据相关专业统计，建筑企业平均一张发票的面额为三万多元，照此估算，建筑企业一年会产生进项税发票共计5亿张，若以建筑行业从业人员五千万人来测算，平均每人十张发票，以管理人员和一般员工1：10的比例计算，每个管

理人员平均一年要处理一百张发票,如果以财务人员来看,平均一年要处理的发票将超过一千张,就上述而言,财务人员每年的工作量将大大增加。

②进项税来源复杂

建筑企业在进行工程项目施工时,涉及的主要进项税来源包括人工费、材料费、机械租赁费、其他费用等,其中人工费又包括了内部人工、劳务分包、劳务派遣等;材料费中可能涉及的种类更多,包括商品混凝土、钢筋、水泥、砂、石、涂料等,种类繁多。综上所述,建筑企业的进项税来源较其他行业相对复杂。

③上游单位管理水平不高

建筑企业工程项目中涉及的上游单位,包括劳务、材料等的供应商,其中有许多管理并不规范,管理水平也不高,尤其是发票管理、税务管理等方面。这就导致建筑企业进项税发票的取得比较困难,而进项税发票若不能按时按量取得,就会对建筑企业的税负产生不利影响,进而对企业的现金流造成影响。

(6) 供应链的某些环节不规范,尤其是地材和劳务供应商

按照建筑企业的现状来看,企业的供应链中存在较多不规范现象,如供应商、分包商资质不全、合作形式不规范等,这些现象在地材和劳务供应商中尤为常见。

①地材

建筑企业在进行地材采购时,由于一般在工程所在地采购,且多为个体户或当地农民,大量地材无法取得可抵扣的增值税进项税发票,这会导致建筑企业进项税的减少,增加企业的税负负担。

②劳务

建筑企业在工程项目施工中,除了使用内部人工外,还会采用劳务分包和劳务派遣的方式,两者的税务规定不同,会计核算也不同。一般纳税人和小规模纳税人两类劳务分包商各自适用的税率也不同,其中很多劳务分包商管理并不规范,建筑企业要想取得增值税专用发票比较困难,会导致建筑企业进项税的减少,增加企业的税负负担。

"营改增"后,供应链环节不规范给建筑企业造成的风险被成倍放大,但出

于实际考虑，建筑企业一般不能完全断绝与这些供应商的合作，这使得建筑企业在面对"营改增"时所要迎接的挑战空前巨大。

对于员工而言，面临的主要挑战有：

（1）员工现有税务理念无法满足"营改增"要求

过去，施工企业对税务管理、发票管理等方面重视不足，相关岗位员工缺乏在税务方面规避风险、节约成本的理念。"营改增"后，税务和发票管理理念缺失对企业在法律和成本方面造成的风险成本增加，相关员工必须在短期内培养出适应增值税税制的理念方能帮助企业顺利应对"营改增"。

（2）员工能力有待提高

一般员工税务知识缺乏，无法在增值税税制下帮助企业有效规避风险和不必要的成本。"营改增"后，企业对相关岗位员工在合同管理、税务管理、采购管理等方面的关键能力有更高的要求。

（3）员工习惯需要改进

"营改增"后，员工需要提高工作的标准化、合规化和风险防控程度。增值税税制对企业相关工作流程的标准化、合规化程度提出了更高的要求，任何一点不合规都有可能给企业造成法律风险和经济损失。

5.1.2.2 建筑企业必须做出根本性的改变

"营改增"给建筑企业带来了巨大的挑战，面对这些挑战，无所作为的企业不可能继续生存下去，"小打小闹"的企业也很难维持长期的发展。为了顺利渡过"营改增"，建筑企业需要做大量的调整优化工作，需要进行大刀阔斧的改革。这些工作体现在理念、知识和技能、组织结构、工作流程和方法、管理体系等方面。

（1）理念

为应对"营改增"，建筑企业需要进行理念上的转变，通过对"营改增"形势的正确认识，转变营业税税制下的旧有思想，树立起适应增值税新环境的理念。在理念树立工作中，企业需要投入较大资源，开展相关培训和宣传活动，以保证理念宣贯工作的顺利进行。而在新老理念交接过程中，常会出现员工整体的抵触，企业应对可能出现的阻力提前做好准备。

(2) 知识和技能

"营改增"要求企业各层级员工掌握新的知识和技能，同时对原有工作习惯进行调整。在知识和技能的学习中，不同员工的接受和理解能力不同，对新知识、新技能的学习时间有长有短，掌握情况有好有坏，调整工作习惯的灵活性有高有低。企业在开展相关培训工作时需要因材施教，对培训结果做及时、准确的评估，并根据培训结果对培训计划进行调整。对于建筑企业来说，"营改增"的知识技能培训工作相对繁杂，工作量较大，需要企业严肃对待。

(3) 组织结构

建筑企业在"营改增"中需要进行组织结构优化、调整工作。主要的工作内容包括：明确各组织机构"营改增"职责、调整各组织机构权责、在必要时成立新的组织机构、在必要时裁撤原有组织机构等。组织上的变化通常会对企业造成巨大影响，同时伴随人员配置、人员安置、关系平衡、利益分配等重难点问题。企业的组织结构调整，可以说是一场革命。

延伸阅读5-1：某大型施工企业为应对"营改增"进行机构裁撤

某施工企业下属一子公司，由于自身资质和实力原因，长期需要靠集团承揽项目。在"营改增"后，企业将面临"三流"不合一带来的巨大经济和法律风险。因此，集团决定撤销该子公司。裁撤工作给企业造成了巨大影响，企业在调研、方案制定、动员、方案执行、人员安置、维稳等方面投入了大量精力和资源。企业高层领导表示，这次裁撤对企业来说无异于一次脱胎换骨，是一场实实在在的组织革命。

(4) 工作流程和方法

为适应"营改增"的需要，企业应对工作流程和工作方法进行优化、改进。流程和方法的优化需要建立在相关人员对"营改增"政策的深入理解上，企业需要组织人员对"营改增"政策进行学习研究,并在此基础上对所涉及工作流程和工作方法进行优化。优化的结果需要进行严格、谨慎的评审,并在试运行中持续纠错改进。

(5)管理体系

为保障各项变革工作有效落地,企业需对管理体系进行修改,从制度层面对各项变革活动加以控制。在优化管理体系时,企业需要组织人员对"营改增"相关管理制度进行梳理、修改或新编、评审、宣贯、监督执行、效果评估。

综上所述,对于建筑企业而言,"营改增"是一场躲不过去的变革,这场变革涉及企业的方方面面,需要企业做出巨大调整。

5.2 变革管理的概述

5.2.1 变革管理的模式和基本原则

5.2.1.1 变革管理的模式

变革管理的模式是动态的,一般来说包括三种:PDCA 模式、BPR 模式和价值链模式。

(1) PDCA 模式

这种模式是一种循环模式,也叫做戴明环。它包括四个循环往复的过程,即:

☆ 计划(Plan):包括方针和目标的确定,以及活动规划的制定。

☆ 执行(Do):根据已知的信息,设计具体的方法、方案和计划布局;再根据设计和布局,进行具体运作,实现计划中的内容。

☆ 检查(Check):总结执行计划的结果,分清哪些对了,哪些错了,明确效果,找出问题。

☆ 处置(Action):对总结检查的结果进行处理,对成功的经验加以肯定,并予以标准化;对于失败的教训也要总结,引起重视。对于没有解决的问题,应提交给下一个 PDCA 循环中去解决。

首先，确定工作目标和行动计划，其次，按照计划去工作。完成计划之后，检查计划完成的结果，包括工作质量。再次，处理检查的结果，总结成功的经验和失败的教训，以及需要解决的问题。最后，根据这一轮的经验、教训和发现的问题，重新计划，并启动下一轮的 PDCA 循环。

（2）BPR 模式

BPR（Business Process Reengineering）也译为：业务流程重组、企业流程再造，是二十世纪九十年代由美国麻省理工学院（MIT）的计算机教授迈克尔·哈默（Michael Hammer）和 CSC 管理顾问公司董事长钱皮（James Champy）提出的，企业为了降低成本，提高产品质量和服务水平，应对市场激烈的竞争，满足客户的需求，必须采用流程再造的模式，在流程再造的过程中，企业的效率和整体竞争力会不断提高。

BPR 作为一种重新设计工作方式、设计工作流程的思想，是具有普遍意义的，但在具体做法上，必须根据实际情况来进行。

（3）价值链模式

价值链模式最早由美国哈佛商学院著名战略学家迈克尔·波特提出，把企业内外价值增加的活动分为基本活动和支持性活动，基本活动涉及企业生产、销售、进料后勤、发货后勤、售后服务；支持性活动涉及人事、财务、计划、研究与开发、采购等，价值链模式将这些业务层分解成彼此相关的战略性活动，这些活动之间相互链接，形成企业创造效益的业务活动链。业务活动链中，任何一项业务活动的变革，必将导致其他业务活动的变革，这样才能保证企业活动有效地进行。这种变革的过程是动态连续的，而且是不断改进的。这种模式提高了企业的整体竞争力，计划、组织、领导、控制的过程更加有效。

5.2.1.2 变革管理的基本原则

（1）变革管理中"人性化的一面"

任何重大的变革都会带来"人的问题"，新的管理者被提升，工作内容随之变化，需要学习提高新的技巧和能力，而其他员工可能会有抵触情绪。如果用针锋相对、逐一解决，变革的落地速度、员工士气和最终效果等都会受到影响。

（2）从最高领导者开始

对各个层次的人员来说，变革都是容易令人忐忑的，当变革即将到来时，所有人都会寻求来自领导层的支持和指引。领导者就要身体力行，积极采纳新的方式，给下属们以挑战和激励，必须统一号令，并以身作则。领导者还需要懂得，即便他们在公众中的对外形象是统一的，企业的变革，还是要由那些基层人员最终完成。

（3）将各个层面的员工都动员起来

当变革从制定战略、明确目标，逐渐开展到具体方案设计和实施执行的时候，将影响到整个层面。在变革的措施中，需要在内部明确指定各级领导者，然后将设计和实施执行的责任层层下放，这样，变革才能自上而下地顺利展开。

（4）将企业变革正规化

员工天生都是理智的，他们会向领导层去寻求变革的相关答案。将变革描述成一种正式、正规的重大事件，并将愿景以书面形式公布出来，对于统一领导层与基层人员的思路、促进整体协作，是非常好的机会。

（5）培养主人翁意识

主持变革的领导者，需要以一个变革倡导者的身份让大多数人树立对变革的认同感，而非简单应允甚至被动地接受。主持变革，需要管理者们拥有主人翁意识，在自己的影响力范围内承担起责任。

（6）及时有效地沟通信息

在很多情况下，变革的领导者都容易犯一个错误：他们认为其他人员也同他们一样，深刻地理解了变革的必要性，看清了变革的方向。然而事实并非如此。沟通需要自下而上、顺畅地进行，在适当的时候向各级人员传达适当的信息，同时征求意见和反馈。

（7）对文化进行评估

成功的变革计划在自上而下地开展时，会逐渐提升实施速度和强度。因而，领导者在每一个层次上对文化的理解和主导变得十分重要。彻底对文化维度进行评估，有助于评价是否为即将到来的变革做好了充分准备，找出主要问题，明确内部冲突。

一旦文化为员工们所理解，就要像其他信息一样，在变革过程中不断地重申。领导者应当对自己的文化及其所代表的行为方式心中有数，并找寻机会树立、激励那些体现文化的行为。

（8）做好准备迎接突发状况

没有一个变革项目是完完全全按照计划，一丝不苟地成功实施的。对于推进变革的管理层来说，外部环境瞬息万变，基层人员也可能会有始料未及的反应，原先预料会有抵制的地方可能风平浪静，原先以为顺利推进的部分可能会遇到意想不到的阻力。因此，管理者需要对变革的后果不断地重新评估，随时进行调整，保证变革的动力和效果。

（9）看重与个人的交流

变革既是一个组织层面上的再造，更是一项针对个人的过程。个人，或是由个人组成的集体，有理由知道变革带来的变化，领导者在这些方面应该尽可能地坦诚，这将在推广变革中起到作用，维护、增强组织对于变革的决心。

5.2.2　变革管理的阻力和成功关键点

5.2.2.1　变革管理的阻力

变革是一项困难重重的事，前文也提到，变革的成功率也不是100%，其中最主要的原因是变革的过程中遇到了各种各样的阻力，总结起来，主要有以下三个方面。

（1）主观认为利益受损

人们抵制变革的主要原因是主观上认为他们的利益可能会受到损害，他们害怕因为变革而失去原有的权利、地位等。在他们深刻理解变革带来可能的影响前，他们总是会持有怀疑甚至是否定的态度。

(2) 打破原有工作内容

同时，一些人员担心变革会带来更多的工作，改变他们目前的工作状态，或者可能打破他们原有的工作内容，使他们付出更多的劳动，但是劳动所得并不会更多，因此，他们对变革持抵制的态度。

(3) 固有习惯被打破

无论采用哪种模式进行变革，固有的工作内容肯定都会改变，所带来的是以前所形成的固有的工作习惯将会被打破，适用新的习惯对所有人员而言需要付出额外的努力，因此，他们抵制变革也就不足为奇了。

5.2.2.2 变革管理的成功关键点

变革过程中的阻力是各种各样的，所以导致变革失败的原因也各不相同，为了保障变革的成功，在总结前人经验的基础上，对变革管理成功的关键点主要总结为以下五点：

(1) 明确变革的目的，脚踏实地推进变革

变革管理的最终目的是要解决阻碍发展的关键问题，因此管理变革一定要根据实际存在的问题"对症下药"，在这方面绝不允许有"作秀"的成分。

从表面上看，变革失败的原因是五花八门，但深入分析，其根源仍然出现在基础管理薄弱上，因此加强基础管理是变革管理的永恒课题。

(2) 建立变革核心团队，实施全方位沟通增强变革紧迫感

变革管理是人的行为，所以变革管理能否成功，人是第一位的关键要素。从变革管理的实践来看，许多人都有一种本能的"防卫"心理，唯恐变革会损害他们的既得利益，所以在变革之初往往会遭遇很大的阻力。在这种情况下，应采取应对策略打消其恐惧心理。

管理学中有一个2∶6∶2原则：对任何变革来说都有大约20%的人支持，20%的人反对，剩下60%的人观望。变革的关键是要使支持变革的20%的力量强大，以这20%的强大力量去影响和争取60%的中间派，如果中高层领导都在这20%的支持变革的人群里，那么变革成功的可能性就会大大增加。管理专家

认为，中高层管理人员队伍对变革管理的成败起着决定的作用。因此，通过沟通和交流，首先统一中高层对变革管理的认识，对于成功的变革管理起着决定性的作用。中层管理人员虽然不是决策者，但他们往往在员工中具有很强的影响力。中层管理人员如果对变革持消极态度或反对变革，就会使变革发生"肠梗阻"，从而导致变革失败。相反，如果他们成为变革管理的推动者，他们就会运用内部的非正式关系网积极推动变革，使得实质性和持久的变革成为可能。

（3）识别变革障碍，预先制定防范措施

管理变革往往是权力的再分配或利益格局的再调整，总会损害部分人的既得利益，因此总会有部分人排斥甚至阻挠变革。当反对变革派实力足够强大时，足以使变革失败。

因此，在企业变革之前，变革领导者一定要识别出哪些人可能会成为将来变革的阻力，会采取什么方式阻挠变革，出现突发事件应该如何进行应对，预先制定相应的防范措施，最好具体到某件事或人，从而加大变革成功的可能性。

（4）把握变革时机，讲究变革策略

正因为管理变革牵涉方方面面的利益关系，所以，变革领导者一定要注意把握变革的时机，同时讲究变革的策略。比如要适度放大变革危机，为基层人员树立风险意识，提高重视程度，又比如创造短期成效，让基层人员尽快目睹或者经历变革带来的好处，可以对他们产生短期激励效果，有利于变革的持续推进。

（5）整体策划、分步实施，监测变革的过程

管理变革是一个过程，不可能一蹴而就。要进行大规模变革需要做充足的准备，比如人力资源、策略伙伴、财务等等，在特定的外部条件及内部准备成熟时，变革会增加成功的机会。

变革管理也是一个系统工程，必须从全局的高度系统策划、精心组织。成功的变革要求快速的实施。但由于管理变革涉及面广，情况比较复杂，所以在讲求速度的前提下要讲究改革的顺序和阶段性，先易后难，分步实施，逐步深入。此外，对变革全过程的监督和控制也至关重要，失去了监督和控制，很可能使变革

偏离预定的目标。

延伸阅读 5-2：变革管理冰山理论

（1）变革管理冰山理论概述

冰山理论形象地论证了变革的关键——应对变革障碍。变革管理是一项长期的任务和挑战，冰山顶层的问题管理，只有与冰山底层管理保持一致，才有可能达到一定的效果。冰山底层正是变革管理的基础，它反映出来的是，人际行为维度和文化标准维度的权力与政治管理以及感知与信仰管理。冰山的三个意义是：

☆ 露出来的是极少的一部分，大部分的冰体潜伏在水的下面。

☆ 水面以下的那部分决定了整个冰山的存在状态。

☆ 露出水面的这个部分是容易对付的，潜伏在水下面没有露出来的那个部分才是真正可怕的，不容易处理的。

（2）影响变革管理方式的因素

应对变革障碍所需采取的变革管理方式亦取决于两个因素：

☆ 变革种类：对待"坚硬的"挑战（如信息系统、组织流程），需要放开手脚大刀阔斧地废旧换新；对待"绵软的"挑战（如价值、情绪、能力），应对方法则复杂得多。

☆ 变革战略：革命性的、彻底的变革，如业务流程重组；渐进式的、递增的变革，如改善。

（3）变革相关者

☆ 变革的极力反对者：不仅对变革持反对态度，而且付诸行动，以免变革伤害到其个人利益。需要通过感知与信仰管理，尽可能地改变他们对待改革的思想认识。

☆ 变革的积极促进者：不仅对变革持普遍的欢迎态度，而且从个人出发积极推动变革，以期通过变革实现个人的价值利益。他们既利用变革，就必然支持变革。

☆ 变革的暗藏反对者：尽管表面上看似支持变革，事实上他们是对变革基本上持反对态度的机会主义者。对待他们，除了感知与信仰管理外，还需要辅以信息沟通，改变他们的态度。

☆ 变革的潜在促进者：对待变革基本上持赞成态度，但由于各种原因对变革又显得信心不足。这种情况下，就需要权利与政治管理。

（4）变革哲学

☆ 扬弃原有模式及体制，建立现代化管理模式。

☆ 以勇者的气概大胆冲向目标。

☆ 用超强的韧性把所有变革措施坚持到底，绝不中途放弃。

☆ 建立良好的文化。

5.2.3 变革管理的步骤

根据变革管理的推进过程，结合 PDCA 模型，可以将变革管理简单地分成五个步骤，包括整体策划、方案设计、试点运行、正式推行、持续改进。

5.2.3.1 整体策划

顾名思义，整体策划是对变革管理全局上的策划，是变革管理各步骤的基础，其中包括了理念宣贯、组织保障、制定计划等几个部分。

（1）理念宣贯

任何变革之初，都需要理念的铺垫，为之后所有的变革的实际行动提供思想基础，以免在变革开展时出现人员不明所以，不知所云的情况。在这一部分，主要要做好以下三件事：

①明确宣贯的理念：即明确变革的指导理念是什么，只有明确了变革的最终理念，才能对之后所有的行动提供思想依据和基础，任何在理念确定之前而动手的行动会造成改革领导层的意见不一，同时，也容易引起基层人员的恐慌和疑惑，不利于后续变革的开展。所以，明确宣贯的理念，在变革领导层中达成一致，是变革开始的，也是变革的基础。

②理念宣贯的开展方式：当理念明确之后，就要确定理念的宣贯方式，理念的宣贯方式，一般来说有书面宣贯方式、口头宣贯方式。书面宣贯方式包括了诸如传统的纸面宣贯、电子邮件传送、微信推送等方式；口头宣贯方式包括了全体集中宣贯、部门宣贯、小组宣贯、培训宣贯等方式。

③理念宣贯工作的保障措施：宣贯工作开展的同时，不能简单就事论事，就事论事会减弱宣贯的效果，所以，对于宣贯的保障措施，一方面要保障宣贯工作的正常按序开展；另一方面要确保宣贯的效果，在宣贯结束后，对宣贯的效果进行评估，对宣贯不足的方面进行完善和提高。

（2）组织保障

在推行变革的过程中，必须要有一个领导的团队或者组织起到模范带头的作用，一方面可以保证变革的有效推行，另一方面可以起到示范带头作用，为基层人员提供足够的信心和支持。一般来说，建议在推行比较大的变革时临时性设立一个负责领导变革的部门，专门负责变革的相关事务，为变革的各项工作服务，在推行比较小的变革时可以临时性组建一个变革领导小组。不管是变革领导部门还是变革领导小组，必须由主要领导层牵头，各部门负责人参与，这样，可以在推行变革之前首先同意中高层领导的意见，为变革的推行争取到更多支持的人员，保障变革的顺利推行。

（3）制订计划

这里所说的计划，是指包括了变革的时间节点、里程碑式的目标等变革整体性重大事项的计划。制订的计划，是为整个变革的推行提供一个更为具体和实际的蓝图。制订一个完善的计划，可以保障变革按照预定的时间完成相应的工作，可以监督变革执行的进度和质量，为后续工作的开展提供更好的支持和保证。反之，在没有一个计划的支撑下开展的变革，往往会因为时间的拖沓而渐渐失去变革的活力，最终会导致变革的失败。

5.2.3.2 方案设计

方案设计这一步骤是各个步骤中工作最复杂和最繁重的，因为变革方案最终是要落地实施的,是要适应内外部环境,解决阻碍发展的问题,最终达到变革所预期的目的,这一步骤中,主要包括目标确定、调研分析、方案设计、效果预测和细则编制五个部分。

(1)目标确定

即要明确方案设计最终需要达到什么样的目的,这个目的必须要和前一步骤中的理念相吻合。实际操作中,目标应该是理念的具象化,是对理念结合自身实际后产生的最终结果的预期,之后所有方案、细则等一系列的设计都应该围绕这一目标来有针对性地编制。目标的确定,需要在变革领导层形成一致的意见,之后再进行后续步骤的实施,否则容易造成意见不统一,变革领导层内部产生矛盾,最终导致变革的失败。

(2)调研分析

这一部分主要是对内外部环境的信息收集和分析,为后续方案的设计、效果的预测和细则的编制提供最切合实际的信息,是后续步骤的"输入端"。调研的方式,可以有多种形式,包括进行座谈讨论、个人面谈、电话访谈、调查问卷等等。调研信息收集后,需要进行分析加工,变为方案设计时可用的信息。

(3)方案设计

当在取得一定的信息后,就可以有针对性地设计方案,在方案设计阶段,需要注意几点:

①方案设计人:即由谁来进行方案设计,一般来说,一种是企业内部人员由牵头部门进行组织设计,其他部门进行辅助;另一种是由外部专业人员进行组织设计,内部人员进行辅助,不建议完全由外部专业人员进行组织设计,主要是变革的主体对自身的了解最为深刻,由其参与其中可以大大增加方案的可操作性,便于后期方案落地。

②方案设计进度:即方案设计是否按需要的时间节点在进行,如果出现方案设计不符合节点要求,在后续开展时就要加快节奏,以免延误时机,造成变革失败。

③方案设计质量:即设计的方案质量是否符合预期,方案在设计的过程中就

应该注意和最终的目标是否一致,如果在其中出现了偏差,领导层就应该及时进行纠正,以免在错误的道路上越走越远,徒费工夫,延误方案设计的正常进行。

(4)效果预测

即对方案试运行之后产生的变革效果做出初步的预测,这时的预测一般和实际会有一定的偏差,但是大致的效果应该与最初确定的目标相近,而不是背道而驰。对效果的预测,一方面要对变革的正面效果做出预测,另一方面,也要对变革的负面效果做出相应的预测,同时提供一些预案,以防备一些特殊情况的出现。

(5)编制实施细则

当整体方案的设计完成之后,就是对各项实施细则的编制,实施细则是落实方案的具体化,是针对各项实际情况进行细致总结后得出的纸面化文件。在细则编制时,最关键的是要切合实际,尽量考虑到实际会出现的情况。当然,细则的编制肯定会存在一些不足,要在后续的步骤中继续改进完善。

5.2.3.3 试点运行

方案设计完成之后,不宜立即全面推行,因为此时所设计的方案还未经过实践的检验,此时,需要试点以摸索经验。

(1)试点范围的确定

不是所有的对象都适合作为变革的试点,在选择变革试点的时候,一方面应该优先选择条件比较成熟的对象进行试点,另一方面,也要考虑试点应该具有普遍的代表性,有利于后续正式推广阶段的施行。在试点选择的时候,应该征求普遍性的意见,以获得最充分的考虑。

(2)试点运行

试点运行期间,变革的领导者应该密切关注试点的运行,基层执行者应该按照既定设计的方案进行执行,双方对变革中出现的问题应该积极收集并进行总结,在方案正式推行前对方案中存在的一些不足进行纠正,以便于减少在正式推行时会出现的问题。

5.2.3.4 正式推行

在结束试点推行进入正式推行阶段时，由于方案推行面的扩大，更多的问题开始出现。这个时期，如果前期是按照计划并按部就班完成的，在这个时期并不会出现严重的问题，会出现一些细小环节的问题，对于这些问题需要及时收集并总结；反之，如果前期所做的工作并不足够或并不到位，这个时候出现的问题会使变革矛盾激化，从而导致变革遇阻，甚至会导致变革的失败。所以，在变革进入正式推行前，必须确保变革方案不存在重大的不足，在试点推行时发现的问题都得到了完善。

5.2.3.5 持续改进

由于变革所处的环境不是一成不变的，所以在正式推行后必然还会出现新的问题，所以，对问题不断总结并持续改进是不可缺少的一个环节，以弥补所设计方案中存在的不足。这个阶段，是一个循环往复的过程，要充分吸收各方面的意见，完善变革方案，使变革最终得到落实。

5.3 "营改增"如何进行变革

5.3.1 "营改增"变革的整体策划

5.3.1.1 明确目的

"营改增"变革整体策划的第一步是明确变革目的。对于建筑企业来说，这场变革，目的是使企业能够顺利应对"营改增"。所谓顺利应对"营改增"，是指企业在经营方面不受重大影响，能够保证营业收入、成本、利润、现金流等核心指标在可接受范围内波动，甚至会因"营改增"获益；在管理方面企业内部管理转型平稳，新的组织结构和工作流程运转顺利、高效，各类风险得到有效控制。

5.3.1.2 理念先行

在明确了变革目的后，企业需要在其内部上下树立正确的理念认识，使各级员工充分认识到企业"营改增"的重要性和紧迫性,以及自身在这场变革中的角色和作用。只有在理念层面达成了一致,企业内各层级员工才能在"营改增"实施过程中团结一致,发挥出最大效能,和企业一道渡过"营改增"难关。

①不同层级的员工,因其岗位权责不同,所需树立的理念也不尽相同。企业高层领导是整个企业的领路人,需要在整体战略层面树立"营改增"理念:

☆ "营改增"对企业影响重大,关乎企业的生死存亡。"营改增"正式实施后,企业的营业收入、成本、利润、现金流等关键指标都将受到巨大影响,对"营改增"应对不利将导致企业利润大幅下滑、资金压力增大,对企业的生存造成威胁。同时,由于政府对增值税管控极为严格,设置了不容跨越的法律雷池,建筑企业几乎无法找到可行的变通余地。

☆ 企业应对"营改增"是一项系统工程。"营改增"工作牵扯范围广,主要包括经营、采购、分包、法务、合同、风控、财务资金等职能条线的部门和人员;而在管理层面,企业需要从组织结构、管理体系、工作流程等多个方面着手开展工作。

☆ "营改增"需要企业上下共同面对。某些人或者某些部门单独的努力并不能帮助企业顺利应对"营改增",所有相关部门和岗位的员工应齐头并进,在工作能力、工作方法、工作态度、工作习惯上满足企业"营改增"的要求。在"营改增"过程中,"短板效应"显著,任何一处的欠缺都将对全局产生巨大的负面影响。因此,企业高层领导需高度重视此事,自上而下的推动员工整体转型和提升工作。可采取的手段包括开展培训、宣传教育、建立奖惩等。

☆ "营改增"工作时间紧、任务重。政策不等人,"营改增"将会在2016年5月1日起正式实施,届时,无论企业是否已做好准备,都必须开始增值税税制的运行。若前期准备不足,各种风险将会逐步暴露,给企业造成损失。而由于建筑企业规模大、组织层次多、业务模式和工作流程复杂等特点,企业"营改增"转型所需进行的工作是海量的。

②企业的中层领导是企业的中坚力量,是各职能条线的具体负责人,是连接企业高层和基层的重要纽带。在"营改增"中,中层领导需要在业务层面树立正确理念:

☆ "营改增"对企业影响重大,企业与员工在这场变革中"荣辱与共"。

☆ "营改增"对于企业来说是一项系统工程,并非单独财务部门的事。各部门、机构都在"营改增"中扮演着相应角色。各中层领导应积极主动弄清自身在企业"营改增"中所需承担的职责,并以此为依据开展相关工作。具体工作内容包括:自身知识、能力提升,组织下属员工进行知识、能力提升,参与组织结构调整(其中可能涉及职责变化和岗位调整等),参与工作流程优化,参与管理体系建设等。

☆ "营改增"工作时间紧、任务重。正式的"营改增"将会在2016年5月1日起实施,而中层领导及其下属员工,由于相应知识、技能的缺乏以及既有工作习惯惯性较大,中层领导需要做的工作量巨大。

③企业的基层员工是各项事务的具体实施者,是企业正常运行的基础。在"营改增"中,基层员工需要在自身职责层面树立正确理念:

☆ "营改增"对企业影响重大,企业与员工在这场变革中"荣辱与共",在这里,不存在企业高管、中层领导、基层员工的区别。

☆ "营改增"与企业内多数岗位息息相关。各员工应在相关领导的带领下,积极主动弄清自身在"营改增"中担当的职责,按要求完成自身能力提升工作,并积极配合岗位调整、流程优化、体系建设等工作。

☆ "营改增"工作时间紧、任务重。基层员工应服从领导安排,按时完成各项工作;同时做好下一个阶段工作量大幅加重的心理准备。

在明确了各级员工应树立何种理念后,企业应开展理念的宣贯工作。理念宣贯的手段主要包括集中培训和宣传教育。集中培训,企业可针对不同层级、专业员工,组织相应的培训课程,培训讲师可根据实际情况从外部聘请或由内部人员担任。宣传教育,企业可以以组织动员大会的方式向员工灌输企业"营改增"理念,同时,企业可以通过网站、社交媒体平台、广告牌、企业刊物等多种渠道对"营改增"加以宣传,使员工在日常工作中时时记起"营改增",在关键时期保持危机意识,毫不松懈的自我提高和自我转型。

5.3.1.3 组织保障

在"营改增"整体策划阶段,企业需要对现有组织结构进行调整,以保证后续工作有明确的负责人,能够顺利落地实施。

(1)成立"营改增"工作领导小组

为帮助企业顺利迎接"营改增",平稳走过"营改增"过渡期并最终走上正轨,建筑企业往往需要专门成立"营改增"工作领导小组来推进、指导、监督企业内部上下的"营改增"相关工作。通常,由于"营改增"对建筑企业影响巨大,可谓生死攸关,"营改增"工作领导小组组长需要由企业一把手担任,以对企业进行"营改增"工作施以最大限度的支持和监督。而在实际操作中,由于企业一把手的工作繁复,且个人专业未必与财务对口,具体的"营改增"工作多由企业领导班子中分管财务的领导,即总税务师、总会计师或财务总监进行统筹负责。此外,"营改增"工作领导小组还有包含分管经营、采购、分包、法务等关键职能条线的高层领导。

(2)成立税务筹划部/税务筹划组

由于"营改增"工作中涉及的税务工作专业性强、工作量大,企业需要组织专业的财税人员负责整体的税务筹划工作。规模较大的建筑企业可考虑成立独立的税务筹划部,在总税务师或总会计师的带领下,对企业及其下属分支机构的税务工作进行整体筹划。规模较小的建筑企业可以在原有财务部下面成立专门的税务筹划组,负责相关税务筹划工作。而规模更小或上级单位/母公司税务管控深度较大的企业则可在财务部中设置专门的税务筹划岗位。设置专门的税务筹划机构,可以帮助企业集中有限力量,更加高效地开展税务筹划工作。独立的税务筹划部门,具有较高的行政级别,更方便从企业全局开展"营改增"工作。此外,税务筹划部内部专业人员集中,方便沟通交流和学习进步,短期内企业能够获得一批宝贵的高素质税务筹划人才。

（3）成立"营改增"工作小组

"营改增"是一项牵动企业全身的系统工程，在这个过程中，财税条线人员需要与其他有关职能条线人员做大量沟通交流。为保障交流的高效，"营改增"工作能够切实在相关职能条线落地，企业有必要组织各职能条线人员成立"营改增"工作小组。工作小组的人员应来自经营部、采购部、物资部、工程管理部、法务合约部、人力资源部、企业管理部、信息化管理部等部门，熟悉各自业务领域，学习能力和沟通交流能力较强。"营改增"工作小组主要负责参与具体的税务筹划工作，建立完善相关管理体系，指导、培训各条线其他人员。

（4）梳理其他相关部门"营改增"职责

除成立新的组织机构外，企业还需梳理现有部门在"营改增"中应承担的职责，梳理完毕后，需以文件的形式下发宣贯，以保证各部门能够有效执行。

延伸阅读 5-3：某大型施工企业"营改增"的变革组织

该企业"营改增"变革组织如图 5-1 所示：

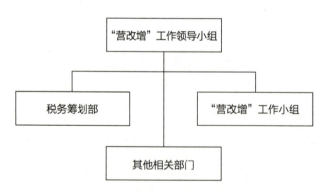

图 5-1　某企业"营改增"变革组织

"营改增"工作领导小组职责：

☆ "营改增"工作思想动员

☆ 确定"营改增"工作总体目标和计划

☆ 指导、监督"营改增"工作的实施

☆ 为"营改增"工作提供必要支持

税务筹划部职责：

☆ 负责"营改增"的财税管理

☆ 建立增值税管理体系

☆ 制定增值税管理相关制度、办法

☆ 协调相关业务部门实施"营改增"管理工作

☆ 清理营业税历史欠税

☆ 组织研究税务筹划实施方案

☆ 提出信息化系统改造要求

☆ 组织"营改增"税务培训

"营改增"工作小组职责：

☆ 协助"营改增"工作思想动员和宣传

☆ 提供相关业务状况

☆ 参与研讨税务筹划

☆ 负责税务筹划部与各部门间的沟通协作

其他部门的"营改增"职责：

☆ 负责本部门工作的梳理

☆ 负责"营改增"对部门工作的影响

☆ 提出本部门应对方案并提出整改意见。

5.3.1.4 编制"营改增"的整体改革计划

最后，企业应编制"营改增"的整体改革计划，计划中需包含"营改增"各步骤的时间安排。

延伸阅读 5-4：某大型施工企业"营改增"的推进计划

某大型施工企业"营改增"推进计划 表 5-1

序号	事项	责任部门	时间进度	备注
一	整体策划	领导小组	3月34日~3月27日	
1	理念宣贯	领导小组	3月24日	
2	成立"营改增"推进工作组	领导小组	3月24日	
3	编制推进方案	工作组	3月25日~3月27日	
二	方案编制	领导小组	3月28日~4月24日	
1	政策追踪与学习	税务部门	3月28日~4月24日	
2	分析"营改增"影响	各部门	3月28日~4月15日	
3	组织标杆企业考察	工作组	4月10日~4月20日	
4	编制方案	工作组	4月20日~4月24日	
三	实施运行	领导小组	4月25日~5月1日	
1	组织调整	领导小组	4月25日	
2	流程调整	领导小组	4月25日	
3	人员调整	领导小组	4月25日	
4	模拟运行	工作组	4月26日~4月30日	
5	实施运行监督与改进	工作组	5月1日	

5.3.2 "营改增"变革的方案设计

5.3.2.1 影响评估与问题发掘

企业首先需要对"营改增"的影响作出评估，做到有的放矢，制定出合理的变革方案。在影响评估中，企业需要明确的内容包括："营改增"将给企业造成哪些影响，这些影响的程度如何，产生这种影响的原因或问题是什么。在此基础上制定出有针对性的解决措施。

影响评估和问题发掘可通过"营改增"模拟运行来实施。模拟运行包括模拟财务核算、模拟投标报价、模拟采购、模拟分包、模拟合同等部分。在模拟运行中，企业需要注意：

☆ 模拟运行与实际情况紧密结合，包括业主、供应商以及企业自身情况，以使模拟运行结果更加准确；

☆ 模拟运行中的工作流程按增值税税制的运行模式开展，而非按企业在营业税下的方法进行。

模拟运行的做法主要包括：

☆ 对实施模拟运行的项目按增值税税制的方法进行财务核算；

☆ 模拟和甲方的投标、谈判过程，按增值税税制方式进行投标报价和合同谈判、签订。根据对甲方实际情况的了解，模拟甲方的可能反应及企业的应对；

☆ 模拟采购和分包的招标、谈判过程，按增值税税制方式进行招标和合同谈判、签订。根据对供应商、分包商实际情况的了解，模拟其可能的反应及企业的应对；

☆ 模拟增值税税制下的合同评审过程，相关人员按"营改增"后的要求对模拟运行中拟定的各类合同进行评审；

☆ 模拟项目结算和收付款过程，包括对"三流"合一的审查，增值税专用发票在企业外部和内部的流转。

延伸阅读5-5：某大型施工企业通过模拟运行发现问题

根据半年左右的"营改增"模拟运行，该企业发现"营改增"可能会造成企业利润下降50%，税负增加2%。通过进一步分析，该企业发现，造成利润下降的原因有两方面：一方面，在上阶段模拟运行中，项目合同价按现有价格作为"营改增"后的含税价格测算，导致企业营业收入大幅下降；另一方面，以企业现状模拟，分包、采购的可抵扣进项税额严重不足。最终导致企业的利润大幅缩水。

在更加深入的发掘后，企业认为，在对业主的投标报价中，不能按现有价格作为含税价格报价。而在采购和分包方面，以增值税税制的标准来看，目前的供应商管理、分包商管理、合同管理、发票管理、资金管理、物流管理等方面都存在严重不规范现象，具体问题如下：

☆ 选择供应商和分包商时未考虑其发票开具情况；

☆ 合同模板中对价格是否含税未做出明确说明；

☆ 合同条款中未约定有关发票事项；

☆ 对发票的接受、检验、保管不正规；

☆ 存在"三流"不一致现象，其中既有业主和本企业间的"三流"不一，也有企业和供应商、分包商之间的"三流"不一。

5.3.2.2 制定方案

在发现问题并分析了问题原因的基础上，企业应制定相应的应对方案。在制定应对方案时，税务管理人员和相关业务专业人员应密切配合，从税务和业务专业两方面出发，提出方案。

延伸阅读 5-6：某施工企业采购管理"营改增"应对方案

某施工企业采购管理"营改增"应对方案　　　　　　　　　表5-2

事项	现状和问题	应对方案
供应商管理	目前大宗材料均采用集中采购的模式选取供应商，这些都属一般纳税人，在采购后能取得增值税专用发票，不影响进项税抵扣。只有部分地材、小型机具、五金用品等由于地方保护、施工地点偏僻，这些供应商大多不具备一般纳税人资格，不能提供增值税专用发票	扩大集中采购的范围，逐步将部分地材、小型机具、专用材料等物资纳入集中采购范围，提高供应商等级使其达到一般纳税人资格，同时逐步培养、壮大地材加工专业供应商以应对目前局面

续表

事项	现状和问题	应对方案
大宗物资集中采购	目前大宗物资集中采购主要方式为集团统谈或组织，各独立的法人子公司负责实施集中采购	按目前模式可以保证"三流"合一，从而实现进项税额抵扣。今后要延续这种"统谈、分签、分付"的模式
地材、二三类材料、零星采购及零星支出等	目前合作的地材和二三类物资的供应商大多不具备一般纳税人资格	在实际采购时，应与正规的、具有一般纳税人资格的地材、二三类材料厂商或供应商签订采购合同。逐步培养、建立与规模较大的正规地材加工供应商的长期合作伙伴关系。对不能提供增值税专票的供应商进行压价处理
甲供材料	在营业税下，"甲供材"需计入工程计价并缴纳营业税，但"甲供材"的采购发票一般开具给业主，施工单位并不能取得发票。如"营改增"后，延续营业税下的处理，即"甲供材"计入工程计价缴纳11%增值税，按目前的管理方式，无可抵扣的进项税	积极与业主沟通将甲供材料变为甲控材料，通过与业主、供应商签订三方协议的方式，得到增值税专用发票。（注：该企业制定此方案时，关于建筑业"甲供材"项目计税方法的最新文件尚未出台）
采购谈判	目前物资采购的谈判时多数只关注价格高低与支付期限，对增值税发票关注较少	今后物资采购的谈判与管理时，加大对增值税发票的关注，对提供增值税发票情况不同的供应商，采用价格区别对待的策略
合同签订	目前采购合同条款中均不涉及增值税发票事项	今后在采购合同中对增值税专用发票条款进行明确，包括开票的种类、时间、票面内容等

为使制定的问题应对方案能够有效执行，还需围绕应对方案制定一系列的保障方案，包括：

☆ 组织保障方案。为使问题应对方案能够有效执行，在必要时需对企业相关部门、岗位做出调整，组织保障方案中应明确相关组织机构如何调整、部门和岗位权责如何变化、组织调整的时间安排、人员的调配和安置等。

☆ 流程保障方案。解决问题通常伴随着工作流程的调整，企业需要制定出工作流程优化方案，明确流程优化的责任人、时间安排、评审机制、监督机制、试运行及反馈调整机制等。

☆ 制度保障方案。为保证各项应对方案的执行，企业需要在管理制度层面予以规范，根据具体应对方案，对相应的管理制度文件（包括操作手册）进行修改或编制新的制度文件。企业应制定出管理制度优化方案，明确制度优化的权责划分、时间安排、评审机制、监督机制、试运行及反馈调整机制等。

5.3.3 "营改增"变革的正式推行

根据《财政部 国家税务总局关于全面推开营业税改征增值税试点的通知》(财税[2016]36号)文件，建筑业将在2016年5月1日全面推开营业税改征增值税试点。在"营改增"正式推行前，企业还需做最后的准备工作：

☆ 对"营改增"的最新政策文件进行跟进学习；

☆ 全面评估企业应对"营改增"的准备程度，对"营改增"正式实施后企业受到的实际影响做到心里有数。评估应在企业和员工两个层面展开：在企业层面，评估企业与上下游关系（与甲方议价能力、对供应商的管控等）、内部组织机构运行情况、内部流程运行情况、制度体系建设和执行情况等；在员工层面，评估员工与"营改增"相关的知识技能掌握情况、工作习惯调整情况以及工作态度是否端正。

☆ 设置应急机构，建立应急预案。企业应根据前期模拟运行中的经验、教训以及对自身的评估结果，预测在"营改增"正式实施后企业可能会遇到的问题，并针对这些问题建立应急预案，并设置专门的应急机构负责预案的执行。

☆ 建立监控机制，保障"营改增"顺利实行。企业应委派专人专责对"营改增"后可能会出现风险的运行环节做时时监控，对员工有关的工作情况及时了解，并提供必要的指导和纠正。这项工作应与组织绩效考核、岗位绩效考核相结合，通过有效的奖惩手段使监督工作切实发挥作用。

在5月1日"营改增"正式推行后，企业还应注意：

☆ 时时关注最新政策文件；

☆ 在短期内，存在新老项目不同计税方式同时存在的情况，给企业税务工作造成一定难度，各有关岗位员工应注意区别对待，避免"张冠李戴"，给企业带来风险和损失；

☆ 加强与国税和地税机构的沟通交流和关系维护，处理好营业税时期的遗留问题，做好增值税时期新旧对接工作；

☆ 在"营改增"正式推行后，企业仍需对已制定的各项方案做持续改进，不断发现问题并解决。

延伸阅读5-7：某施工企业"营改增"完整案例

（1）企业背景资料

A公司为某央企下属大型集团公司，年营业收入过千亿元。经营范围涵盖多个类别工程的咨询、设计、施工、总承包和项目管理，基础工程，装饰工程，工业筑炉，城市轨道交通工程，线路、管道、设备的安装，混凝土预制构件及制品，非标制作，建筑材料生产、销售，建筑机械租赁等。A公司下属二十余家全资或控股子公司，分别从事不同领域的建筑业务。

（2）知识学习

在2014年，A公司即开始着手"营改增"的准备工作。由于预测到"营改增"将对整个建筑业造成巨大影响，A公司领导对"营改增"准备工作高度重视，在集团总部层面成立了"营改增"工作领导小组，由公司"一把手"挂帅组长，对相关工作进行推动。

在准备工作初期，公司总会计师带领有关专业人员对"营改增"有关政策、法律、法规做了全面、系统、深入的研究，并在现有政策文件的基础上对建筑业"营改增"文件可能包含的内容及对企业造成的影响进行了预测。公司总会计师按期向公司其他领导班子成员汇报、讲解研究成果。此外,公司组织了数次有关建筑业"营改增"的外部培训,培训对象主要为公司相关中高层领导。

通过前期的内部研究和外部培训,A公司主要领导对"营改增"达成了基本共识:

"营改增"将带给企业巨大的挑战,应对不善将导致极为严重的后果;

为顺利应对"营改增",企业需要做系统性的变革,变革范围涉及经营、财务、法务、项目管理等多个职能条线;

"营改增"变革中涉及组织结构、管理体系、工作流程、信息系统的调整,相关管理工作需要及时跟上;

"营改增"准备工作时间紧迫、任务巨大,必须尽早开展实施。

A公司将以上理念在集团总部、分公司、子公司和项目部做了宣贯,使各相关岗位人员做好了应对"营改增"的心理准备。

(3) 机构调整

A公司在总部层面抽调财务专业人员,成立了税务管理部,由公司总会计师分管,负责推进"营改增"准备及过渡阶段的模拟运行、税务筹划等工作。税务管理部的主要职责包括:

制定和修订《增值税业务管理手册》;

制定和修订《增值税发票管理办法》;

参与修订《会计核算办法》、《业务核算分册》;

参与修订《采购管理办法》;

参与修订《分包管理办法》;

参与修订财务报销办法、结算办法;

负责组织"营改增"模拟运行工作;

负责集团增值税汇总申报计算,并操作增值税管理系统;

负责指导各分支机构税务申报管理工作;

负责对财务、经营、采购、分包人员进行增值税的相关培训；

负责进行税务筹划；

负责与主管税务机关进行沟通。

A公司下属各子公司根据实际情况，分别成立了税务筹划组或设置了专门的增值税管理岗位，并统一接受集团税务管理部的指导、监督和协调。

（4）模拟运行测算

考虑到企业规模巨大，出于风险控制和受制于现有人力资源有限的原因，A公司"营改增"工作领导小组决定首先对一部分项目进行增值税模拟运行，模拟运行在2014年下半年展开，按季度对模拟运行情况进行总结分析，及时发现问题并策划解决方案。模拟运行由总部税务管理部牵头组织实施，各部门、机构予以全力配合。

A公司于2015年3月正式开始模拟运行，并于2015年8月对第一阶段的模拟运行工作进行了分析总结，针对模拟运行中发现的问题提出了解决建议。A公司第一阶段模拟运行情况如表5-3所示：

公司"营改增"模拟运行中发现的问题和解决建议　　　　表5-3

类别	问题	解决建议
财务	公司利润指标大幅下降	修改对甲方的报价策略，不能按现有营业税税制下的报价水平投标 通过谈判、更换合作伙伴等方式，提高采购和分包中的可抵扣进项税额
组织	部分部门在模拟运行中的职责不清	修改部门职责说明书，明确其在"营改增"中的职责，并大力宣贯
组织	部分人员无法胜任相关"营改增"工作	理念宣贯，端正人员态度 开展培训，提高人员能力 明确奖惩，激发人员积极性
运营	现有合作供应商中较多无法提供增值税专用发票	通过谈判争取供应商开具增值税专票 要求不能开票供应商给予价格优惠 更换供应商
运营	集中采购中存在"三流"不一致现象	集中采购采取"统谈分签"模式

续表

类别	问题	解决建议
运营	现有合作分包商中较多无法提供增值税专用发票	通过谈判争取分包商开具增值税专票 要求不能开票分包商给予价格优惠 更换分包商
	税务管理人员无法有效参与合同的涉税分析和筹划	优化合同拟定和评审工作流程 加强税务管理人员与经营、采购、分包等部门人员的交流
	"甲供材"项目无法确定增值税核算方法	按最有利和最不利情况分别测算，评估"甲供材"项目对企业造成影响的范围 等待后续文件的出台

根据第一阶段发现的问题，A公司制定了下一阶段的工作计划：

①继续开展"营改增"模拟运行工作，并择机扩大模拟范围；

②持续进行"营改增"理念宣传；

③根据"营改增"需要，修改有关部门职责说明书和岗位说明书，并加以宣贯；

④开展相关培训和经验推广工作，提高相关人员知识和技能水平；

⑤建立有效的奖惩机制，将"营改增"工作纳入部门和个人考核指标，以对员工进行约束和激励；

⑥就"营改增"后的投标报价问题与甲方沟通，提前掌握甲方态度；

⑦开展供应商和分包商资源库梳理工作，将涉税因素纳入考量范围。在实际中开始对供应商和分包商进行税务方面的考察；

⑧将集中采购中的"统谈统签"改为"统谈分签"；

⑨优化合同拟定、合同审核流程，使税务管理岗位能够参与到具体的经营、采购、分包工作中去，提供专业的税务筹划；

⑩时时关注最新政策文件动态。

通过这种在模拟中发现问题、针对问题开展后续工作的方式，A公司持续推进"营改增"模拟运行工作。

（5）成效

到 2016 年 4 月，A 公司取得了如下成果：

①适应"营改增"的组织结构基本调整到位，各部门权限清晰、职责明确；

②相关工作流程优化完毕，人员的能力和工作习惯也与其达到了匹配，部分流程已固化为制度文件，做好了推广和流程信息化的准备；

③供应商库和分包商库得到了更新，与优质供应商／分包商达成了初步合作意向，预计"营改增"正式实施后，基本能够保证足量的进项税额抵扣。

06

附录

- 6.1 建筑业"营改增"相关政策
- 6.2 建议学习的书目

6.1 建筑业"营改增"相关政策

与建筑业"营改增"相关政策如表 6-1 所示。

建筑业"营改增"相关政策　　　　　　表 6-1

序号	文件名称	编号	备注
1	《国家税务总局关于印发〈增值税若干具体问题的规定〉的通知》	国税发 [1993]154 号	部分失效，失效日期 2006/4/30
2	《财政部关于印发企业执行新税收条例有关会计处理规定的通知》	财会字 [1993] 第 83 号	
3	《国家税务总局关于加强增值税征收管理若干问题的通知》	国税 [1995]192 号	
4	《全国人民代表大会常务委员会关于惩治虚开、伪造和非法出售增值税专用发票犯罪的决定》	中华人民共和国主席令 [1995] 第 57 号	
5	《国家税务总局关于企业所属机构间移送货物征收增值税问题的通知》	国税发 [1998]137 号	
6	《国家税务总局关于纳税人善意取得虚开的增值税专用发票处理问题的通知》	国税发 [2000]187 号	
7	《中华人民共和国税收征收管理法》	中华人民共和国主席令第 49 号	
8	《成品油零售加油站增值税征收管理办法》	国家税务总局令第 2 号	
9	《中华人民共和国税收征收管理法实施细则》	中华人民共和国国务院令第 362 号	
10	《国家税务总局关于修订〈增值税专用发票使用规定〉的通知》	国税发 [2006]156 号	
11	《中华人民共和国增值税暂行条例》	中华人民共和国国务院令第 538 号	
12	《中华人民共和国营业税暂行条例》	中华人民共和国国务院令第 540 号	

续表

序号	文件名称	编号	备注
13	《中华人民共和国增值税暂行条例实施细则》	财政部 国家税务总局令50号	
14	《中华人民共和国营业税暂行条例实施细则》	财政部 国家税务总局令52号	
15	《财政部 国家税务总局关于全国实施增值税转型改革若干问题的通知》	财税[2008]170号	
16	《财政部 国家税务总局关于部分货物适用增值税低税率和简易办法征收增值税政策的通知》	财税[2009]9号	
17	《财政部 国家税务总局关于固定资产进项税额抵扣问题的通知》	财税[2009]113号	
18	《国家税务总局关于调整增值税扣税凭证抵扣期限有关问题的通知》	国税函[2009]617号	
19	《增值税一般纳税人资格认定管理办法》	国家税务总局令第22号	部分失效，失效日期2015/4/1
20	《国务院关于修改〈中华人民共和国发票管理办法〉的决定》	中华人民共和国国务院令第587号	部分失效，失效日期2012/7/1
21	《国家税务总局关于逾期增值税扣税凭证抵扣问题的公告》	国家税务总局公告2011年第50号	
22	《财政部 国家税务总局关于印发〈营业税改征增值税试点方案〉的通知》	财税[2011]110号	
23	《国家税务总局关于一般纳税人销售自己使用过的固定资产增值税有关问题的公告》	国家税务总局2012年第1号公告	
24	《财政部 国家税务总局关于增值税税控系统专用设备和技术维护费用抵减增值税税额有关政策的通知》	财税[2012]15号	
25	《财政部关于印发〈营业税改征增值税试点有关企业会计处理规定〉的通知》	财会[2012]13号	
26	《国家税务总局关于纳税人虚开增值税专用发票征补税款问题的公告》	国家税务总局公告2012年第33号	

续表

序号	文件名称	编号	备注
27	《国家税务总局〈关于纳税人资产重组增值税留底纳税额处理有关问题的公告〉》	国家税务总局公告2012年第55号	
28	《国家税务总局关于在全国开展营业税改征增值税试点有关征收管理问题的公告》	国家税务总局公告2013年第39号	部分失效，失效日期2015/1/1
29	《财政部 国家税务总局关于重新印发〈总分机构试点纳税人增值税计算缴纳暂行办法〉的通知》	财税[2013]74号	
30	《财政部 国家税务总局关于将铁路运输和邮政业纳入营业税改征增值税试点的通知》	财税[2013]106号	失效，失效日期2016/3/23
31	《财政部 国家税务总局关于铁路运输和邮政业营业税改征增值税试点有关政策的补充通知》	财税[2013]121号	失效，失效日期2016/3/23
32	《国家税务总局关于营业税改征增值税试点增值税一般纳税人资格认定有关事项的公告》	国家税务总局公告2013年第75号	
33	《国家税务总局关于铁路运输和邮政业营业税改征增值税发票及税控系统使用问题的公告》	国家税务总局公告2013年第76号	
34	《国家税务总局关于铁路运输和邮政业营业税改征增值税后纳税申报有关事项的公告》	国家税务总局公告2014年第7号	
35	《国家税务总局关于发布〈适用增值税零税率应税服务退(免)税管理办法〉的公告》	国家税务总局公告2014年第11号	部分失效，失效日期2015/4/30
36	《财政部 国家税务总局关于将电信业纳入营业税改征增值税试点的通知》	财税[2014]43号	失效，失效日期2016/3/23
37	《财政部 国家税务总局关于国际水路运输增值税零税率政策的补充通知》	财税[2014]50号	失效，失效日期2016/3/23

续表

序号	文件名称	编号	备注
38	《国家税务总局关于简并增值税征收率有关问题的公告》	财税[2014]36号	
39	《国家税务总局关于纳税人对外开具增值税专用发票有关问题的公告》	国家税务总局公告[2014]39号	
40	《国家税务总局关于调整增值税纳税申报有关事项的公告》	国家税务总局公告2014年第58号	
41	《财政部关于实施境外旅客购物离境退税政策的公告》	中华人民共和国财政部公告2015年第3号	
42	《财政部 国家税务总局关于进入中哈霍尔果斯国际边境合作中心的货物适用增值税退（免）税政策的通知》	财税[2015]17号	
43	《财政部 国家税务总局关于创新药后续免费使用有关增值税政策的通知》	财税[2015]4号	
44	《国家税务总局关于全面推行增值税发票系统升级版工作有关问题的通知》	税总发[2015]42号	
45	《国家税务总局关于调整增值税一般纳税人管理有关事项的公告》	国家税务总局公告2015年第18号	
46	《财政部 国家税务总局关于原油和铁矿石期货保税交割业务增值税政策的通知》	财税[2015]35号	
47	《国家税务总局关于再次明确不得将不达增值税起征点的小规模纳税人纳入增值税发票系统升级版推行范围的通知》	税总函[2015]199号	
48	《国家税务总局关于调整增值税纳税申报有关事项的公告》	国家税务总局公告2015年第23号	
49	《国家税务总局关于发布增值税发票系统升级版开票软件数据接口规范的公告》	国家税务总局公告2015年第36号	

续表

序号	文件名称	编号	备注
50	《国家税务总局关于明确部分增值税优惠政策审批事项取消后有关管理事项的公告》	国家税务总局公告2015年第38号	
51	《国家税务总局关于合理安排有序推行增值税发票系统升级版有关问题的通知》	税总函[2015]267号	
52	《国家税务总局关于国有粮食购销企业销售粮食免征增值税审批事项取消后有关管理事项的公告》	国家税务总局公告2015年第42号	
53	《财政部 国家税务总局关于风力发电增值税政策的通知》	财税[2015]74号	
54	《财政部 国家税务总局关于新型墙体材料增值税政策的通知》	财税[2015]73号	
55	《财政部 国家税务总局关于印发〈资源综合利用产品和劳务增值税优惠目录〉的通知》	财税[2015]78号	
56	《财政部 国家税务总局关于航天发射有关增值税政策的通知》	财税[2015]66号	
57	《国家税务总局关于开展增值税发票系统升级版电子发票试运行工作有关问题的通知》	税总函[2015]373号	
58	《国家税务总局关于发布增值税发票系统升级版与电子发票系统数据接口规范的公告》	国家税务总局公告2015年第53号	
59	《关于纳税人认定或登记为一般纳税人前进项税额抵扣问题的公告》	国家税务总局公告2015年第59号	
60	《关于推行通过增值税电子发票系统开具的增值税电子普通发票有关问题的公告》	国家税务总局公告2015年第84号	
61	《关于营业税改征增值税试点期间有关增值税问题的公告》	国家税务总局公告2015年第90号	

续表

序号	文件名称	编号	备注
62	《关于停止使用货物运输业增值税专用发票有关问题的公告》	国家税务总局公告2015年第99号	
63	《关于纳税信用A级纳税人取消增值税发票认证有关问题的公告》	国家税务总局公告2016年第7号	
64	《住房城乡建设部办公厅关于做好建筑业营改增建设工程计价依据调整准备工作的通知》	建办标[2016]4号	
65	《财政部 国家税务总局关于全面推开营业税改征增值税试点的通知》	财税[2016]36号	
66	《国家税务总局关于全面推开营业税改征增值税试点后增值税纳税申报有关事项的公告》	国家税务总局公告2016年第13号	
67	《国家税务总局关于发布〈纳税人转让不动产增值税征收管理暂行办法〉公告》	国家税务总局公告2016年第14号	
68	《国家税务总局关于〈不动产进项税额分期抵扣暂行办法〉的公告》	国家税务总局公告2016年第15号	
69	《国家税务总局关于〈纳税人提供不动产经营租赁服务增值税征收管理暂行办法〉的公告》的解读	国家税务总局公告2016年第16号	
70	《国家税务总局关于〈纳税人跨县（市、区）提供建筑服务增值税征收管理暂行办法〉的公告》	国家税务总局公告2016年第17号	
71	《国家税务总局关于〈房地产开发企业销售自行开发的房地产项目增值税征收管理暂行办法〉的公告》	国家税务总局公告2016年第18号	
72	《国家税务总局关于营业税改征增值税委托地税机关代征税款和代开增值税发票的公告》	国家税务总局公告2016年第19号	

6.2 建议学习的书目

(1)《建筑业"营改增"最新操作实务解析》(中国财政经济出版社 李旭红、赵丽主编)

本书全面解析了在"营改增"后,建筑企业经营、采购、物资、分包、财务、合同等职能条线应如何应对,以问答的形式对建筑企业关心的要点做出了明确的阐述,极具可操作性和实践价值,与"营改增"相关职能条线的工作人员均可从本书中获取必要知识,并利用本书来指导"营改增"后的日常工作。

(2)《建筑业"营改增"会计核算与税务管理操作指南》(中国财政经济出版社 盖地主编)

本书阐述了建筑企业在会计核算和税务管理方面应如何应对"营改增",从具体操作层面,帮助建筑企业财会人员和税务管理人员迅速掌握建筑业"营改增"要点,并对工作方法做出相应调整。

(3)《施工项目会计核算与成本管理:暨建筑业"营改增"影响分析及政策点评》(中国市场出版社 李志远编著)

本书全面、系统地阐述了施工项目会计核算和成本管理的具体方法,其中包含了"营改增"给建筑业带来的影响分析。财会和税务管理人员可通过本书更加全面、深入的了解"营改增"将如何影响施工项目会计核算和成本管理。

(4)《营业税改征增值税政策讲解与案例分析》(中国税务出版社 辛连珠、赵丽编著)

本书通过政策讲解和实际案例分析,解答了"营改增"中诸多热点难点问题。本书能够帮助企业管理者、财税从业人员清晰、全面的理解"营改增"。

攀成德为施工企业提供"营改增"转型咨询服务

2016年5月1日起,"营改增"全面推行,施工企业将面临极大的挑战:

- 虚开虚抵发票的风险如何防控?
- "营改增"导致税负增加的风险如何防控?
- 联营挂靠、项目经理承包制、集团内部资质共享等经营模式的生存空间在哪里?
- 母公司、子公司、分公司等多层级的组织机构如何调整?
- "营改增"后的项目管理与激励如何优化?
- "营改增"涉及到的众多人员如何能尽快就位,高效工作?

面对这么多挑战,建筑企业需要在三个方面提升:

(1)深刻理解增值税政策;

(2)建立企业增值税的管理体系;

(3)完善增值税核算和缴纳细节。

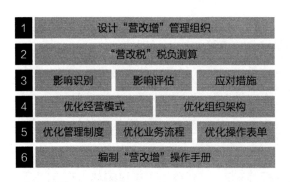

攀成德公司从施工企业的经营和业务特点出发,凭借20多年对建筑企业管理的持续探索,立足(2),并融合(1)和(3)的相关要求,为建筑企业量身策划"营改增"一体化解决方案,协助企业建立"营改增"管理体系,形成"增值税"管理手册,控制风险,提高效率,实现"营改增"后"增值税"的长效管理。

攀成德"营改增"一体化解决方案模型如下

联系人:攀成德咨询师包顺东

联系电话:13636530621 邮箱:baoshundong@psdchina.com

攀成德公司

http://www.psdchina.com

上海攀成德企业管理顾问有限公司（简称攀成德）成立于20世纪90年代，总部位于上海，是国内唯一一家聚焦于工程建设领域的专业咨询公司，服务领域涵盖勘察设计、建筑施工和房地产三大行业。攀成德拥有近百名专业咨询人员，由来自于国内外著名学府管理学科的博士、硕士和MBA组成。其中80%的专业咨询人员拥有5年以上的企业管理工作实践经验，中高层管理经验人员超过40%。

攀成德的咨询服务以战略为核心，提供包括集团管控、项目管理、组织优化、人力资源管理、运营管理、流程管理、企业文化建设等在内的整合咨询服务。

我们的客户（部分）

中国建筑第三工程局	中国核电工程公司	中国广厦控股有限公司
中国建筑第八工程局	中色十二冶金建设有限公司	巨匠建设集团
中国建筑第七工程局	中煤第三建设集团	鞍钢建设集团有限公司
中建装饰西北分公司	中铝长城建设有限公司	西安建工集团
中铁三局集团有限公司	上海城建集团	安徽建工集团
中铁建设集团有限公司	北京六建集团	山东鲁王集团
中铁建工集团有限公司	北京首钢建设集团	山河建设集团
中交第二航务工程局	龙信建设集团有限公司	西部中大集团
中交上海航道局	江苏省交通工程集团	江西省交通工程集团
中国水利水电建设集团	江苏省苏中建设集团	湖北冶金建设有限公司